ヒップホップ・レザレクション

ラップ・ミュージックとキリスト教

Hip Hop
Resurrection

山下壮起
Yamashita Soki

Rap Music and Christianity

新 教 出 版 社

ヒップホップ・レザレクション

ラップ・ミュージックとキリスト教

Hip Hop Resurrection: Rap Music and Christianity

目次

序章　　　　　　　　　Intro ·· 001

第1章　　　　　　　　　Chapter 1

Hip Hop Generation
［ヒップ・ホップ・ジェネレーション］
·· 020

ヒップホップの宗教性を生み出したもの

第1節　　　　ヒップホップ世代の価値観 ································· 022

第2節　　　　ヒップホップと宗教界の関係 ···························· 036

第2章　　　　　　　　　Chapter 2

The Roots
［ザ・ルーツ］
·· 056

アフリカ系アメリカ人の歴史と宗教

第1節　　　　奴隷制下のアフリカ系アメリカ人の宗教
　　　　　　　　　　──キリスト教との出会いと南北の差異 ················· 059

第2節　　　　北部への大移動──黒人教会の多様化と二極化 ······· 069

第3節　　　　公民権運動とブラック・パワー運動 ···················· 000

コラム1　新しい霊性──アフリカ系アメリカ人社会と宗教の多様性 ····· 090

第3章 Chapter 3

Nothin' But The Spiritual Thang
[ナッシン・バット・ザ・スピリチュアル・サング]
.... 100

世俗音楽の宗教性と宗教音楽の限界

第1節 世俗的霊歌としてのブルース
　　　　——教会の枠組みを超えた神へのアプローチ 104

第2節 ヒップホップの宗教性 122

第3節 ゴスペル・ラップの形成と限界 143

コラム 2　ヒップホップ——**ローカルが示す生から聖へ** 160

第4章 Chapter 4

Holy State of Mind
[ホーリー・ステイト・オブ・マインド]
.... 168

聖俗二元論を超えて

第1節 聖俗の境界線とアフリカ系アメリカ人の二重意識 171

第2節 ヒップホップの福音 190

第3節 ヒップホップと救済の諸相 207

結論 Outro 219

Bonus Track　ヒップホップという言語 227

参考文献・資料 233

あとがき 244

Index 1　索引（全アーティスト／レーベル名） 250

Index 2　索引（主要人名） 255

略語表

AME 教会	アフリカン・メソジスト監督教会 African Methodist Episcopal
CCM	コンテンポラリー・クリスチャン・ミュージック Contemporary Christian Music
COGIC	チャーチ・オブ・ゴッド・イン・クライスト Church of God in Christ
NAACP	全米黒人地位向上協会 National Association for the Advancement of Colored People
NCBC	ナショナル・カンファレンス・オブ・ブラック・チャーチマン National Conference of Black Churchmen
NOI	ネイション・オブ・イスラーム Nation of Islam
SCLC	南部キリスト者指導者会議 Southern Christian Leadership Conference
SNCC	学生非暴力調整委員会 Student Non-Violent Coordinating Committee

序章

Intro

ヒップホップと聞いて、どんな音楽を思い浮かべるだろうか。ノリのい
い音楽にラッパーたちが小気味よく言葉を乗せていき、パーティーを盛り
上げる音楽を思い浮かべるかもしれない。あるいは、強面の男たちが暴
力を礼賛し、肌を露わにした女性たちをはべらしながら、自分の悪さを
豪語する音楽という印象を抱くかもしれない。いずれにしても、アメリカで
誕生したヒップホップという音楽が、いまや世界中の若者の価値観やライ
フスタイルに大きな影響を与えていることについては誰も異論を挟むこと
はないだろう。しかし、このヒップホップには宗教的な機能があるといえばど
うだろうか。さらに踏み込んでいうなら、ヒップホップは組織的な教会の
伝統的な教義の枠組みを飛び越えて、神の存在や救いのメッセージを自
由に鮮やかに人間の生に根ざしながら描き出しているのである。

　本書の目的は、ヒップホップをアフリカ系アメリカ人の宗教的伝統に位
置づけることをとおして、ヒップホップがアフリカ系アメリカ人のヒップホッ
プ世代に対して果たす救済的機能を明らかにすることである。ヒップホッ
プにおいてはアフリカ系アメリカ人の若者を取り巻くさまざまな事柄が取り
扱われるが、1980年代の終わりごろから暴力的な内容や露骨な性的描
写、ドラッグの密売などについてラップするギャングスタ・ラップとカテゴ
ライズされるラッパーが登場し、その内容への厳しい批判が起こった。そ
の急先鋒に立ったのが教会や牧師たちであった。彼らは、ギャングスタ・
ラップは若者に悪影響をおよぼし、社会を堕落させるものと考えたのであ
る。しかし、ギャングスタ・ラップに分類されるラッパーのなかには、過
激な事柄についてラップする一方で、神や天国、ひいてはイエス・キリス
トに言及する者が少なくない。暴力やドラッグ、露骨な性描写という反社
会的・反宗教的な事柄を取り扱い、教会には無縁に思える者たちが宗教
的な内容をラップする現象はいっけん矛盾して見える。本書はこの現象に
通底する論理について明らかにすることを試みるものである。

　本書の構想のきっかけとなったのは、アフリカ系アメリカ人神学者ジェ
イムズ・コーンが1972年に発表した『黒人霊歌とブルース』(*The Spiri-*
tuals and the Blues: An Interpretation, ［1983］)である。コーンは、黒

1 ―ジェイムズ・コーン、『黒人霊歌とブルース』、新教出版社、1983 年、12 頁。

人が生き残っていくための闘いのなかで発揮される歌の力が霊歌とブルースの本質であると述べている[1]。歴史的な経験から生み出された霊歌とブルースは、奴隷制や人種差別、あるいはリンチといった厳しい現実のなかにあるアフリカ系アメリカ人の実存的な問題について訴え、生きる意味や希望を人々に与えるものであった。この点において、ブルースは世俗音楽でありながら霊歌と同様の機能を果たしていることから、コーンは世俗的霊歌としてブルースを位置づける。コーンの研究は、ブルースという世俗的な音楽の宗教性について論じ、それが不条理な現実のなかで生きる人々の解放の源泉となったと結論づけている。

　ヒップホップも現在のアフリカ系アメリカ人の若者に対して同じような機能をもっていると考えられる。ヒップホップの市場拡大に伴い、教会はヒップホップの反社会的な歌詞について、若者のモラルを低下させるものと大々的に批判を行ってきた。これに対して、多くのラッパーは教会を批判した曲を発表してきた。ラッパーによる教会批判は、教会や牧師の堕落、若者の直面する問題に向き合おうとしない教会の姿勢、あるいは教会そのもののあり方などに対してなされている。

　しかし他方で、反社会的な事柄を歌い、教会批判を行うラッパーのなかには、「神」や「天国」、あるいは「イエス」(Jesus) といった言葉を歌詞で用いる者が少なくない。社会問題や道徳問題を取り上げて、ポジティブなメッセージを歌うラッパーのなかに、自らのスピリチュアリティや神の存在について語っている者がいるのは不思議なことではない。しかし、教会から批判されて、反社会的な事柄を歌うラッパーのなかにも、宗教的な表現を含む曲を書いている者が存在するのである。多くのラッパーがドラッグ、暴力、露骨な性表現という反社会的、また、反宗教的な事柄を描きながら、他の曲では神や天国について語っていることは、単にヒップホップと教会の対立ということだけでなく、アフリカ系アメリカ人のヒップホップ世代が教会に魂の救いを見出せなくなってきたことを示している。つまり、ヒップホップ世代の若者たちはヒップホップを救いについての対話の空間とし、不条理な現実からの解放の源泉としたのだ。このことから、

世俗的霊歌としてのヒップホップへの考察を試みたい。

　ヒップホップという世俗の音楽において、反社会的な事柄と宗教的な事柄が歌われていることは、ヒップホップの自己矛盾と捉えることができる一方で、聖と俗が混在している現象ともいえる。本書のもうひとつの目的は、ヒップホップの宗教的側面を検証したうえで、この聖俗の混在について考察することである。アフリカ系アメリカ人の大衆音楽における聖俗混在の現象については、これまでに指摘されてきた[2]。アフリカ系アメリカ人の音楽的伝統ともいえる聖俗の混在は、アフリカの宗教に見られる宇宙観に由来するものである。しかし、聖俗の混在した宗教観が音楽において継承されてきたのとは対照的に、黒人教会はブルースやヒップホップという世俗的な音楽に厳しい態度を示してきた。このアフリカ的霊性と黒人教会の乖離の背景への分析をとおして、ヒップホップの宗教的側面の意義を明らかにしたい。

　本書では、ヒップホップの世俗的霊歌としての機能と聖俗混在の現象について、公民権運動以降に誕生したヒップホップ世代に特有の歴史的文脈を検証しながら、世俗音楽に宗教性が見られるようになった経緯をアフリカ系アメリカ人の宗教史から紐解くことを試みる。

ヒップホップ研究の歴史と
本書の意義

　1980 年代の終わりごろからヒップホップに対する研究が始められた。ヒップホップ研究は多岐にわたるもので、その範囲は社会学、文学、言語学、人類学、ジェンダー論などにおよび、学際的な研究がなされている。本書もそうしたヒップホップ研究の学際的な一面を担うものである。しかし、本書はその前提としてアフリカ系アメリカ人の宗教史を取り扱うことから、宗教史研究、また、キリスト教や教会の発展史を考察する歴史神学研究としての顔をもっている。従来、伝統的な神学研究においては、聖書解釈学や神学思想に関する問題が問われてきた。しかし、本書は、ヒップホップという世俗の音楽をとおしてアフリカ系アメリカ人の宗教史や

2─聖と俗の混在はヒップホップだけに見られる現象ではなく、アフリカ系アメリカ人の音楽に継承されてきたものである。この現象については、Jon M. Spencer, ed., "Sacred Music of the Secular City: From Blues to Rap" in *Black Sacred Music: A Journal of Theomusicology*, vol.6 (Durham, NC: Duke University Press, 1992); Teresa L. Reed, *The Holy Profane: Religion in Black Popular Music* (Lexington, Kentucky: The University of Kentucky Press, 2003); Christina Zanfagna, "Under the Blasphemous (W)Rap: Locating the 'Spirit' in Hip-Hop" in *Pacific Review of Ethnomusicology* 12 (2006) などとで考察されている。

宗教観を分析することを目的としている。

　1988 年、アフリカ系アメリカ人音楽ジャーナリストのネルソン・ジョージの『リズム＆ブルースの死』(*The Death of Rhythm & Blues*, [1990])が出版された。同書はリズム＆ブルースが 1960 年代の社会運動の結果として衰退してしまったことについての議論が焦点となっており、ヒップホップについては巻末において言及されているのみである。しかし、それから10 年後、ジョージはヒップホップの誕生と発展について詳細に記した『ヒップホップ・アメリカ』(*Hip Hop America*, 1998 [2002])を出版し、アメリカ図書賞を受賞した。

　1980 年代後半から、ヒップホップが音楽市場に浸透していったのにあわせて、学術界でヒップホップが取り上げられるようになっていった。1988 年、アフリカン・アメリカ文学研究の第一人者であるハーバード大学教授のヘンリー・ルイス・ゲイツ・ジュニアが『もの騙るサル』(*Signifying Monkey: A Theory of African-American Literary Criticism*, [2009])を出版した。同書におけるゲイツの試みは「(庶民の)日常語」や「特定のグループ特有の表現」を意味するヴァナキュラー (vernacular)の分析によって、アフリカ系アメリカ人の文学研究の方法論を確立することにあった。そして、ひとつの言葉に異なる意味をもたせながら相手を出し抜くシグニファイング (signifying) というアフリカ系アメリカ人のヴァナキュラーについての分析は、その後に登場したヒップホップ研究に大きな影響を与えた。また、イギリスのカルチュラル・スタディーズ研究者であるポール・ギルロイが、アフリカン・ディアスポラについて論じた『ブラック・アトランティック——近代性と二重意識』(*Black Atlantic: Modernity and Doubled Consciousness*, 1993 [2006])でヒップホップを取り上げている。

　1990 年代に入るとヒップホップを対象とする研究が本格化し、さまざまな分野からのアプローチが行われた。1990 年、マーク・コステロとデイヴィッド・フォスター・ウォレスという当時ハーバード大学の博士課程に在籍していた 2 人の白人青年が、『ラップという現象』(*Signifying Rap-*

pers: Rap and Race in the Urban Present, [1998]) を出版した。当時、暴力や犯罪といったヒップホップに対する偏見から多くの批判が巻き起こるなかで、なぜ黒人音楽であるヒップホップに白人の若者たちが魅了されるのかという疑問から、著者の 2 人はアメリカにおける人種のポリティクスや都市におけるアフリカ系アメリカ人の実像を探ろうとした。また、S.H. フェルナンドは『ヒップホップ・ビーツ』(*The New Beats,* 1994 [1996]) で、ヒップホップの歴史を社会的文脈と音楽史という側面から分析した。

　そして、アフリカ系アメリカ人研究者によるヒップホップ研究が行われるようになり、1994 年には、ヒップホップ研究の金字塔ともいわれるトリーシャ・ローズの『ブラック・ノイズ』(*Black Noise: Rap Music and Black Culture in Contemporary America,* [2009]) が出版された。同書は、社会学とアメリカ研究を専門にするローズの博士論文を基盤とし、ラッパーの歌詞やインタビューをとおして分析が行われ、都市文化や人種のポリティクス、脱工業化社会において周縁化された人々の声としてのヒップホップに着目している。

　『ブラック・ノイズ』以降、多くの研究者がヒップホップについて論じてきた。とりわけ 1990 年代から、ヒップホップの商業化が急速に進み、さらにアメリカだけでなく世界中の若者のあいだに広がったことから、ヒップホップ研究の学際性がより深められていった。アフリカ系アメリカ人の音楽として誕生したヒップホップが、商業化とともにクロスオーバーしていくなかで、アフリカ系アメリカ人の芸術とは何か、その基準はどのようなものかといった(審)美学(aesthetics)やクリエイティブ・コントロールに関する議論が続けられている。また、ラッパーの表現が洗練されていくなかで、その歌詞の分析をとおして哲学的な問題を論じる研究者もいる。

　そうしたなかで、神学や宗教学の観点からヒップホップに取り組んだ研究が、近年精力的に行われてきた。その最初の成果が、ヒップホップと宗教の関係についてさまざまな角度から扱った研究を集めた論文集 *Noise and Spirit: The Religious Sensibilities of Rap Music* (2003) である。それ以降、*The Hip Hop and Religion Reader* (2012) や *Urban God*

Talk: Constructing a Hip Hop Spirituality（2013）といった論文集が
発行されている。また、ラルフ・C・ワトキンス監修による *Gospel Remix:
Reaching the Hip Hop Generation*（2007）に見られるように、近年では
ヒップホップ世代の牧師や神学者らが教会論についての議論を行ってい
る。これまでヒップホップ批判の急先鋒であった黒人教会の中心を担う
牧師たちが公民権運動世代からヒップホップ世代へと移行する過渡期に
あるなかで、それに伴う教会内の変化やその必要性についての危機感が
背景にあるといえるだろう。一方で、ヒップホップの初期から多くのラッパー
の思想に影響を与えたブラック・ナショナリズムと深い関係にあるアフリカ
系アメリカ人のイスラーム・セクトについても、さまざまな研究が行われて
いる [3]。

ヒップホップを神学の対象として体系的に取り扱った最初のものとして、
ダニエル・ホワイト・ホッジの *The Soul of Hip Hop: Rims, Timbs and a
Cultural Theology*（2010）があげられるだろう。ホッジはヒップホップに
描かれるアフリカ系アメリカ人の現実をキリスト教的概念から分析し、キ
リスト教神学に結びつけることを試みている。また、モニカ・ミラーの *Re-
ligion and Hip Hop*（2013）は、体系化された信念にもとづく組織や慣
習という宗教についての一般的な認識を自明なこととして進められてきた、
これまでのヒップホップと宗教の研究に一石を投じるものであった。ミラー
の研究はポストモダニズムの観点からヒップホップに関わるさまざまな宗
教的事象を分析するものであり、ヒップホップへの批判の背景にある宗教
勢力やヒップホップにおける宗教的表現の分析をとおして存在の普遍的
な意味の探求という従来の宗教観念を再考するものである。

ヒップホップと宗教の関係について、以上のような研究が行われてきた
が、本書の特色はアフリカ系アメリカ人の宗教史を検証することを通じた、
ヒップホップにおける宗教的側面の形成とその意義についての考察にあ
る。ヒップホップに宗教的な表現が見られるようになったことは、上述の
ようにアフリカ系アメリカ人の音楽における聖と俗の混在したアフリカ的世
界観を継承した結果であるといえる。その世界観はアフリカの宗教に由来

**3─ヒップホップとイスラーム
の関係については、以下のよ
うな研究がある。** H. Samy
Alim, *Roc the Mic
Right: The Language
of Hip Hop Culture*
(New York, NY: Rout-
ledge, 2006); Juan M.
Floyd-Thomas, Juan
M. "A Jihad of Words:
The Evolution of Afri-
can American Islam
and Contemporary
Hip-Hop" in *Noise and
Spirit: The Religious
and Spiritual Sensi-
bilities of Rap Music*
(New York, NY: New
York University Press,
2003); Felicia M. Miya-
kawa, *Five Percenter
Rap* (Indiana: Indiana
University Press, 2005).

し、アメリカ大陸で白人をとおして出会ったキリスト教とは衝突するもので
あったと考えられる。もしそうでないならば、黒人教会においても聖俗混
在の世界観がなんらかの形で継承されるはずだからである。しかし、黒
人教会は世俗音楽への厳しい批判を示してきた。本書では、ヒップホッ
プの宗教的表現の背景にあるものを明らかにする試みにおいて、黒人教
会を中心にアフリカ系アメリカ人の宗教史を紐解きながら、アフリカ的価
値観の受容の変遷に着目する。

　本書では、ヒップホップの宗教的機能や宗教的側面という言葉が用い
られるが、筆者が宗教として想定しているのはキリスト教を中心とした一
神教的枠組みである。アフリカ系アメリカ人が歴史のなかで培ってきた
宗教観の背景にキリスト教があることは否定できない。一方で、アフリカ
系アメリカ人は聖俗混在というアフリカ宗教的世界観をも抱いている。つ
まり、アフリカ系アメリカ人の意識はその「アフリカ系アメリカ人」という呼
称にあるように、アフリカ的な価値観とアメリカ（西洋白人）的価値観のあ
いだで揺れ動いてきた。それは、アフリカ系アメリカ人の知の巨人である
W.E.B. デュボイスが『黒人の魂』（*The Soul of Black Folk*, 1903［1992］）
で「二重意識」（double-consciousness）という言葉で表現しているもの
である。「二重意識」は「アメリカ」において「黒人」としてアイデンティティ
形成をする際の葛藤だけでなく、さまざまな状況に表れるアメリカ社会と
アフリカ系アメリカ人の緊張関係を示している。この「二重意識」は聖俗
混在の価値観とも結びつき、アフリカ系アメリカ人の宗教史にも大きな影
響を与えている。本書では「二重意識」と聖俗混在の関係からも、ヒップ
ホップの宗教性について考察することを試みる。

　また、本書は、ヒップホップの宗教性という観点から、聖俗や善悪と
いった二元論的価値観とは異なる福音理解を示すことを試みるものであ
る。本書で取り上げる聖俗とは、価値規範としてのそれであり、領域や
空間的なものを示すのではない。黒人教会では、「聖」の領域とされる教
会が相互扶助や政治集会などの世俗的な活動の場にもなってきたが、そ
のような聖俗ということではない。本書で聖俗の混在現象を取り上げると

きに意味するのは、音楽のなかで、反社会的な事柄や性的な表現といった世俗に関わるものと宗教的な事柄という聖に関わるものが混在しているということである。反社会的あるいは性的な歌詞について教会から厳しい批判を受けながらも多くのラッパーが神、イエス、天国に言及し、ヒップホップ世代がその歌詞に共鳴していることは、彼ら、彼女らは教会の語るメッセージには共感できないが、聖書に記される事柄には救いを見出していることを示している。つまり、ヒップホップで聖書にもとづいた救済論が展開されているということである。それは、既存の教会の価値観や伝統のなかで固定化されてきた教義や福音理解への問題提起ともなりうる。

　そして、本書は近年のアメリカにおける分断のなかで、その当事者であるアフリカ系アメリカ人の若者の視点を理解するうえでも有益な示唆を与えるものとなるだろう。警察官によるアフリカ系アメリカ人市民に対する不当な扱いが明るみになるなかで誕生したブラック・ライヴズ・マター（Black Lives Matter）運動や、ドナルド・トランプの大統領選当選に見られるアメリカの分断状況は、アメリカの現実を象徴している[4]。その状況下において、ラッパーたちは、自分たちの生のなかに希望があることを伝えている。

　また本書では、多くの歌詞を引用して、ヒップホップの宗教的機能について論じているが、そこで引用されるものの多くは1990年代の「ヒップホップ黄金期」と称される時代、そして、2000年代の作品である。しかし、これらの年代の作品からの引用は、一時代のヒップホップのみに真正性を付与することが目的ではない。むしろ、本書で示される視点は、2000年代後半以降に盛り上がりを見せているトラップなど、近年の、また、今後出てくる作品を考察するひとつの軸になりうるものである。したがって、本書は今日のアメリカの状況において、ヒップホップが果たしている、果たしうる役割についての考察の一助となるだろう。

4―ブラック・ライヴズ・マターとは、2013年から2014年にかけて立て続けに起こった警官による黒人市民の射殺事件に端を発し、人種差別と暴力に抗議してアメリカ各地で起こった運動の名称。

本書の構成

　本書は四つの章で構成される。第1章「Hip Hop Generation ——ヒップホップの宗教性を生み出したもの」では、ヒップホップ世代がどのような時代、社会の状況のなかでその価値観を形成してきたのかを検証する。1960年代半ばに公民権法や差別是正措置の制定によって公民権運動が成功を収めたかに見えた一方で、都市部において大きな問題となっていた貧困は解決されないままであった。また、キング牧師暗殺によって公民権運動はリーダーを失い、1970年代から80年代にかけてアフリカ系アメリカ人社会は世代間や社会階層間の断絶を迎えていた。そのような時代状況のなかで誕生し、成長したヒップホップ世代の声を代弁するようになったヒップホップは、黒人教会から厳しい批判を受けるようになった。その結果、教会から見放された若者たちがヒップホップをとおして自分たちの救いについて論じるようになった過程を明らかにする。

　第2章「The Roots ——アフリカ系アメリカ人の歴史と宗教」では、キリスト教を中心にアフリカ系アメリカ人の宗教史を奴隷制時代、奴隷制廃止から第二次世界大戦ごろまで、公民権運動期と三つの時代に区分して検証する。アフリカから奴隷として連れてこられた人々は、キリスト教を一方的に受け入れていったのではなく、アフリカ性やアフリカ人としてのアイデンティティを維持した。他方で、アメリカ社会での自由や市民権を獲得することと「黒人」として生きることのはざまで揺れ動いてもきた。そのはざまにおける葛藤を教会が代弁できないときに、ネイション・オブ・イスラームのようなオルタナティブ、それまでのキリスト教信仰に代わるものが生み出されてきた。そのようなアフリカ系アメリカ人の宗教史の展開のなかで、ヒップホップの宗教的機能も生み出されたことを明らかにする。

　第3章「Nuthin' But The Spiritual Thang ——世俗音楽の宗教性と宗教音楽の限界」では、『黒人霊歌とブルース』におけるジェイムズ・コーンの議論をもとに、世俗的霊歌としてのヒップホップについて検証する。奴隷制廃止後に誕生したブルースは、性的な表現を含む世俗音楽であ

ることから黒人教会に「悪魔の音楽」と批判された。しかし、ブルースは
アフリカ系アメリカ人の生の現実をありのままに映し出すことで、不条理
のなかで生きる意味を示す試みであるとして、コーンはそれを世俗的霊歌
と位置づけている。このコーンの議論をもとに、歌詞の分析をとおしてヒップ
ホップの世俗的霊歌としての機能をブルースと比較しながら明らかにす
る。また、ヒップホップが教会に取り入れられる形で誕生したゴスペル・ラッ
プとの比較をとおして、聖俗二元論の問題を取り上げて第4章での議論
につなげていく。

　第4章「Holy State of Mind ——聖俗二元論を超えて」では、聖俗
二元論の問題を掘り下げながら、世俗音楽であるヒップホップにおける救
済について検証する。黒人教会の聖俗二元論は、W.E.B. デュボイスの
示したアフリカ系アメリカ人の「二重意識」と複雑に結びついている。つま
り、黒人教会の音楽に対する姿勢は教会の内と外という聖俗の境界線の
あいだで揺れ動いてきたが、その境界線にアフリカ的な価値観とアメリカ
的な価値観の対立が反映されてきたのである。それに対して、ヒップホッ
プに見られるアフリカ的な聖俗混在の世界観は、反社会的な事柄が起き
るアフリカ系アメリカ人の貧困層の現実をありのままに描き、そこにおける
救済への言及を可能にしてきた。公民権運動以降、信仰の私事化が進
み、教会を中心とした共同体性が希薄になっていった。その時代において、
「個」の経験をありのままに歌うヒップホップはヒップホップ世代の課題を
共有し、聴衆のあいだに対話を生み出しながら、共同体としての全体性
を回復する機能を担ってきたことを明らかにする。

　また、本書では二つのコラムを掲載している。このコラムは、筆者がア
メリカで過ごした合計6年半ほどの期間のなかで体験したこと、アフリカ
系アメリカ人社会でのさまざまな出会いを通じて感じ、考えてきたことをも
とに書かれたものである。その目的は学術的な議論からはなかなか見えて
こない人々のいきいきとした現実を描き出すことである。なぜなら、インナー
シティを生きる人々の現実とヒップホップは切り離すことができないからで
ある。また、ヒップホップにおいてラップされる言葉もアフリカ系アメリカ

人の生に向けられているからである。このコラムをとおして、本書における議論をより立体的で肉感的なものとして受け止めてもらえると幸いである。

　本書はヒップホップの宗教性について論じている。それは、別の言い方をするなら、ヒップホップは生をありのままに描き出すがゆえに、宗教とは不可分だということである。目の前で起こるさまざまな出来事をとおして——それが良いものであれ、悪いものであれ——私たちはどう生きるかを問いかけられる感覚を抱くことがある。それは、宗教的・神学的にいうならば、神によって命の意味に向き合わされる瞬間である。インナーシティの生は、人種差別、偏見にもとづく警察官からの嫌がらせ、自死、薬物、ギャングの抗争による親しい者の死といった社会問題だけでなく、父親の不在、恋愛におけるパートナーとの交わりや葛藤、10代での妊娠といったプライベートな問題にいたるまで多様な出来事にあふれている。しかし、それらの出来事からの問いかけに対して、はっきりとした答え、生きることの意味を簡単に見出せるわけではない。それゆえに、ラッパーたちはそれらの出来事を真正面からありのままに描き出し、そして、神との対話のなかでその答えを導き出そうとしているのである。それは、公民権運動以降に黒人教会が内向的になっていった時代におけるアフリカ系アメリカ人の新しい霊性（スピリチュアリティ）の発露である。

　本書では、霊性とスピリチュアリティ（spirituality）を意味の区別なく用いているが、スピリチュアリティは「精神性」「崇高であること」などと訳され、キリスト教の聖書学では、「霊・スピリット」（spirit）をとおした神との関係性を示すものと理解されている。スピリットの語源であるラテン語のspiritusと同様に、聖書における霊（ヘブライ語のルーアッハ、ギリシャ語のプネウマ）もまた息や風を意味する。つまり、人間を生かす神の息吹である。したがって本書では、スピリチュアリティを、命を支える大いなる存在を信頼することから生への希望を見出そうとする力として考える。一方で、宗教社会学的には、スピリチュアリティとは、組織化された宗教（institutional religion）と対置されるものであり、広い意味での「宗教性」として理解される。つまり、ヒップホップが示すのは、ヒップホップ世

代の若者は教会やキリスト教といった宗教に批判的であるだけでなく、新しい宗教性を構築しているということである。そのような、いっけん宗教とは無縁に見えるヒップホップの宗教性が示す、インナーシティに生きる人々の生の豊かさを、本書をとおして感じ取っていただけると幸いである。

用語法に
ついて

本書はヒップホップのなかでもラップに焦点を当てて、その歌詞に描かれるアフリカ系アメリカ人のヒップホップ世代の宗教観について考察するものである。そのうえで中心となる用語の使用について、規定する必要がある。

ヒップホップとはラップ、DJ、グラフィティー、ブレイクダンスを構成要素とする若者の創造的な文化である。一方で、ヒップホップのオピニオンリーダー的存在である KRS-One（ケーアールエス・ワン）は、*Hip Hop Vs. Rap* で、"Rap is something you do, Hip Hop is something you live"（ラップとは行為であり、ヒップホップとは生き方である）とラップしている[4]。つまり、ラップという行為のなかにその行為者の生き方や「生」の現実が示されるときに、それはヒップホップとなるということである。音楽において描き出される生の現実とそこに意味を見出そうとするヒップホップ世代の試みについて検証する本書では、ラッパーたちがラップすることをとおして生の多様性を創造的に描き出す音楽をヒップホップとして理解する。

現在、アフリカに人種的起源をもつアメリカ人について「アフリカ系アメリカ人」（African-American）という呼称が一般的になってきている。それに倣って、「アフリカ系アメリカ人」によって構成される教会も「アフリカ系アメリカ人教会」（African-American Church）と称されるようになってきているが、いまだに「黒人教会」（Black Church）と形容されるのも事実である。それは、アフリカ系アメリカ人の教会の歴史的現実を表している。本書でも詳述するが、奴隷制時代にはメインラインの教会内の人種

4 — KRS-One, *Hip Hop Vs. Rap* in *D.I.G.I.T.A.L.* (Cleopatra, 2003).

差別に対抗したことから独立した教派が誕生した。また、公民権運動以降の時代にも、同様にメインライン教会に所属するアフリカ系アメリカ人牧師たちが、教派内の差別的構造に対して立ち上がった。つまり、「黒人教会」という呼び名は、いくつもの教派や教団が差別や偏見といった人種的緊張関係のなかで形成されてきたことや、メインライン教会に属する個々の教会の現実を示しているのである。したがって、本書ではそれらの教会について「黒人教会」という呼称を用いることにする。

　一方で本書では、いくつかの理由から「アフリカ系アメリカ人」という呼称を基本的に用いることにする。「アフリカ系アメリカ人」と称される人々のなかでの自己認識は、「アフリカ系アメリカ人」「黒人」「アメリカ人」「アメリカにいるアフリカ人」のように多様であり、それは奴隷制時代にも通じる。奴隷制時代、アフリカから奴隷として連れてこられた人々は自らをアフリカ人として理解していただろうし、その意識はアメリカの奴隷制のなかを生きたアフリカ人の子孫にも受け継がれている [5]。そのことは、奴隷制時代に誕生したアフリカン・メソジスト監督教会（African Methodist Episcopal, AME 教会）という教派の名前からもうかがえる。しかし、他方では、アメリカとの統合をめざして自らをアメリカ人と規定する者もいた。そして、アフリカ人・黒人なのか、それともアメリカ人なのかという二重意識にもつながるこの二つの考え方は、奴隷制廃止以後の時代にも継続する。

　先述の「黒人教会」という呼称のように、「黒人」という呼称は「白人」との人種間の緊張関係を前提にして用いられる。しかし、本書で「アフリカ系アメリカ人」の呼称でヒップホップ世代について論じるのは、他の人種的、民族的背景をもつグループとの関係を論じるためではなく、ヒップホップ世代の「黒人」の若者の現実を描き、ヒップホップのアフリカン・ディアスポラ文化としての一面を表すためである。また、本書ではアフリカ系アメリカ人社会内部のヒップホップ世代と黒人教会の緊張関係や、ヒップホップ世代にも受け継がれるアフリカ性について論じている。さらに、ヒップホップ世代の若者は、奴隷制時代にアフリカからアメリカに連れてこられた人々を先祖とする者だけではない。カリブ諸島にて奴隷とされたアフ

5 ― E.U. Essien-Udom, *Black Nationalism: A Search for an Identity in America* (The University of Chicago Press, 1962), pp. 24-25.

6 ──たとえば、Styles P（ス
タイルズ・ピー）の母親は南
アフリカから、Wale（ワーレ
イ）の両親はナイジェリアから、
Nipsey Hussle（ニプシー・
ハッスル）の父親はエリトリアか
らの移民である。また、ヒッ
プホップのパイオニアでもある
DJ Kool Herc（ディージェ
イ・クール・ハーク）はジャマ
イカから、Grandmaster
Flash（グランドマスター・フ
ラッシュ）はバルバドスからの
移民である。Notorious
B.I.G.（ノトーリアス・ビー・
アイ・ジー）や Pete Rock
（ピート・ロック）なども、ジャ
マイカからの移民の両親のも
とに生まれた。

7 ── Bakari Kitwana,
*Hip Hop Generation:
Young Blacks and the
Crisis in African-Amer-
ican Culture*（New
York: Basic Civitas
Books, 2002）, pp. xiii-
xiv.

8 ──ジェフ・チャン『ヒップホッ
プ・ジェネレーション──「ス
タイル」で世界を変えた若者
たちの物語』、リットーミュージッ
ク、2007年、16頁。

リカ人を先祖にもち、アメリカに移住してきた者を親や祖父母とする者、
また、第二次世界大戦以降に植民地支配から独立していったアフリカ各
国からの移民の二世世代も多く存在するからである。ヒップホップの形成
やこれまでの歴史を語るうえで、それらの移民二世、三世への言及を欠
くことはできない[6]。そうしたヒップホップ世代の現実を示すために、本書
では「アフリカ系アメリカ人」という呼称を用いる。ただし、人種間の緊張
関係を示すのにふさわしいと思われるときには、「アフリカ系アメリカ人」と
互換可能な言葉として「黒人」という言葉を使うものとする。また、奴隷
制時代の記述において、アメリカ大陸に連れてこられた人々を指すときに
は「アフリカ人」を用いることとする。

　ヒップホップ世代（Hip Hop Generation）について、ヒップホップ専
門誌『ザ・ソース・マガジン』（*The Source Magazine*）の編集長を務めた
バカリ・キトワナは、1965年から1984年に生まれた世代と定義してい
る[7]。しかし、ジェフ・チャンが指摘するように、人種や年代の幅をめぐる
この定義についての論争はいまだに継続中である[8]。たとえば、1964年
に生まれた者と1965年に生まれた者のあいだでは、成長した時代に起
因する価値観に大きな違いがあるとは考えられない。また、同じヒップホッ
プ世代であっても、1965年に生まれた者と1984年に生まれた者とでは、
その趣向は大きく異なるはずである。さらに、キトワナがこのような定義を
したのは2002年のことであり、現行のヒップホップを代表するラッパーの
多くは1984年以降に生まれた者である。加えて、宗教という点から見て
も、ヒップホップ世代はその信仰や宗教観において一枚岩ではない。し
かし、それは公民権運動を闘った世代も同じであり、社会階層や宗教的
背景などによる価値観の違いがアフリカ系アメリカ人社会を分断してきた。
つまり、公民権運動を闘った世代も、それ以降の世代も、アフリカ系アメ
リカ人社会における分断された状況のなかで、人種差別や貧困といった
共通する問題への取り組みによってつながりを生み出そうとしてきたので
ある。

　これらのことを踏まえて、本書ではヒップホップ世代を、公民権運動以

降の時代に誕生し成長した世代であると限定はしないが、そのように大まかに捉えることとする。ただし、これは公民権運動世代とヒップホップ世代の断絶を示すものというよりも、むしろ、それぞれの世代において教会とヒップホップがもつ意味の違いを考えるための枠組みである。また、本書は、アフリカ系アメリカ人の宗教史の枠組みのなかでヒップホップの宗教的機能について論じるものであるので、ヒップホップ世代をキトワナの定義に準じて1960年代以降に生まれたアフリカ系アメリカ人の世代をさす語として使用する。

　本書ではヒップホップの歌詞を多く引用しているが、そのなかには"nigga"（ニガ）という言葉が含まれるものもある。この言葉は、アメリカの歴史のなかで誕生したアフリカ系の人々を侮蔑する語"nigger"（ニガー）をアフリカ系アメリカ人特有の訛りのままに綴ったものである。"nigger"の起源はスペイン語やポルトガル語で「黒」を意味するnegroだと考えられる。つまり、奴隷制のなかでアフリカ系の人々を労働力として商品化したことと合わせて考えるなら、"nigger"とは差別語であるだけでなく、彼ら、彼女らを「黒い物」とみなすことで人間性を奪う言葉なのである。

　しかし一方で、アフリカ系アメリカ人が"nigger"を"nigga"として発音し、語尾をerではなくaで綴るとき、その言葉は異なる意味をもつものとなる。"nigga"とは「アイツ」「ツレ」「あの野郎」などのさまざまな意味で友人や敵対者、パートナーに対する呼びかけとして使われ、時には自分自身を指示する代名詞のように使われることもある。一方で、"nigger"という言葉が用いられ、またそのように発音されるとき、そこには「白人に骨抜きにされ、自らのプライドを捨てた者」という批判が込められ、"nigga"とは意味を区別して使用されることもある。つまり、"nigga"という言葉がアフリカ系アメリカ人同士のあいだで使われるとき、それは"nigger"という人間性を奪う言葉を拒絶し、同胞の人間性を認め、それを宣言するものなのである。　こうした言葉の意味の転換は、非人間的な奴隷制や人種差別のなかを生き残るため、同胞の人間性を取り戻しながら、連帯を

強めてきたという歴史に根ざしている。

　しかし、それでもアフリカ系アメリカ人社会においては、"nigger" はもちろんのこと、"nigga" の使用に否定的な立場もあり、この言葉の使用についてさまざまな議論がなされている。さらに、トランプ政権の分断を煽る傾向を受けて、白人がアフリカ系アメリカ人に向かって "nigger" と呼んで侮辱する事件が頻発している。しかし、この "nigger" という言葉は人間性を否定し差別してきた歴史的経験と結びついているがゆえに、アフリカ系ではない者が使ってはならないのは自明のことである。

　本書では以上のように、"nigga" という言葉がアフリカ系アメリカ人の生という文脈から切り離すことができないことを踏まえ、この言葉の歴史や意味を真摯に受け止めつつ、歌詞を引用する際にはこの言葉をはっきりと記すことにした。そこには差別的意図はいっさいないことをご理解いただきたい。そして、読者にもこの言葉の重みを受け止めながら歌詞を噛みしめていただけると幸いである。

Hip Hop Resurrection

I do my dirt so my kids see heaven on earth
but the pain on my heart it weighs heavy it hurts

—— Beanie Sigel (*Lord Have Mercy* in *The B. Coming*, Roc-A-Fella Records, 2005)

第 1 章

俺は悪事に手を染める。俺の子どもたちがこの世で天国を見れるように
でも、心のなかの痛みはとても重くてほんとに苦しい

Hip Hop Generation

ヒップ・ホップ・ジェネレーション

Chapter 1

ヒップホップの宗教性を生み出したもの

Chapter 1
Hip Hop Generation

第1節
ヒップホップ世代の
価値観

ヒップホップ世代の
形成

　1970年代初頭にニューヨークのサウス・ブロンクスで誕生したヒップ
ホップは、1979年に初めてアメリカの音楽市場に登場し、それ以降若者
を中心に浸透していった[1]。そして2000年には音楽市場でのシェアはロッ
ク（25%）に次いで2位（13%）となり、ポピュラー音楽における地位を確
立した[2]。ヒップホップがメディアに取り上げられるようになったころ、多く
の評論家たちはこの音楽がディスコの二番煎じで、一過性の流行にすぎ
ないと考えていた。しかし、彼らの予想とは正反対の形で、現在ヒップホッ
プはアメリカだけでなく世界中の若者に広まっている。

　ヒップホップは、ラップとDJといった音楽的な要素だけでなく、グラフィ
ティーと呼ばれる芸術とブレイクダンスも含むサウス・ブロンクスの若者の
あいだから生まれた創造的営為を総称するものである[3]。ヒップホップは
その誕生からまもなく、ディスコのようなパーティーの側面だけでなく貧困
層の若者の文化として、差別、貧困、暴力、ドラッグ、売春などといった、
アフリカ系アメリカ人社会のさまざまな問題に言及する社会的側面ももつ
ようになっていった。そして、ニューヨークで生まれたヒップホップはアメ
リカ全土に瞬く間に広まり、アフリカ系アメリカ人の若者の声となっていっ
た。

　そして、1980年代中ごろから、銃による暴力や殺人について過激で露
骨な歌詞を綴った曲が制作されるようになり、ギャングスタ・ラップという
括りで認識されるようになっていった。一方で、ヒップホップの市場にお

1──史上初のラップのレコード
として発売されたのは、1979
年3月25日にリリースされた
ニューヨークのファンクバンド
であるFatback Band（ファッ
トバック・バンド）のKing
Tim IIIである。それから
数ヵ月後の1979年8月25
日に発売されたSugarhill
Gang（シュガーヒル・ギャン
グ）のRapper's Delight
が大ヒットし、ラップ音楽がアメ
リカだけでなく世界中に知れ
渡ることとなった。

2──S・クレイグ・ワトキンス、
『ヒップホップはアメリカを変
えたか？──もうひとつのカル
チュラル・スタディーズ』フィル
ム・アート社、2008年、41
頁。

3──グラフィティーとは、街中
の壁や電車にスプレーやマ
ジックで描かれた絵や特殊な
字体を用いた文字のことを指
す。メディアでは落書きという
悪いイメージをもたれている
が、グラフィティーは貧困層の
若者の自己表現の手段である
とともに、それ自体が社会体
制に対する抵抗ともなった。

ける可能性を認識しだした白人資本家たちによってヒップホップ専門の自主レーベルが独自に立ち上げられていった。そして、それらのレーベルからギャングスタ・ラップが売り出されるようになると、その反社会的な内容にもかかわらず、貧困層の現実を描き出したいくつもの歌が音楽市場を席巻していった。資本家によるレーベルと手を組むなかで、ラッパーたちはギャングスタ・ラップを、自分たちの悲惨な現実や感情を正直に描き出すことで若者を惹きつけるひとつのエンターテイメントに変えていったのである[4]。一方で、その結果として、自主レーベルが巨大な大手音楽企業に吸収されていくなかで、ギャングスタ・ラップにおける反社会的なイメージが楽曲を売るために誇張されるようにもなった。

　当然のことながら、反社会的な事柄を歌うギャングスタ・ラップの登場とその急激な拡大に対して、アメリカ社会のさまざまな方面から拒否反応が起きた。ギャングスタ・ラップにおいては、暴力や犯罪、麻薬などの事柄に加え、女性蔑視や拝金主義といった内容の歌詞について、政治家や市民団体、宗教者などから批判が起きた。また、アフリカ系アメリカ人社会からは、道徳的な問題だけでなく、人種的な偏見を助長するものであり、1950年代以降の公民権運動による成果を台無しにするものであるとの厳しい声が上がった。しかし、青少年にとって悪影響をおよぼすものであるとの批判は、ヒップホップにおける反社会的な歌詞を生み出す背景を無視するものだと擁護する意見も見られる。ヒップホップへの否定派と擁護派の論争は、アフリカ系アメリカ人の若者への偏見にもとづいたイメージがメディアにおいて消費されるなかで「超可視化」される一方で、アフリカ系アメリカ人の若者を取り巻く厳しい現実が「不可視化」されるという現象をめぐるものである[5]。

　しかし、ギャングスタ・ラップにおいて歌われるのは、決して反社会的な事柄だけではない。何人ものラッパーが神や天国に言及し、反社会的な道を生きる自身や仲間の救いについてラップしているのである。ヒップホップにはギャングスタ・ラップのようにインナーシティの厳しい現実を歌うものだけでなく、アフリカ系アメリカ人の起源であるアフリカへの意識を打

4 ─ S・クレイグ・ワトキンス、『ヒップホップはアメリカを変えたか?』、51頁。

5 ─ 黒崎真『アメリカ黒人とキリスト教──葛藤の歴史とスピリチュアリティの諸相』神田外語大学出版局、2015年、270頁。

ち出したり、政治的、文化的な事柄を取り扱ったりするラッパーも多く存在する。それらのラッパーのなかには、アフリカ系アメリカ人の苦境を打破するためには霊的な成長や神との交わりが重要であるとの考えから、宗教的な内容の歌詞をラップする者がいる。そのように、政治的側面からアフリカ系アメリカ人社会の窮状について問題提起し、文化的側面から人種的な誇りの回復を訴えるラッパーが、宗教的表現を用いて霊的な方向から問題提起することにさほど違和感はないだろう。しかし、暴力や犯罪を誇張して反社会的な内容の歌詞をラップするラッパーが、教会や聖職者を厳しく批判しながら、他方では宗教的な事柄に言及している。この現象は、公民権運動以降に誕生したアフリカ系アメリカ人のヒップホップ世代が教会との緊張関係のなかで形成してきた価値観と深く結びついている。

　ヒップホップ世代は、公民権運動の結果として法的な平等やアファーマティブ・アクション（積極的差別是正政策）によるアフリカ系アメリカ人のアメリカ社会への融和が高らかに謳われた時代に誕生し、成長した。しかし、ヒップホップ世代が経験した現実は公民権運動をへたアメリカが掲げるようになった理想とは大きく異なるものであった。その現実は、アフリカ系アメリカ人社会の階層化と都市部の荒廃、世代間の断絶と若者世代における教会の求心力の低下などといった言葉で説明できるだろう。特に、インナーシティと呼ばれる都市の内部で孤立させられた地域における生活の質の急激な悪化である。公民権運動以前からインナーシティにおける貧困問題は存在していたが、公民権運動以降の時代には失業率、ドロップアウト、10代の妊娠、シングルマザー、重犯罪の割合が急増した。公民権運動によってアフリカ系アメリカ人の生活の向上が実現すると考えられたが、実際はそのとおりにはならなかったのである。

　20世紀初頭に多くのアフリカ系アメリカ人が南部から北部の大都市に移住するようになると、人種差別を背景にしたアフリカ系アメリカ人の居住区の限定によってインナーシティが形成されるようになった。また、グローバル化によって製造業の中心が郊外や海外に移転すると、人種差

6 ——ウィリアム・J・ウィルソン、『アメリカのアンダークラス——本当に不利な立場に置かれた人』明石書店、1999年、34頁。

別の歴史から生まれた分業システムのなかで低賃金の労働作業を担っていたアフリカ系アメリカ人労働者たちは真っ先に失業することとなった[6]。「社会的緩衝装置」を失い空洞化したインナーシティでは、失業した若者たちのさらなる社会からの孤立が常態化するに伴って、労働や教育への意欲は低下し、多くの若者が違法薬物の売買などに手を出す素地を生み出し、凶悪犯罪の増加へとつながっていった。

　ヒップホップ世代は、グローバル化時代に育った最初の世代であるだけでなく、隔離政策撤廃後に育った最初の世代でもあった。公民権運動以前の時代と比べて、アメリカは差別のない社会を築く姿勢を見せてきた。しかし、社会における隔離や不平等は存続し、その影響が人種間の雇用率や賃金の格差に現れている[7]。1992年の調査によると[8]、1979年から1991年にかけて、アフリカ系アメリカ人の貧困率はほぼ変動しておらず、18歳以下の子どもがいる家庭の貧困率は41％から46％に上昇している。また、1991年の年収の中央値を比較すると、黒人男性は22,080ドルで黒人女性は18,720ドルなのに対して、白人男性は32,030ドルで白人女性は20,790ドルとなっている。

7 —— http://blackdemographics.com/households/african-american-income/；http://blackdemographics.com/households/poverty/（共に2014年11月10日アクセス）

8 —— http://www.census.gov/prod/1/statbrief/sb94_12.pdf（2017年1月25日アクセス）

　空洞化による都市部のアフリカ系アメリカ人の生活の質の降下に拍車をかけたのが、クラック・コカインの登場である。Grandmaster Flash & the Furious Five（グランドマスター・フラッシュ＆ザ・フューリアス・ファイブ）の *White Line* のサビの歌詞にあるように、コカインは高価な娯楽目的の薬物であり、粉末を細い線形にまとめ鼻から吸引するものであった。しかし、1980年代に入るとコカインの成分を固形化して喫煙できるようにしたフリーベイスが登場した。それと時を同じくして、コカインの過剰供給によって相場の下落が起こると、フリーベイスを砕いたクラック・コカインが出回り、貧困層の手に届くようになっていった。

　やがてクラック・コカインは、1980年代中ごろから1990年ごろにかけて、クラック・ブーム（crack epidemic）と呼ばれるほどアメリカ全土に蔓延していった。その蔓延は、都市部の貧困のなかにあったアフリカ系アメリカ人の若者の生活に大きな変化をもたらした。Styles P の *A Gangster and a Gentleman* の歌詞がこのことを表している。"It was 1986 and I was twelve years old / That's right around the time when crack came out / It was the best thing that happened to me / I swear to God cause I was gettin everything that I was askin about"（1986年、俺が12歳のとき／それはクラックが売り出されたころだ／それは俺にとって最高の出来事だった／マジだぜ、だって、欲しかったものはすべて手に入れることができたからな）と、クラック・コカインの売人になったことで大金を得られたことをラップしている[9]。ネルソン・ジョージがその商品回転率の速さを「薬物におけるファースト・フード経済」と表現するように、クラック・コカインは効き目が強い一方で、すぐに醒めてしまうことから、安価な値段で売ることでその売買に手を出した者は大きな利益を生み出すことができたのである[10]。

しかし、クラック・コカインの登場はその利益をめぐる縄張り争いを生み出し、銃で武装した若者が増えたことによって治安の悪化を招いた。その結果、多くのアフリカ系アメリカ人の若者が銃による暴力の犠牲となった。また、ギャングだけでなく、その抗争に市民が巻き込まれてしまうことが、Lost Boyz（ロスト・ボーイズ）の *Renee* に描かれている[11]。アメリカ保健福祉省管轄下の疾病予防センター（Centers for Disease Control and Prevention）のデータによると、アフリカ系アメリカ人男性の15〜24歳と25〜34歳の二つの年齢グループの死因の1位は長年にわたって殺人である。具体的には前者のグループでは50%前後、後者では30%ほどが、死因における殺人の割合を占めている[12]。同世代の他の人種グループと比較すると、これは著しく高い数字である。

ヒップホップにおいて「死」に関する曲が多いことは、ヒップホップ世代が家族や友人の死を経験し、自身も死の危険性と隣り合わせの環境にあるというインナーシティの現実を物語っている。また、彼らの死因のなかで、自殺もつねに5位以上に入っている[13]。この数字は、先の見えない不安が重くのしかかるなかで自ら死を選ぶ者がいることを示している。この現実は、Notorious B.I.G. の *Suicidal Thought*（自殺願望）と題された曲

Styles P, *A Gangster and a Gentleman* (Ruff Ryders, 2002)

9 — Styles P, *A Gangster and a Gentleman* in *A Gangster and a Gentleman* (Ruff Ryders, 2002).

10 — ネルソン・ジョージ『ヒップホップ・アメリカ』ロッキングオン、2002年、102頁。

11 — Lost Boyz, *Renee* in *Legal Drug Money* (Uptown, 1996). 曲中ではReneeという女性との出会いから恋愛関係にいたる様子が描かれ、終盤において彼女が銃で撃たれて殺されてしまった情景が描かれている。

12 — http://www.cdc.gov/nchs/nvss/mortality/lcwk2.htm（2014年11月10日アクセス）。疾病予防センターのこのページにおいて、1999年から2011年までの人種別の死因上位15位までを調べた統計が掲載されている。

13 — http://www.cdc.gov/nchs/nvss/mortality/lcwk2.htm（2014年11月10日アクセス）

14 — Notorious B.I.G., *Suicidal Thought* in *Ready to Die* (Bad Boy, 1994).

15 — Geto Boys, *Mind Playing Tricks on Me* in *We Can't Be Stopped* (Rap-A-Lot, 1991).

Mobb Deep, *Infamous* (Loud, 1995)

16 — 1991年3月3日、仮釈放中だったロドニー・キングが車を運転していたところ、警察官に止まるように指示された。彼は、仮釈放の規定違反によって刑務所に送り返されることをおそれ、猛スピードで逃げようとしたが、逃亡をあきらめて警察に投降した。そこで、4人の警察による尋問が始まったのだが、彼らは逮捕に抵抗するキングを酔っていてドラッグによる覚醒状態にあるとみなしたうえに、テーザーガンで電気ショックを与え、棍棒で殴打によって過度の暴行を加えた。偶然、事件現場付近の住人がこの一連の動きをビデオテープに収めており、そのビデオが全国のテレビ局で放送された。警察による一般市民に対する必要以上の暴行シーンはアメリカ全土に衝撃を与え、多くの人が裁判ではこの警察官たちが有罪になるだろうと考えた。

の "I swear to God I want to just slit my wrists and end this bullshit"（本気で手首を切って、この最悪な現実を終わらせたい）という歌詞に示されている[14]。さらに、Scarface（スカーフェイス）は Geto Boys（ゲト・ボーイズ）というグループを組んでいたときの *Mind Playing Tricks on Me* という曲で "Day by day, it's impossible to cope / […] / I often drift while I drive havin' fatal thought of suicide"（日に日に、目の前の現実に向き合えなくなってきている／［…］／運転しているときに、自殺するなんていう破滅的なことを考えながら、よくさまよっている）とラップしているし[15]、*Suicide Note* という曲では自殺した友人のことをテーマにしている。また、ヒップホップ・デュオ Mobb Deep（モブ・ディープ）のメンバー Havoc（ハボック）の兄の Killah Black（キラー・ブラック）や、ブルックリンに住むラッパー集団 Pro Era（プロ・エラ）の中心メンバーだった Capital Steez（キャピタル・スティーズ）が自ら命を絶っており、自殺はヒップホップにおいても実際的な問題なのである。死が身近にあるこうした現実はヒップホップ世代の価値観に大きな影響を与え、ヒップホップにおける宗教的な歌詞を生み出すひとつの要因にもなっていると考えられる。

また、1982年からレーガン政権の主導による麻薬撲滅運動が展開されるようになると、刑事司法によってアフリカ系アメリカ人の若者が苦しめられることとなった。そして、若者を排斥するような一連の法令によって、取り締まり強化の名のもと、アフリカ系アメリカ人の青年に対する警官による暴力が問題化していった。警官による理不尽な暴力への蓄積した不満は、1992年4月29日に発生したロサンゼルス暴動において噴出した[16]。

警官に対する不満はヒップホップにおける数多くの曲に描かれてきたが、その感情を初めて音楽にしたのは N.W.A.（エヌ・ダブリュー・エー）が1988年に発表した *Fuck Tha Police* である。その衝撃的で憎しみに満ちた攻撃的なタイトルは大きな論争を巻き起こし、その内容が警察への誤解にもとづくものであるとして FBI から N.W.A. の所属するレコード会社に注意を促す文書が通達された。しかし、その内容は曲の冒頭で

メンバーの Ice Cube（アイス・キューブ）が "A young nigga got it bad cause I'm brown / And not the other color, so police think / They have the authority to kill a minority"（俺はこの茶色い肌のせいで酷い仕打ちを受けてきた／白い肌の色じゃないから、警察はこう思っている／自分たちにはマイノリティを殺す権限があるってな）とラップするように、人種によって取り締まり相手を選別するレイシャル・プロファイリングの問題を取り上げ、警官による暴力が不当に行使される現状を訴えるものである[17]。

しかし、裁判はロサンゼルスで行われず、白人が多く住むシミ・ヴァレイで陪審員12人のうち10人が白人という状況のなかで行われた。その結果、罪に問われていた警官4人全員が無罪となったが、この判決に対して警察官から日常的に嫌がらせを受けてきた黒人たちの怒りが爆発し、ロサンゼルス暴動へと発展していったのである。

また、警察官による暴力的な取り締まりに関連して問題となってきたのが、アフリカ系アメリカ人の青年の収監率の高さである。刑事司法における人種格差の根絶に取り組む研究所であるセンテンシング・プロジェクト（Sentencing Project）の2016年の調査によると、アフリカ系アメリカ人の10万人につき1,408人が収監されているのに対し、白人は275人が収監され、アフリカ系アメリカ人の収監率は白人の5.1倍という高さになっている[18]。また、ポピュレーション・レファレンス・ビューロ（Population Reference Bureau）の2010年の調査によると、アフリカ系アメリカ人の10万人につき3,074人が収監されているのに対し、白人は459人が収監され、アフリカ系アメリカ人の収監率は白人の6.7倍という高さになっている[19]。

N.W.A., *Straight Outta Compton* (Ruthless, 1988)

17 — N.W.A., *Fuck Tha Police* in *Straight Outta Compton* (Ruthless, 1988).

18 — The Sentencing Project, *The Color of Justice: Racial and Ethnic Disparity in State Prisons*, 2016, p. 4.

19 — http://www.prb.org/Publications/Articles/2012/us-incarceration.aspx（2017年2月21日アクセス）

20 — アンジェラ・デイヴィス『監獄ビジネス――グローバリズムと産獄複合体』岩波書店、2003年、89頁。

この収監率の高さは、「産獄複合体」（Prison Industrial Complex）と深く関わるものである。「産獄複合体」とは、軍需産業と軍隊や政府が癒着した体制をさす「軍産複合体」（Military Industrial Complex）に引っかけた言葉である。つまり、刑務所を運営する私企業と政府、監獄関係者、メディアの結びつきのなかで、監獄に次々と囚人を投獄して労働力とすることで莫大な利益が生み出されている現状を示している。産獄複合体誕生の背景にあったのは、殺人など重犯罪の件数は減少傾向にあったにもかかわらず、犯罪を厳罰化せよという政治家の主張であり、それに呼応するかのように増加した犯罪に関する報道だった[20]。また、この時期に麻薬の取り締まりが強化され、多くの州で「スリー・ストライク

制」が導入されることとなった。これは過去に2回の犯罪歴がある者が3度目の有罪判決を受ければ重刑、場合によっては終身刑を課されるというものである。さらに、先述のクラック・コカインの蔓延に対する「麻薬との戦争」(War on drugs)によって、インナーシティの若者が取り締まりの標的とされた。その結果が人種間の不均衡な収監率に表れている。

　これらの事象やインナーシティについての論説は、そこに存在するアフリカ系アメリカ人を社会病理的に描き出すだけであり、そこに生きる者の現実を反映するものではない。たとえばウィリアム・J・ウィルソンは、公民権運動によって経済的に上昇した中産階層や労働者層が郊外に流出し、貧困層や低学歴の者、若い世代だけがインナーシティに取り残されたことによって、都市部の問題が深刻化していると論じている[21]。地域社会の規範や倫理的価値観を形成する「社会的緩衝装置」だった中産階層や労働者階層を失い、貧困層や低学歴の者、若者たちはまともな社会を形成するには不能だというのである。また、同様のことがヒップホップについて論じるいくつかの研究にもいえる。その論評は、ヒップホップの暴力的、反社会的な歌詞をインナーシティの社会病理を映し出すものと捉えるか、人種差別や貧困への抵抗の手段として位置づけるだけだからである。そのような議論はインナーシティの住民たちの創造性や多様性を軽視し、社会病理を抱える人々であると「捏造」するものでしかない[22]。そして、それはインナーシティにおけるアフリカ系アメリカ人の若者たちの宗教性やスピリチュアリティの低さという誤認や批判へとつながるものである。しかし、ヒップホップにはアフリカ系アメリカ人のスピリチュアリティの豊かさ、真摯な神学的議論が見られる。インナーシティを社会病理として描き出し、ヒップホップに結びつけて否定的に捉える学術的な議論はアフリカ系アメリカ人の若者の生の豊かさやリアリティと乖離している。このことは、ヒップホップを一方的に拒絶してきた教会との関係にも通じる。つまり、研究者や教会から無視されてきた若者の生の豊かさやリアリティこそが、宗教的な表現を生み出してきたのである。

21―ウィリアム・J・ウィルソン、『アメリカのアンダークラス』、26-28頁、101-102頁。

22―ロビン・ケリー『ゲットーを捏造する――アメリカにおける都市危機の表象』彩流社、2007年、76頁。

世代間の断絶
——教会との関係の変化

　以上のような要因によって、1980 年代から 1990 年代にかけて、アフリカ系アメリカ人の若者の生活の質は著しく低下した。貧困、家庭の崩壊、暴力、薬物、人種的偏見にもとづいた刑事司法、近親者の死などの社会問題が深刻化するなかで、ヒップホップ世代は成長してきたのである。それに対して、ヒップホップ世代の親や祖父母の公民権運動世代は、ヒップホップ世代の道徳規範や社会的責任の欠如を批判し、若者の教会出席率の低下にその兆候が表れているとしている[23]。しかし、ヒップホップ世代の教会出席率の低下は、むしろ公民権運動以降のアフリカ系アメリカ人社会の変化に伴う教会の変化にその原因が求められるだろう。

23 — Bakari Kitwana, *Hip Hop Generation*, p. 22.

　後述するが、公民権運動以降の黒人教会の多くは、差別是正措置によって経済的に豊かになり社会的地位が向上した信徒の増加に伴って、保守的な価値観を形成するようになった。経済的に成功した階層を抱える教会にとって、急進的な社会運動に関わることは教会員を失うことを意味したからである。また、中産階層化したアフリカ系アメリカ人にとって、信仰は私的な領域に関するものとなっていった。黒人教会にとって経済格差といった社会問題はいまだに重要な課題であり、各教派や諸教会はそれらの課題に対して全国レベル、地域レベルで取り組んできた。しかし、黒人教会や牧師のリーダーシップが低下したことで、それらの問題に対する有効な打開策を示せないでいる。また、教会員が中産階層化したことで教会は財政的に裕福になり、牧師たちのなかには中産階層のステータスに安住するあまり社会問題への関心を示さず、天国における救いのみを重視する傾向も見られる[24]。その一方で、教会はヒップホップへの厳しい批判を行ってきた。公民権運動から継承された使命感や中産階層的な価値観に立つ教会にとって、インナーシティの厳しい現実が露骨に表現されるヒップホップはアフリカ系アメリカ人社会の向上を妨害するものと映ったのである。

24 — Anthony Pinn, *The Black Church in the Post-Civil Rights Era* (New York: Orbis Books, 2002), pp. 18-19.

公民権運動以降の教会の変化は、公民権運動を闘った世代とその次に誕生したヒップホップ世代の世界観の違いにも表れている。法的な平等を求めて闘ってきた公民権運動世代にとって、1964年に制定された公民権法や翌年から実施されたアファーマティブ・アクションは歴史的な勝利を意味した。特に、アファーマティブ・アクションによって恩恵を受け、社会的成功をおさめ中産階層化したグループのあいだには、アメリカにおいて平等な社会が実現されたという意識が生まれたといえるだろう。それゆえに、アフリカ系アメリカ人社会内部における経済格差やインナーシティの劣悪な経済状態への関心は薄れていったのである[25]。

　これに対し、ヒップホップ世代は、成長の過程において体験したさまざまな不条理をとおして、「平等なアメリカ」が見せかけの幻想であるという世界観のなかに生きている。それは、中産階層のヒップホップ世代についても同様である。貧困を経験しなかったとしても、警官による暴力やアメリカ主流社会からの疎外は、彼らの生活に現実として存在している。公民権運動世代が差別との闘いや平等な社会を築くことに生きる意味や希望を見出してきたのに対して、ヒップホップ世代は見せかけの平等という幻想と厳しい現実の狭間に生きており、公民権運動世代の行ったような運動に意味や希望を見出すことが困難になっている[26]。このような意識の違いが、世代間の断絶のおもな要因である。

　1960年代の終わりごろから、黒人教会は社会運動への関わりに消極的になっていった。その要因のひとつとして、キング牧師が暗殺され、宗教界における社会運動の中心が黒人教会からブラック・ナショナリストの組織に移行していったことがあげられる[27]。また、黒人社会の課題が細分化されたことや、いくつもの市民団体や政治団体が組織されたことによって、社会運動における黒人教会の重要性が低下したといえる。一方で、公民権運動の成果によるアフリカ系アメリカ人の中産階層の増加は、黒人教会の政治的価値観の保守化を招いた。つまり、社会運動への積極的な参加によって政治化することで、中産階層としての地位を失うことを怖れたのである。また、郊外に流出した中産階層や労働者階層

25―ウィリアム・J・ウィルソン、『アメリカのアンダークラス』、28-29頁。

26―James Braxton Peterson, ""It's Yours": Hip Hop Worldviews in the Lyrics of Nas" in *Born To Use Mics: Reading Nas's ILLMATIC* ed. By Michael Eric Dyson and Sohail Daulatzai (New York, NY: Basic Civitas Books, 2009), pp. 84-85.

27―Anthony B. Pinn, *The Black Church in the Post-Civil Rights Era*, pp. 15-16. 1960年代後半から70年代中ごろにかけてブラック・ナショナリストの運動が盛んになり、社会運動の中心が教会から彼らに移行していった。

第1節　　ヒップホップ世代の価値観

とインナーシティに取り残された若い世代の貧困層との分断によって、中産階層や労働者を背景とする教会の社会問題への関心が希薄になっていったことも理由としてあげられる。その結果、公民権運動において中心的役割を果たした黒人教会は、社会運動への関わりを失っていった。アフリカ系アメリカ人社会と黒人教会は一心同体ではなく、むしろその隔たりは大きくなってきているという指摘もされている[28]。

公民権運動以降、インナーシティにおける地域共同体が解体し、信仰が私事化したことにより、教会の社会的な機能や意義は後退し、社会階層の違いを超えた価値観が宗教をとおして共有されることはなくなった。その結果、教会の社会問題への関心の低下によって、社会問題からもっとも影響を受けてきた若い世代の教会離れが起きたといえる。この傾向は、アフリカ系アメリカ人社会におけるイスラームの台頭からも明らかである。教会とは対照的に、ネイション・オブ・イスラーム（Nation of Islam, NOI）は都市部の貧困層の問題を積極的に訴え、アフリカ系アメリカ人大衆から支持を得てきた。

社会問題に関わろうとしないだけでなく、若い世代を一方的に批判する教会に対して、多くの若者たちが批判的になったのは当然である。教会との接点をもつことができず、教会に社会的意義を見出せないという若者が増えているという報告が、そのことを示している[29]。そして、ヒップホップ世代の教会に対する不信は、多くのヒップホップの歌詞において表現されている。たとえば、Nas（ナズ）は *Déjà vu* という曲で次のようにラップしている。

Just picture / your life as a whole judged in court with convictions / They telling you your state of mind, like you worthless / So he curses, his moms saying Bible Verses / That's all she works with / But miracles never leave the churches / Instead, it hits the pockets of the Preacher just to purchase a house, with a swimming pool / Labels me a sinning fool [30]

28 — Ibid, p. 18; Dennis W. Wiley, "Black Theology, the Black Church, and the African-American Community" in *Black Theology: A Documentary History, Volume 2: 1980-1992*, ed. James H. Cone and Gayraud S. Wilmore (New York: Orbis Books, 1993), p. 135.

29 — C. Eric Lincoln and Lawrence Mamiya, *The Black Church in the African American Experience* (Durham: Duke University Press, 1990), pp. 309-310; Pinn, *The Black Church in the Post-Civil Rights Era*, p. 20.

30 — Nas, *Déjà vu* in *Original Demo Tape – The Album* (Ill Will, 2008).

想像してみろ／裁判所でお前の人生すべてに有罪が宣告されると
　ころを／お前にまったく価値がないかのように、おまえがどんな精神
　状態だったかを述べている／だからお前は悪態をつく、そしてお前
　の母親は聖書の言葉を唱える／彼女は聖書にしか頼らない／でも、
　奇跡は教会の外では起こらない／そのかわりに、「奇跡」は牧師のポ
　ケットを膨らませる／プールつきの家を買うために／そんな牧師が、
　俺のことを罪深い馬鹿呼ばわりするんだ

　この歌詞から、教会とそこにつながる公民権運動世代と、教会から離
れたヒップホップ世代の断絶がうかがえる。裁判所での一コマを描いたこ
の歌詞では、ヒップホップ世代と公民権運動世代の断絶が、教会との関
係をとおして描かれている。公民権運動世代が教会あるいはキリスト教
に価値や希望を見出す一方で、教会はヒップホップ世代を厳しく批判し
てきた。それに対し、ヒップホップ世代は教会やキリスト教信仰、教会の
社会との関わりや問題意識に対して不信や疑問を呈しているのである。
　こうした教会の影響力の低下や世代間の断絶について懸念する声があ
がっている。アフリカ系アメリカ人神学者であり、アメリカのオピニオンリー
ダーでもあるコーネル・ウェストは、『人種の問題——アメリカ民主主義
の危機と再生』(Race Matters, 1993［2008］)のなかで、アフリカ系アメ
リカ人社会に蔓延する虚無主義に警鐘を鳴らしている。ウェストは、アフ
リカ系アメリカ人の歴史は「新世界」における不条理との闘いの歴史であ
り、そのなかで宗教的・共同体的支援ネットワークを基盤として培われた
諸伝統は「ニヒリズムの脅威——すなわち希望の喪失と意味の不在」へ
の防壁としての役割を果たしてきたと述べている[31]。そして、それらの諸
伝統、つまり、教会を中心とする共同体のなかで創出された音楽や口頭
伝承、あるいは教会における説教スタイルや聖書解釈といった文化装置
は、アフリカ系アメリカ人の家族および共同体のネットワークを維持する
ものであった[32]。ウェストは、その諸伝統が「ニヒリズムの脅威」に対抗

31—コーネル・ウェスト『人
種の問題——アメリカ民主主
義の危機と再生』新教出版
社、2008年、38頁。

32—同上。

する力を弱めてきていることを指摘し、その背景として、ニヒリズムの脅威に言及しない黒人の保守とリベラル双方のリーダーシップの危機、そして市場原理の浸透をあげ危機感を示した。黒人保守らは自助努力によって主体的に取り組めば社会的向上が実現するとして、人種差別の根深さを無視してそれが生み出すニヒリズムの脅威に加担している。それに対して、リベラルたちは経済や政治の問題に焦点を当てるのみで、黒人の破壊されたアイデンティティから目を背けている。この形骸化した保守とリベラルの議論では、人種差別で存在を否定されたことによる空虚感を埋めることはできない[33]。さらにウェストは、市場原理の浸透によって、消費主義が共同体ぐるみの支援のネットワークにおける他者への奉仕や配慮といったものの「非市場的な価値」を駆逐したことを懸念している[34]。

こうした状況のなかで「ニヒリズムの脅威」への防壁となってきた教会が保守化し、世代間の断絶から共同体が崩壊しつつあることによって、もっとも影響を受けてきたのはヒップホップ世代だといえるだろう。平等な社会を築くことに生きる意味や希望を見出していた公民権運動世代にとって、教会や共同体は「ニヒリズムの脅威」への防壁としての役割を果たせる力を十分にもっていた[35]。しかし、ヒップホップ世代は見せかけの平等という幻想と厳しい現実の狭間に生きており、さらに、「ニヒリズムの脅威」への防壁となるべき教会が保守化するなかで、現実への認識の違いや世代間の断絶から、共同体に非難され突き放される存在となってしまった。その結果、以前のように教会や共同体をとおして共通の社会的規範や価値観を形成・維持することがほぼ不可能になってしまった。つまり、ヒップホップ世代は自分たちで新たな価値観を創出しなければならなくなったために、ヒップホップを「ニヒリズムの脅威」に対する防壁としたのである。

ヒップホップの歌詞における宗教的な事柄への言及は、ヒップホップ世代の価値観の表出である。公民権運動の成果にもかかわらず、都市部のアフリカ系アメリカ人貧困層の生活は悪化の一途をたどったが、その現実のなかで公民権運動以降の黒人教会の多くは政治や社会問題に対して距離を置くようになっていった。そのように変化した教会は社会問題よ

33 ―同上、31-36頁。

34 ―同上、41-42頁。

35 ―同上、38-39頁。

りも個人の救いの経験を優先し、貧困やそこに起因する犯罪といった問題に積極的に取り組むことはなかった。むしろ、教会は、ヒップホップやそれに熱狂する若者が貧困や犯罪に絡む問題を助長しているという、ヒップホップ世代への批判を行ってきたのである。このような教会との断絶という背景から、若者は神による救済を教会に求めず、ヒップホップにおいて語るようになったのだ。

Chapter 1
Hip Hop Generation

第 2 節

ヒップホップと
宗教界の関係

ヒップホップに対する
教会からの批判

　ヒップホップの市場の爆発的な拡大に伴って、ヒップホップ世代と教会の断絶は顕著なものとなっていった。公民権運動によってアフリカ系アメリカ人社会の階層化が進み、信仰が私事化したのに伴い、教会を中心とした共同体の形成が困難になっていったからである。そして、ギャングスタ・ラップの台頭により、ヒップホップ世代と教会の断絶は決定的となり、相互の批判の応酬によって両者の溝は深まっていった。

　ヒップホップ世代にとって、教会が「ニヒリズムの脅威」への防壁を果たさなくなった要因として、アフリカ系アメリカ人の社会運動で用いられた戦略があげられるだろう。次章で詳しく検証するが、黒人教会が重要視してきたのは道徳性や倫理であった。いわれのない差別を受け、二級市民として扱われるなかで、アフリカ系アメリカ人は自分たちの道徳性や倫理観の高さを強調することによって、人間としての存在価値を証明し、市民権の獲得を訴えてきた。そして、その道徳性や倫理観の高さを担保してきたのが教会であった。つまり、反社会的な事柄や露骨に性的な表現が見られるラップは、これまで公民権運動の取り組みのなかでアメリカ社会に証明してきた道徳性や倫理観の高さを破壊するものであり、キリスト教を背景とする指導者たちにとっては真っ向から対決しなければいけないものだったのである。

　1990 年代にヒップホップ批判の急先鋒となったのは、ニューヨーク市のハーレムにあるアビシニアン・バプテスト教会（Abyssinian Baptist

Church）主任牧師のカルヴィン・バッツ三世である。1993年、バッツは蒸気ローラー（道路舗装の工事などで表面を平らにする建設車両）で、教会員の集めたヒップホップのCDを粉砕するパフォーマンスを計画した。しかし、若者を中心とするデモ隊から宗教的権威をかさに着た弾圧だと非難され、計画は取りやめとなった[1]。そして、その計画に代えて、マンハッタンにあるソニー・ミュージックの会社玄関前にヒップホップのCDを投棄するパフォーマンスを行い、反社会的な音楽を若者に向けて流通させ続ける利益第一主義の企業を非難した。このパフォーマンスの変更は、蒸気ローラーを用いたパフォーマンスの計画が地元ハーレムの人々の怒りを買ったことから、自分の築き上げた求心力を失いたくなかったからだと考えられる[2]。しかし、その後もバッツは暴力的なヒップホップの歌詞に対する批判を続け、ある説教において「我々はラップにも、ラッパーたちにもなんの反感も抱いてはいない。しかし我々は、我々の地域社会、女性たち、文化に泥を塗る救いようのない『悪党』（thugs）に強く反対するものである」と語った[3]。

バッツの他に、ヒップホップを激しく批判したのがシンシア・デロレス・タッカーである。タッカーは牧師である父と敬虔なキリスト教徒である母によって宗教的に厳格な環境のなかで育てられ、幼少期には音楽を聴くことさえ許されなかった[4]。成長してからは、1950年代から公民権運動に積極的に関わり、1971年には地元ペンシルバニア州でアフリカ系アメリカ人女性として最初の州務長官になった。タッカーはアフリカ系アメリカ人女性の人権運動への関わりから、女性蔑視の歌詞が多く見られるギャングスタ・ラップへの批判を展開した。ギャングスタ・ラップのCDを多く売り出している大手のワーナーやソニーの株を購入し、株主総会で抗議することもあった[5]。こうした彼女のラップ批判の背景には、父母から受け継いだキリスト教的道徳観があったのだろう。

さらにタッカーは、1995年には前教育省長官である共和党のウィリアム・ベネットと組んで、ラップ反対キャンペーンを行った。レーガン政権はアフリカ系アメリカ人社会に打撃をもたらす政策を実行し、そこで教育

1 — http://www.nytimes.com/1993/06/06/nyregion/harlem-protest-of-rap-lyrics-draws-debate-and-steamroller.html（2015年10月13日アクセス）

2 — Ibid.

3 — https://www.youtube.com/watch?t=16&v=TzeEasC1wwE（2015年11月16日アクセス）

4 — *New York Times*, November 6, 2005.

5 — http://www.washingtonpost.com/wp-dyn/content/article/2005/10/13/AR2005101300024.html（2016年8月5日アクセス）

省長官を務めたベネットは差別是正措置や教育バウチャーの支給に消極的であった。アフリカ系アメリカ人貧困層の経済支援のための福祉制度に反対したわけである。一方で、タッカーは公民権運動以降もアフリカ系アメリカ人女性のための運動を続け、アフリカ系アメリカ人社会のために政治活動を続けてきた。つまり、タッカーとベネットは政治的に対立する立場にありながらも、互いの反ヒップホップの姿勢に共通項を見出し、手を携えることにしたのである。両者の協力が可能だったのは、公民権運動を背景とする黒人教会での道徳的戦略を彼女が抱いていたからだといえるだろう。

　また、キリスト教界からヒップホップを批判したのは、黒人教会だけではなかった。宗教右派を母体とするグループを中心に、積極的な反対運動が展開された。たとえば、宗教右派を背景とするアメリカ家族協会（American Family Association）が当時のフロリダ州知事ボブ・マルティネスと結託して、2 Live Crew（トゥー・ライブ・クルー）というマイアミ出身のグループのアルバム *As Nasty As They Wanna Be* の内容が性的に露骨で猥褻罪にあたるとして裁判を起こした。

　福音派と黒人教会のヒップホップに対する批判の背景にあるのは聖書である。福音派は聖書の言葉に誤りはないと考え、そこに記される言葉を生活の基盤としている。そして、黒人教会は先述のように聖書の言葉と教会を中心とした共同体形成のなかから道徳的戦略を展開してきた。彼らがギャングスタ・ラップのイメージからヒップホップを一括りにして問題視するのは、「下品」や「汚い」とされる歌詞やミュージックビデオやCD カバーに映し出されるイメージのゆえである。

　ヒップホップに限られることではないが、いわゆる「下品な言葉」を意味する "profanity" や "curse words" という言葉には聖書的な背景がある。profanity は神への冒瀆や世俗を意味し、curse は呪いを意味する。それらのなかに規定される言葉は教会においてはきわめて不適切なものである。「悪い言葉を一切口にしてはなりません」（エフェソの信徒への手紙 4 章29 節）や「曲がった言葉をあなたの口から退け、ひねくれた言葉を唇から

6──本書における聖書の引用は、『聖書 新共同訳』(日本聖書協会)からのものである。

遠ざけよ」(箴言4章24節)などの聖書の言葉を根拠に、「下品な言葉」を多用する音楽というだけでその内容や背景を考慮することなく一方的な批判がされてきた[6]。同様に、「神は、みだらな者や姦淫する者を裁かれるのです」(ヘブライ人への手紙13章4節)や「みだらな行い、不潔な行い、情欲、悪い欲望、および貪欲を捨て去りなさい」(コロサイの信徒への手紙3章5節)といった性的な純潔を求める言葉、「酒に酔いしれてはなりません」(エフェソの信徒への手紙5章18節)といった飲酒を禁じる言葉、また、「あなたがたの体は、神からいただいた聖霊が宿ってくださる神殿であり、あなたがたはもはや自分自身のものではないのです」(コリントの信徒への手紙一6章19節)という言葉にもとづいて、道徳的水準の高さを神の前での正しさと理解する立場から、セックス、アルコール、ドラッグについてラップする歌詞を自己破滅的であると批判してきたのである。

　黒人教会にとってヒップホップが「現実」を露骨に描くことは社会における道徳のさらなる低下を招くものであり、公民権運動を闘ってきた世代にとっては黒人社会の向上を阻害するものと映ったのである。しかし、黒人教会によるヒップホップへの攻撃の背景にあるのは、前節で述べた公民権運動世代とヒップホップ世代の価値観の対決である。貧困や社会的疎外感から形成されたヒップホップ世代の価値観に衝突する公民権運動世代とその背景にある黒人教会の価値観は、アフリカ系アメリカ人の歴史のなかで形成され、継承されてきたものであるが、その価値観が生まれた歴史的経緯については、第2章で詳細に考察する。

ルイス・ファラカン

　ヒップホップを厳しく批判してきた教会とは対照的に、ラッパーたちに親身になり歩み寄ろうとした宗教者が現れた。ネイション・オブ・イスラーム(NOI)の指導者であるルイス・ファラカンである。1996年、N.W.A.のメンバーで米・西海岸ロサンゼルス出身のIce Cubeが、中西部シカゴ出身のCommon(コモン)の発表した *I Used To Love H.E.R.* に西海岸

Common, *I Used To Love H.E.R.* (Relativity, 1994)

のヒップホップを揶揄する歌詞があるとして攻撃したことをきっかけに、互いの音楽による応酬が始まった。その内容が徐々に暴力的になってきたために、両者の対立がこれ以上深刻化するのを防ぐべく、ファラカンは両者の間に立って和解するように説得を重ねた。

　ファラカンは 1997 年 4 月 3 日にシカゴにある NOI の本部にて「ヒップホップ平和サミット」(Hip Hop Peace Summit) を開催し、全米からヒップホップの有名なラッパーやレーベルなどの関係者を招いた。このサミットで主眼が置かれていたのは、当時大きな問題となっていた東海岸と西海岸のラッパーの抗争である。サミットの約 1 ヵ月前の 3 月 9 日、東海岸ニューヨーク出身の Notorious B.I.G. が西海岸ロサンゼルスで開催されたソウル・トレイン・ミュージック・アワード (Soul Train Music Award) の終了後、帰り道で信号待ちをしていた車への銃撃によって殺される事件が起きた。さらに、遡ること約半年の 1996 年 9 月 13 日、ロサンゼルスを拠点に活動し、音楽だけでなく映画俳優としても成功していた 2Pac (トゥパック) が、ラスベガスでアフリカ系アメリカ人ボクシング選手マイク・タイソンの試合を観戦した帰りの車中を狙われて殺されてしまう事件が起きていた。

　東海岸と西海岸を代表するこの 2 人が暗殺される以前、1994 年に 2Pac がニューヨークの音楽スタジオでレコーディングしていたところを何者かに襲われて、銃弾を 5 発受ける事件が起こった。このとき、偶然同じスタジオで Notorious B.I.G. もレコーディングしていたことから、B.I.G. とその取り巻きによる襲撃であるとの疑いを 2Pac がもち、もともと交友関係のあった 2 人が対立、それが次第に東西のラッパーたちの対立へと広がっていった。1995 年にロサンゼルスの Tha Dogg Pound (ザ・ドッグ・パウンド) がデビューアルバムに収録した *New York, New York* でニューヨークのラッパーたちを攻撃すると、ニューヨークのクイーンズ出身の Capone-N-Noreaga (カポーン・アンド・ノリエガ) が *LA, LA* でそれに応酬するといった形である。

　2Pac と Notorious B.I.G. はそれぞれ西海岸と東海岸を代表するスー

040

第 1 章
Hip Hop Generation ──ヒップホップの宗教性を生み出したもの

パースターだったが、両者の死により東西の抗争は全面的な対決を引き起こしかねないものとなった。その争いがさらに激化すれば他の地域のラッパーをも巻き込みかねない状況を憂慮したのがルイス・ファラカンであり、これ以上アフリカ系アメリカ人の若者が血を流さないための和解の場としてこのサミットは開催された。そして、このサミットにおいて冒頭の Ice Cube と Common が互いを抱きしめ、和解するにいたった。

　教会がヒップホップに批判的な姿勢を示したのに対して、NOI はヒップホップに理解を示し、ファラカンは積極的に関わろうとしてきた。その姿勢は、1995 年に「百万人の行進」(Million Man March) を計画し、アフリカ系アメリカ人男性に共同体における責任ある役割を意識させようとしたことに通底する。つまり、ポスト公民権運動の時代においてエリート志向の指導者たちがアフリカ系アメリカ人社会の経済的向上をめざしたのに対し、ファラカンはアメリカ社会において犠牲となってきた黒人男性の救済に取り組んできたのである。

　2001 年、ヒップホップの一大レーベル Def Jam Recordings(デフ・ジャム・レコーディングス)の創始者ラッセル・シモンズが開催した「ヒップホップサミット」(Hip Hop Summit)の基調講演で、ファラカンは、歌詞の内容について厳しい批判に晒されてきたラッパーたちを擁護した。「社会は君たちの歌詞をきれいなものにしたがるが、社会そのものは自らの中身をきれいにしようとはしない」と語り、ヒップホップにおける反社会的な内容は、人々の私的な現実を公共の場に引き出していると述べた。そして、ギャングスタ・ラップの歌詞は、アメリカ政府の「ヤクザ」(gangster)な側面を反映しているに過ぎないと語った。「誰かを殺すことについてラップすることは他の国のリーダーを暗殺してきたアメリカ政府の行いと何が違うのか」と、ラッパーだけが批判される状況に釘をさしたのだ。しかし、その一方で、ラッパー同士の抗争はメディアによって煽られた面も大きく、若者への影響力を考えなければならないと訴えた。そして、講演の冒頭でヨハネによる福音書 1 章 1 節「初めに言があった。言は神と共にあった。言は神であった」を引用したファラカンは、「言葉」を扱うラッパーたちにリーダーとして

の自分の責任を受け入れるように諭した[7]。

　ヒップホップ世代によるファラカンへの支持の高さは、公民権運動からの伝統的なアフリカ系アメリカ人社会の指導者たちと若者の分裂を露呈するものである[8]。先述のカルヴィン・バッツなどの牧師たちやデロレス・タッカーのように公民権運動を経験した指導的な立場にある者の多くは、ヒップホップの音楽とそれを中心に形成されるヒップホップ世代の文化を犯罪者や悪党、ひいては悪そのものとまで非難してきた。ヒップホップ世代は、自分たちの置かれた状況に理解を示すことなく断罪するこうしたアフリカ系アメリカ人社会の指導者層に不満を抱いている。それとは対照的にファラカンが受け入れられるのは、ヒップホップサミットでの講演に見られるように、ヒップホップ世代の若者の置かれた状況に理解を示そうとする姿勢があるからである。つまり、ヒップホップそのものを否定せずに、むしろそれを若者の現実を示すものであると評価すると同時に、自己破滅的な生き方からの方向転換を若者に訴えるファラカンの言葉に、若者たちは共鳴することができるのである。

ヒップホップにおける
NOI の影響

　ファラカンとヒップホップコミュニティの関係は明らかに教会とのそれとは異なるものである。アフリカ系アメリカ人を代表する知識人でもあり、神学者でもあるコーネル・ウェストはラッパーたちとの交友も深く、自身もラップの CD を制作している。しかし、ファラカンがヒップホップサミットでの基調講演に呼ばれ、ラッパー同士の対立の仲裁役を求められるほどの信頼を得ており、多くのラップの歌詞に言及されていることを考えれば、ウェストをはじめ教会の牧師のなかでファラカンほどの影響力をもつ者はいない。

　また、キリスト教の信仰や教理をラップするゴスペル・ラップと呼ばれるジャンルがあるが、大手のレコード会社からの流通はほぼ皆無である。さらに、大手レコード会社に所属するラッパーのなかにはキリスト教の信

7 ― http://www.blackelectorate.com/articles.asp?ID=354（2017 年 2 月 13 日アクセス）

8 ― Ron Nixon, "Farrakhan, Hip-Hop Generation, and the Failure of Black American Leadership" in *The Farrakhan Factor: African-American Writers on Leadership, Nationhood, and Minister Louis Farrakhan*, ed. Amy Alexander, (New York, NY: Grove Press, 1998), p. 193.

仰を自身のものとして前面に押し出したり、伝統的な教理を歌詞にしたりしている者はほとんど見られない。それとは対照的に、NOI やファイブ・パーセンターズといった黒人のイスラーム・セクト、また、スンナ派の信仰を表明している者やその教義を題材にした曲が少なからず存在する。

　ヒップホップにおけるイスラームの存在感の大きさは、アフリカ系アメリカ人の歴史におけるイスラームの影響を示すものであり、イスラームとの関係はヒップホップ初期の楽曲から見られる。1980 年、Brother D with Collective Effort（ブラザー・ディー・ウィズ・コレクティブ・エフォート）というグループが、*How We Gonna Make the Black Nation Rise* という曲を発表している。Cheryl Lynn（シェリル・リン）の *Got to Be Real* をサンプリングしたアップテンポなメロディーを使用しながらも、歌詞の内容はアメリカを批判し、アフリカ系アメリカ人社会の結束の重要性を訴えるものとなっている。それは、タイトルに Black Nation とあるようにブラック・ナショナリズムを彷彿とさせる内容であり、20 世紀初頭のブラック・ナショナリズムのリーダーであるマーカス・ガーヴィーの名前と彼の有名な言葉である "Up! You Mighty Race!"（立ち上がれ！　強大な人種よ！）が歌詞に盛り込まれている。

　さらに、マーカス・ガーヴィー以降にブラック・ナショナリズムの旗振り役となった NOI のレトリックが用いられている。たとえば、"Devil is taking off his disguise / They are killing us in the streets"（悪魔がその仮面を脱ぎ捨て、俺たちをストリートで殺そうとしている）という表現には、白人や白人主流の差別的な体制を悪魔とする NOI の教義の影響が明らかである[9]。悪魔がアフリカ系アメリカ人を攻撃するというこの歌詞の続きには NOI の指導者であったイライジャ・モハメッドの名前が出てくる。この曲はマイナーレーベルから発表された曲であったために、市場での流通量も少なく、メディアでも取り上げられることはほとんどなかった。しかし、1980 年というラップのレコードが流通しだした最初の時期から、ブラック・ナショナリズムの思想が随所に散りばめられた曲がリリースされていたことは、ニューヨークにおけるアフリカ系アメリカ人の若者のあいだにはそ

9 — Brother D with Collective Effort, *How We Gonna Make the Black Nation Rise* (Clappers, 1980).

の影響力があったことを物語っている。

　このように NOI の教義はヒップホップ市場の黎明期から歌詞のなかに見られる。NOI の創始者 W. D. ファラッド・モハメッドの後継者となったイライジャ・モハメッドによって体系化されたその教義は、旧約聖書に依拠しながら人種の起源について創造神話を用いて説き起こすものである。その創造神話は、アブラハムが「アジアの黒い民」（Black Nation もしくは Asian Black Nation）の父となったとしている。創世記 15 章 13-14 節の「主はアブラムに言われた。『よく覚えておくがよい。あなたの子孫は異邦の国で寄留者となり、四百年の間奴隷として仕え、苦しめられるであろう。しかしわたしは、彼らが奴隷として仕えるその国民を裁く。その後、彼らは多くの財産を携えて脱出するであろう』」という記述に、400 年近くにわたるアフリカ系アメリカ人の苦難の歴史が重ねられている。

　NOI の創造神話によると、「最初に誕生した人間」（original man）である「アジアの黒い民」は、高度な文明を地上に発展させて平和に暮らしていた。しかし、悪意ある科学者ヤクーブ（Yakub）が人間の悪を結集して白人を創造し、「黒い民」への支配が始まった。このアフリカ系アメリカ人の苦難の歴史の起源譚をもとに、その支配からの救いのためにファラッドとイライジャが神と預言者として現れたとされる。そして、最後の審判のとき、すべての人類が滅ぼされるわけではなく、悪魔である白人たちと彼らの宗教であるキリスト教の破壊が起きるという終末論が展開される。NOI はイスラームを名乗り、キリスト教を白人の宗教として否定している。にもかかわらず聖書に依拠した教義を展開した理由としては、イライジャが聖書に精通し、信徒たちも聖書に親しんでいたことがあげられる。NOIは、黒人の歴史的経験やブラック・ナショナリズムの概念にもとづいた独自の聖書解釈を、イスラームという名前で表そうとしたのである。

　ヒップホップにおける NOI の影響は 1980 年代後半から一層色濃く、特に政治的なことをラップするラッパーたちに見られるようになった。アフリカ系アメリカ人社会の現状を訴えた最初の曲で最初に大ヒットしたのは、1982 年に発表された Grandmaster Flash & the Furious Five の

Grandmaster Flash & the Furious Five, *The Message* (Sugar Hill, 1982)

10 — Black Asiaticのようにアジアというアイデンティティが示されるのは、NOIの先駆け的な宗教団体であるムーア人科学寺院(Moorish Science Temple)の創始者、ノーブル・ドゥルー・アリの思想の影響によると考えられる。アリは黒人をアジア系(Asiatics)と考えることで、自分たちはマイノリティではなくマジョリティであるという意識変革をアフリカ系アメリカ人にもたらそうとした(Michael Gomez, *Black Crescent: The Experience and Legacy of African Muslims in the Americas*. New York, NY: Cambridge University Press, 2005, pp. 219-220)。

11 — Public Enemy, Bring The Noise in *It Takes a Nation of Millions to Hold Us Back* (Def Jam, 1988).

*The Message*である。その後、政治的なスタイルを前面に押し出したラッパーたちが1980年代後半に現れるようになった。なかでも有名なのが、Public Enemy(パブリック・エネミー)とKRS-Oneである。

　Public Enemyは、政治的な内容の歌詞を前面に押し出したもっとも有名なヒップホップのグループといえるだろう。特に、リーダーであるChuck D(チャック・ディー)は、NOIの大きな影響を受けていることがその歌詞から読み取れる。たとえば、2枚目のアルバム*It Takes a Nation of Millions to Hold Us Back*に収録されている*Party for Your Right to Fight*では、イライジャ・モハメッドの名前をはじめ、grafted devil(創造された悪魔つまり白人を指す、上述のNOIの教義にもとづいた言葉)やoriginal Black Asiatic Man(直訳すれば「原初の黒人であるアジアの男」となるが、この言葉には上述のNOIの人種観が反映されている。つまり、神によって創造されてこの世に最初に現われたアジアの黒人、その直系の子孫がアフリカ系アメリカ人だという考え)が出てくる[10]。さらに、同アルバム収録の*Bring the Noise*という曲では、"A brother like me said 'Well, Farrakhan's a prophet and I think you ought to listen to what he can say'"(俺みたいなやつはこう言う。「ファラカンは預言者だから、彼の言うことは聞いておくべきだ」と)とChuck Dがラップしている[11]。また、1989年に公開されたスパイク・リー監督による『ドゥ・ザ・ライト・シング』(*Do the Right Thing*)の主題歌にもなった*Fight the Power*という曲のミュージックビデオでは、ブルックリンの大通りに設置されたステージの上にマルコムXの大きな写真が飾られている。

　マルコムXは、バプテスト派の牧師アール・リトルの息子として生まれた。白人至上主義者の秘密結社クー・クラックス・クラン(Ku Klux Klan)に父が殺害されたことによる家庭崩壊、白人家庭の養子としての暮らし、ハーレムで売春の斡旋や麻薬取引、強盗に手を染めた生活をへて、1948年に獄中でNOIに改宗した。出所直後から、マルコムは精力的に教団の活動に参加し、その発展におおいに貢献した。1954年5月に、以降の活動の中心となるハーレムの第七寺院の主任教師(Minister)

に任命され、そのカリスマによって多くの信者を獲得した。しかし、1964年にイライジャ・モハメッドの女性問題をめぐってNOIを脱退し、スンナ派に改宗した。それからのマルコムXはアラブやアフリカの諸国を訪問し、メッカに巡礼したことをきっかけに、アメリカとの対決を辞さない姿勢から転じて、新しい運動を模索し始めた。マルコムXはメッカ巡礼においてさまざまな人種や民族のムスリムと礼拝や寝食を共にした経験から、白人を悪魔とするNOIの教義と決別した。この変化は、1975年にイライジャ・モハメッドの死によってNOIの後継者となったその息子ワリス・ディーン・モハメッドに受け継がれていくこととなった。そして、マルコムはアフロ・アメリカン統一機構（Organization for Afro-American Unity）を立ち上げて、アフリカ諸国との国際的な連帯の可能性を探った。これは、キング牧師らの公民権運動やNOIの分離主義といった国内的な視野からの転換を意味する。マルコムは人権という観点に立ち、あらゆる国の人々と共闘することを試みたのである。しかし、1965年2月21日、スピーチをしていたときに銃弾に倒れ、志半ばで帰らぬ人となってしまった。

　一介のハスラーから宗教者、政治思想家へと変身していったマルコムXの姿は、KRS-Oneをはじめ、多くのラッパーたちにも大きな影響を与えている。KRS-OneはラッパーのD-Nice（ディー・ナイス）とDJのScott La Rock（スコット・ラ・ロック）と一緒に、Boogie Down Production（ブギー・ダウン・プロダクション）というグループを結成した。彼らの1987年のデビューアルバム *Criminal Minded* に収録された曲は、暴力的な歌詞を多く含むものであった。ところが、同年にはScott La Rockが襲撃され亡くなってしまう事件が起きた。その結果、KRS-Oneは、大きな方向転換を行っていった。翌1988年に発表されたアルバムは、マルコムXの有名な言葉である "By Any Means Necessary"（いかなる手段を用いても）をもじった *By All Means Necessary*（すべての手段を用いても）というタイトルがつけられた。そのアルバムのカバーには、襲撃に備えてライフルをもち、窓を覗くマルコムXの有名な写真をまねたKRS-Oneの姿が映し出されている。また、以降のKRS-Oneは、自ら

マルコム X

Boogie Down Productions, *By All Means Necessary*
（Jive/RCA, 1988）

12 ─ Juan M. Floyd-Thomas, "A Jihad of Words: The Evolution of African American Islam and Contemporary Hip-Hop" in *Noise and Spirit: The Religious and Spiritual Sensibilities of Rap Music* (New York, NY: New York University Press, 2003), p. 52.

teacha（teacherをアフリカ系アメリカ人の発音のとおりに綴ったもの）と称し、独自の哲学や宗教観について語るようになっていった。このことについてフロイド＝トーマスは、マルコムXが公民権運動やブラック・ナショナリズムとは異なる新しい視点を示したように、KRS-Oneはヒップホップの世界でマルコムXと同じようなことをしようとしたのではないかと記している[12]。

このように、1980年代の終わりごろからNOIの教義やマルコムXを意識したラッパーが、多く現れるようになってきた。特に、マルコムXの弁舌に見られるようなアメリカへの批判の語調や論調が、多くのラッパーに受け継がれている[13]。その後、1980年代終わりから1990年代初頭にかけて、NOIに影響を受けたような政治的な歌詞をラップするPublic Enemyのようなグループに代わって、NOIから派生したファイブ・パーセンターズの影響を受けたラッパーたちが台頭していった。

13 ─ Ibid, pp. 50-51.

Public Enemy, *It Takes a Nation of Millions to Hold Us Back* (Def Jam, 1988)

ファイブ・パーセンターズ・ラップの台頭

ネイション・オブ・ゴッズ・アンド・アースズ（Nation of Gods and Earths）とも呼ばれるファイブ・パーセンターズは、マルコムXが主任教師をしていたハーレムの第七寺院で主任教師を務めていたクラレンス13Xが、1960年代半ばにNOIから分裂したことで誕生したグループである。ファイブ・パーセンターズという名称は、イライジャ・モハメッドによって体系化されたロスト・ファウンド・ムスリム・レッスン No.2（*Lost-Found Muslim Lesson No.2*）というNOIの教義をまとめたカテキズムに由来するものである。それによると、地上に住む85％の人間は、「文明化されていない人々」（Uncivilized People）で、「この世に生ける真の神」（Living God）や自身の起源を知らない。それゆえに、愚かで、正しい言葉を聞くことができず、正しいことを見ることができず（dumb, deaf, and blind）、間違った方向に簡単に導かれやすく、正しい方向に自らを導くことができない。ファイブ・パーセンターズの影響を色濃く受けているWu-Tang

Clan（ウータン・クラン）のメンバーでもある Method Man（メソッド・マン）が、同メンバーの Ol' Dirty Bastard（オール・ダーティー・バスタード）の *Low Hide* に客演したとき、"I fear for the 85 that don't got a clue"（俺は、何も知らない85％の奴らを心配している）とラップしているのはこの教義にもとづいている [14]。

　そして、10％の人々は「貧者の生き血を吸う者たち」（Blood-Suckers of The Poor）と表現されるが、彼らは地上の人口のなかで富を有し、この85％の人々に嘘を吹き込んで奴隷になるように調教して支配する。つまり、85％を支配するために、真実なる生きて働く神（True living God）の存在を隠し、目で見ることのできない幽霊のような実体のない神（mystery God）を信じ込ませる。しかし、この10％の人々の嘘を信じることのない人口の残りの5％こそが、本当の神を知っている。この本当の神、つまり、この世に生ける真の神とは、「人の子」（Son of Man）であり、「至高の存在」（Supreme Being）であり、「アジアの黒い男」（Asiatic Black Man）である。さらに、ファイブ・パーセンターズは、NOI の神は「アジアの黒い男」だという教義を展開させて、黒人男性が「最初の人類（original man）であり、神である」という思想を生み出した。つまり、黒人男性は生きて働く神の化身だという理解である。このことは、アラビア語で唯一の神を意味するアッラーという言葉からも説明される。つまり、アッラーを英語で綴ると Allah になるが、それは "arm, leg, leg, arm, head"（手、足、足、手、頭）の頭文字を合わせたものであり、それが神は人間であることの証明となるという理解である。東海岸のラッパーたちの会話で "Yo, God" と相手に呼びかけているのも、このファイブ・パーセンターズの思想が背景にある。なお、ネイション・オブ・ゴッズ・アンド・アースズという別称は黒人男性を神とする一方で、黒人女性のことは、神である黒人男性が "種"（seed）を蒔く "Earth"（大地）だとする理解に基づく。ファイブ・パーセンターズはこうした視点から歴史や現状を捉える。つまり、10％の嘘によって85％を占める大衆が支配され、共同体が崩壊させられてきた現実のなかで、5％の「貧しくも高潔な教師たち」

14—Ol' Dirty Bastard, *Low Hide* in *Return To The 36 Chambers: The Dirty Version*（Elektra, 1995）.

（poor righteous teachers）には神の化身として自由と正義と平等を人類に教える使命が与えられているという考えである。

また、ファイブ・パーセンターズにおいても、NOI のような改名行為が見られる。NOI では、白人の奴隷主によって奪われた本当の名字は未知なるものであるとして、名字に X を用いていた[15]。あるいは、イライジャ・モハメッドに特別にお願いをすると、アラビア語の名字をもらうことができた。ファイブ・パーセンターズにおいて、どのような過程をへて改名が行われるかは不明だが、自分たちは神（Allah）の化身であるとすることから、Allah や Lord（主）、あるいは God を自分の名前の一部に使う例が見られる。その他にも、Supreme（至高）や Divine（神聖な）といった言葉が使われることもある。たとえば、クラレンス 13X は、Almighty God Allah や Father Allah と名乗っていた。このように、同じ人物でも、複数の名前を有することはまれではない。

一方で、スプリーム・マスマティックス（supreme mathematics）やスプリーム・アルファベット（supreme alphabet）といったファイブ・パーセンターズ独自の教義もある。スプリーム・マスマティックスとは、ギリシャなどで発展した数字学の影響を受けたもので、0 から 9 の数字にはそれぞれ意味があり、それらの数字をとおして宇宙の真理を解明しようとするものである。スプリーム・アルファベットも同じように、それぞれのアルファベットには意味が当てられている。そして、この独自の教義から独特の用語が生み出され、ヒップホップのレトリックにもなっている。

たとえば、Raekwon（レイクウォン）の *Knowledge God* の歌詞に "What's today's mathematics, son? Knowledge God" という表現が出てくる[16]。What's today's mathematics? とは、今日という日の意味を数字からどのように導き出すのかという問いであり、それに対してスプリーム・マスマティックスをもとにして、日付からその日がもつ意味を見出そうとするものである。ここではそれぞれに 1 と 7 を象徴する knowledge と God があることから、この日は 17 日の出来事であることがうかがえる。こうした行為は、"break it down" といったヒップホップのレトリックにも通じる。

15—自分の属する寺院において同じ名前の人がいた場合、改宗した順番に X の前に数字がつけられていった。

16—Raekwon, *Knowledge God* in *Only Built 4 Cuban Linx* (Loud, 1995).

"break it down"とは数字や言葉を分解（break down）して、そこにスプリーム・マスマティックスやスプリーム・アルファベットを応用してその意味を解き明かすことであり、転じて、物事を説明するという意味で使われる。このように、ファイブ・パーセンターズの思想はヒップホップアーティストの歌詞に色濃く現れている。

ファイブ・パーセンターズのシンボル

　ファイブ・パーセンターズの教義を歌詞で表現した初期のラッパーのなかでもっとも影響力の大きかったのは、Rakim（ラキム）だろう。Rakim は 1984 年、16 歳のときにファイブ・パーセンターズとなり、その教義を自分の歌詞に取り込んでいった。DJ である Eric B（エリック・ビー）とのデビュー作 Paid in Full（1987）収録の Move the Crowd という曲では、"With knowledge of self, there's nothing I can't solve"（自己に関する知識があれば、解決できないものはない）とラップしている[17]。Knowledge of Self とは、NOI からファイブ・パーセンターズにも継承された考えで、自分についての正しい歴史やアイデンティティ、つまり自分が NOI の歴史観にもとづいた「アジアの黒い男」であるということを認識し、ファイブ・パーセンターズの教義を正しく理解すれば真理を探しあてることができるということである。また、この曲のミュージックビデオでは、Rakim が壇上で聴衆に語りかけるシーンがあるが、演壇で語る Rakim の後ろにはファイブ・パーセンターズのシンボルがつり下げられている。

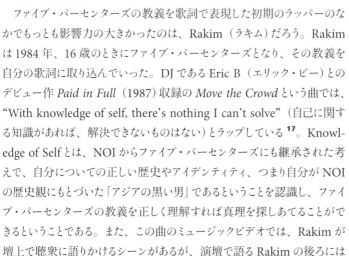

17 — Eric B & Rakim, Move The Crowd in Paid in Full (4th B'way, 1987).

　その他にも、2 枚目のアルバム Follow the Leader（1988）収録の No Competition では、"I'm God, G is the seventh letter made"（俺は神で、G は 7 番目に作られた文字だ）と、スプリーム・マスマティックスで 7 が神を意味することと、God の頭文字である G が 7 番目のアルファベットであるのは偶然ではないことを説明するファイブ・パーセンターズの教義を歌詞に取り入れている[18]。

18 — Eric B & Rakim, No Competition in Follow the Leader (4th B'way, 1988).

　Rakim のようにファイブ・パーセンターズの教義を歌詞に取り入れるラッパーは、Lakim Shabazz（ラキム・シャバズ）や Poor Righteous Teachers（プア・ライチャス・ティーチャーズ）をはじめ、1980 年代の終わりごろから徐々に現れるようになっていった。1990 年代に入ると、Nas、

Ghostface Killah feat. Raekwon, *Bulletproof Wallets*
(Epic / SME, 2001)

Brand Nubian（ブランド・ヌビアン）、Wu-Tang Clan、AZ（エー・ズィー）、Busta Rhymes（バスタ・ライムス）、Capone-N-Noreaga、Tragedy Khadafi（トラジディ・カダフィ）など、多くのラッパーがファイブ・パーセンターズの教義やレトリックを歌詞に取り入れていった。なかでも、Brand Nubian と Wu-Tang Clan という二つのグループは、その歌詞にファイブ・パーセンターズの教義が色濃く表れている。また、Nas や、Wu-Tang Clan の Ghostface Killah（ゴーストフェイス・キラー）や Raekwon は現在ではイスラームの信仰を表明しているが、いまでも彼らの歌詞にはファイブ・パーセンターズのレトリックが多用されている。

スンナ派の
ラッパーたち

　一方で、A Tribe Called Quest（ア・トライブ・コールド・クエスト）や Mos Def（モス・デフ）のようにスンナ派イスラームの系統に属するラッパーが 1990 年代以降に多く見られるようになってきた。たとえば、1998 年に解散した A Tribe Called Quest のメンバー 3 人のうちの 2 人は、Ali Shaheed Muhammad（アリ・シャヒード・モハメッド）と、Q-Tip（キュー・ティップ）のステージ名をもち、本名はアラビア語でカモール・イブン・ジョン・ファリードというムスリムである[19]。もうひとりのメンバーであり、2016 年に亡くなった Phife Dawg（ファイフ・ドーグ）も *Peace, Prosperity & Paper* で "One day, I'll take my shahada"（いつか、俺もシャハーダ（イスラームの信仰告白）を告白するぜ）とラップし、イスラームとの親和性を見せている[20]。その他に、Lupe Fiasco（ルーペ・フィアスコ）も本名はワサル・ムハンマド・ジェイコというアラビア語の名前であるし、フィラデルフィア出身の Beanie Sigel（ビーニー・シーゲル）や Freeway（フリーウェイ）は中東のムスリムに見られるような立派なひげを蓄えている。また、Mos Def は自身の 3 枚のアルバムすべての冒頭で、"Bismillah ir Rahman ir Raheem"（慈悲あまねく慈愛深きアッラーの御名において）と唱えている。

19 — Q-Tip は 1990 年代にイスラームに改宗し、本名をジョナサン・デイヴィスからカモール・イブン・ジョン・ファリードへと改名している。

20 — A Tribe Called Quest, *Peace, Prosperity, & Paper* in *High School High Original Soundtrack*（Atlantic, 1996）.

NOI やファイブ・パーセンターズの影響を受けたラッパー以外に、ス
ンナ派を背景とするラッパーが現れるようになったのは、アフリカ系アメリ
カ人におけるイスラームの変遷に関係しているといえるだろう。マルコム X
の活躍によって NOI は北部の都市部におけるアフリカ系アメリカ人社会
を中心に大きな影響力を獲得し、1960 年代にファイブ・パーセンターズ
が派生した。そして、1975 年に NOI の指導者だったイライジャ・モハメッ
ドが亡くなると、後継者となったワリス・ディーン・モハメッドによって教団
は名称をワールド・コミュニティ・オブ・アル＝イスラーム・イン・ザ・ウェ
スト（World Community of al-Islam in the West）へと改名し、これま
での教義をいっさい排除してスンナ派へと移行していった。しかし、ワリ
スの改革に反対したファラカンが、1970 年代末から NOI の再建に着手
した。そして、1984 年の大統領選の民主党代表候補に、公民権運動
の中心的人物のひとりだったジェシー・ジャクソンが名乗りをあげると、ファ
ラカンは彼に対する支持を積極的に示した。また、このころから、ファラ
カンは黒人教会の指導者たちの会議にも参加するようになり、その役割を
評価した。ファラカンのリーダーシップによって、教団は黒人教会との連
帯と政治化に力を注ぎ、アフリカ系アメリカ人社会への一定の影響力を
獲得した。

　1980 年代から 90 年代にかけてブラック・ナショナリスト的イスラーム
のラッパーが多く現れたのは、1970 年代末にファラカンを指導者として
NOI が再スタートを始めた時期と 1964 年に NOI から分離したクラレン
ス 13X のファイブ・パーセンターズが東海岸の都市部を中心に拡大した
時期とに重なる。一方で、1990 年代後半からスンナ派ムスリムのラッパー
が存在感を強めてきた。このことは、NOI の黒人社会における影響力が
薄まったことを意味するのではなく、むしろ、1970 年代にワリス・ディーン・
モハメッドの改革によって NOI からスンナ派に移行した信徒の信仰が、
次世代に継承されていったと見ることができるだろう。

ヒップホップにおける
イスラームの意義

イスラームとヒップホップの親和性は、教会との関係から見るときに理解しやすくなるだろう。ファイブ・パーセンターズの影響を受けたラップには、キリスト教会への厳しい批判が見られる。優れたリリシストとして評価を受けている Nas は、デビュー前に弱冠 18 歳で Main Source（メイン・ソース）というグループの *Live at the BBQ* に客演し、その歌詞の内容からもっとも期待される新人となった。その曲のなかで、Nas は "When I was 12, I went to hell for snuffing Jesus"（俺は 12 歳のとき、イエスをどつき倒して地獄に堕とされた）とラップしている[21]。後のインタビューで、Nas はこの歌詞に関して次のように述べている。

> イエスが俺のために何をしてくれたっていうんだ。俺はクイーンズ・ブリッジ（アメリカ最大の低所得者のための公営住宅団地）にいるんだぜ。イエスがクイーンズ・ブリッジに来るわけがない。もし来たとしても、それはイエスじゃなくて、もっと力強く深い存在なんだよ[22]

アメリカ最大の低所得者向け公営住宅団地であるクイーンズ・ブリッジでは、さまざまな犯罪が生活を取り巻いており、Nas 自身、幼なじみを殺された経験をもっている。イエスに対する厳しい視点を示す Nas の言葉には、貧困層の抱える問題に積極的に関わろうとしてこなかった教会への不満が示されている。

このようなキリスト教への不満は、アフリカ系アメリカ人社会における NOI やファイブ・パーセンターズというイスラーム・セクトの支持という形で反映されている。つまり、アフリカ系アメリカ人の社会に対する不満や不条理な現実について教会が明確な答えを示せないときに、イスラーム・セクトはキリスト教とは異なる独自の歴史神話をとおして答えを与えてきたのである。また、NOI やファイブ・パーセンターズの神話や教義は、アフリカ系アメリカ人の人種的誇りを鼓舞するものであり、人種差別にもとづく社

Nas, *Illmatic*
（Columbia, 1994）

21 — Main Source, *Live at the BBQ* in *Breaking Atoms* (Wild Pitch, 1991).

22 — Bobbito the Barber, "Street Disciple: Representing Queensbridge, New and the Future of Hip-Hop, Nas is in His Own State of Mind" in *Born to Use Mics: Reading Nas's Illmatic*, ed. Michael Eric Dyson and Sohail Daulatzai (New York: Basic Civitas Books, 2010), pp. 234-235.

会において否定されてきた人間的価値を肯定し、取り戻すものであった。

　また、ラッパーたちは、イスラーム・セクトのレトリックを使いながら、アフリカ系アメリカ人が直面するさまざまな問題に対する社会的な怒りを表現している。特に、アメリカを厳しく批判したマルコムＸの修辞法は、ワリス・ディーン・モハメッドやルイス・ファラカンに受け継がれ、その結果、多くのラッパーの歌詞に影響を与えた[23]。また、ヒップホップは、そうした思想やセクトの教義を伝えるための手段としての機能を果たした。特に、"each one, teach one"（互いが互いを教える）の考えを有し、口伝で教義を継承したファイブ・パーセンターズにとって、ヒップホップは有効な媒体となった。

23 — Floyd-Thomas, *A Jihad of Words*, pp. 50-51.

　このように、ヒップホップとアフリカ系アメリカ人のイスラームは、深い関係を築き上げてきた。宗教的な表現のみならず、ブラック・ナショナリズムとも結びついてきたアフリカ系アメリカ人のイスラームにとって、アフリカ系アメリカ人社会の直面する問題について言及してきたヒップホップは、多くのアフリカ系アメリカ人の若者に訴えかけることのできる新たな場を提供したといえるだろう。

　一方で、アフリカ系アメリカ人の多様なイスラーム信仰とヒップホップの親和性は、両者の共通した性質によるものと考えられる。両者が支持されてきたのは、黒人教会に代わる考え方を示してきたからである。フロイド＝トーマスはアフリカ系アメリカ人のイスラームとヒップホップがアメリカの主流社会に代わる価値観を示すことでアフリカ系アメリカ人社会の現実を示してきたとしている[24]。しかし、イスラームが黒人教会とは異なる観点からアフリカ系アメリカ人の直面する不条理への答えを提示してきたように、ヒップホップが若者の多様な観点を示す対話の空間となったことを考えるなら、両者は、アメリカ主流社会に対するオルタナティブにとどまらず、黒人教会に対するオルタナティブにもなったのではないだろうか。つまり、公民権運動や教会との断絶のなかで、アフリカ系アメリカ人社会の主流とは異なる視点に立った考え方をヒップホップは描き出してきたのである。

24 — Ibid, p.66.

I'm not a human being getting on some spiritual shit
a spiritual being manifested as a human that's it

—— Talib Kweli (Reflection Eternal, *2000 Seasons*, Rawkus Records, 1997)

第 2 章

俺はスピリチュアルなことに夢中になってる人間じゃない
霊的な存在が肉体を伴って人間になっただけだ

The Roots

ザ・ルーツ

Chapter 2

アフリカ系アメリカ人の歴史と宗教

アフリカから奴隷として連れてこられた人々とその子孫が時代や社会の変化のなかで経験したことは、彼らの宗教の歴史的展開に影響を与えてきた。そして、その歴史的展開のなかにヒップホップの宗教的機能は位置づけることができる。奴隷制の厳しい現実のなかでアフリカ人がキリスト教と出会ったことから霊歌が誕生し、奴隷制廃止によって初めて経験する自由のなかでの葛藤や人種差別の不条理からブルースが誕生した。また、公民権運動の高まりのなかでアメリカへの希望を見出した若者たちは、リズム＆ブルースをクロスオーバーさせていった。これらの出来事は、アフリカ系アメリカ人の宗教史と無関係ではない。

　また、第1章で述べたように、ヒップホップはイスラームと密接なつながりをもっている。アフリカ系アメリカ人社会においてイスラームが一定の影響力をもっているのは、キリスト教や教会に示されるアフリカ系アメリカ人主流社会の価値観へのオルタナティブとしての機能を果たしているからである。つまり、アフリカ系アメリカ人の歴史のなかで、イスラームやそのセクトはキリスト教や教会という枠組みから排除されてきた人々の代弁者となり、アメリカとの関係において黒人教会には語ることができないメッセージを発信してきたのである。

　本章の目的は、次章以降においてヒップホップの宗教的機能について考察するための前提として、アフリカ系アメリカ人の宗教史を検証することである。本章では、キリスト教を中心にアフリカ系アメリカ人の宗教史を奴隷制時代、奴隷制廃止から第二次世界大戦ごろまで、公民権運動期とそれ以降という三つの時代に区分して検証する。

　奴隷制時代以降、北部諸州で奴隷制が廃止されたことによって、南北それぞれの地域におけるアフリカ系アメリカ人の状況にはさまざまな違いが生まれた。それは、白人主流のアメリカ社会やその文化とアフリカ性のはざまで揺れ動くなかで、黒人教会が形成されていったことを意味する。本章では、そのはざまで葛藤しながら多様化していった黒人教会の歴史的展開を検証することとする。

Chapter 2
The Roots

第1節

奴隷制下の
アフリカ系アメリカ人の
宗教
——キリスト教との出会いと南北の差異

1 — Albert Raboteau, "The Black Experience in American Evangelism" in *African-American Religion: Interpretive Essays in History and Culture*, ed. by Timothy Fulop and Albert J. Raboteau (New York, NY: Routledge 1997), pp. 92-93.

2 — Anthony B. Pinn, *The African American Religious Experience in America* (Westport, Connecticut: Greenwood Press, 2006), p.15.

3 — Albert J. Raboteau, *Slave Religion: The "Invisible Institution" in the Antebellum South* (New York, NY: Oxford University Press, 1978), p. 132.

4 — Iain MacRobert, "The Black Roots of Pentecostalism" in *African-American Religion: Interpretive Essays in History and Culture*, ed. by Timothy Fulop and Albert J. Raboteau (New York, NY: Routledge 1997), p. 301.

　奴隷制のなかに置かれたアフリカ系アメリカ人の間にキリスト教が広まり、教会が形成されていったきっかけとして、アメリカで起きた大規模な信仰復興運動である第一次大覚醒（1730〜1740年代）と第二次大覚醒（1780〜1830年代）があげられる。第一次大覚醒のときに北部から南部に派遣された伝道団によって奴隷制下のアフリカ系アメリカ人にキリスト教が伝えられ、第二次大覚醒のときには多くのアフリカ系アメリカ人が洗礼を受け、次第に説教者や長老といった教会における重要な役割を担う者も出てくるようになり、黒人教会の源流が形成されていった。

　第二次大覚醒運動において、特にメソジスト派やバプテスト派が、アフリカ系アメリカ人の改宗に大きな役割を果たし[1]、南部ではバプテスト派、北部ではメソジスト派がアフリカ系アメリカ人の信徒を多く獲得するようになった[2]。この二つの教派がアフリカ系アメリカ人を惹きつけた要因として、個人の内面的な回心体験を重視した考え方があげられる。つまり、すべての人間の魂は神の前に平等であり、アフリカ系アメリカ人も回心することができると考えられ、巡回説教者たちも人種の入り交じった会衆に向けて説教することを厭わなかった[3]。もうひとつの要因は、伝道集会での礼拝のスタイルである。メソジストやバプテストの巡回伝道者たちは精力的に各地をまわって、キャンプミーティングと呼ばれる野外に張られた天幕での伝道集会を数日にわたって開催した。伝道者の熱のこもった説教に対して、会衆はある種のエクスタシー状態となり、歌や祈り、叫びなどによって応答した。この礼拝形式はアフリカの諸宗教の特徴と似ていたために、アフリカ系アメリカ人にもなじみやすいものであった[4]。西アフリカ

の宗教では、霊的な存在は音楽や儀礼的な踊り、憑依などの形態によって現れると考えられていたためである[5]。これらの要因から、アフリカ系アメリカ人のあいだにキリスト教が広まり、彼らは自らの置かれた状況から聖書を解釈しながら自分たちの教会を形成していった。

18世紀末から19世紀初頭にかけて北部諸州で奴隷制が廃止され、自由州と呼ばれるようになると、奴隷制の敷かれた南部との社会状況の違いは、アフリカ系アメリカ人の価値観にも影響を与え、南北の黒人教会では異なる礼拝の形態や聖書理解を生み出すこととなった。これらの南北の違いを以下に詳述するが、奴隷制廃止以降にアフリカ系アメリカ人の人口移動が流動的になると、その違いによってさまざまな対立が起こることとなった。

南部の
キリスト教

奴隷とされたアフリカ人を支配した農園主人の白人たちは、奴隷制というシステムを維持するための手段としてキリスト教を利用するようになっていった。黒人は無能であるから、この世で白人の手ほどきによって従順に働けば、必ず天国で救われるという考えを押しつけ、奴隷としての身分を受け入れさせようとしたのである。また、聖書におけるさまざまな記述を用いて奴隷制そのものを正当化することが試みられた[6]。

しかし、奴隷化されたアフリカ人たちは、支配的な白人のキリスト教理解をそのまま受け入れることはなかった。逆に、彼らにとって、「すべての人間は神によって平等に作られた」というメソジスト派やバプテスト派を中心にした大覚醒運動のキリスト教理解は魅力的なものだった[7]。さらに、大覚醒運動が浸透するなかで、キリスト教徒となったアフリカ系アメリカ人が自分たちの経験に即して聖書の言葉を理解したことにより、キリスト教は白人の宗教であるという考えを否定し、奴隷制を推進する白人がキリスト教の教えに背いているという考えが定着した[8]。

そのような考え方を押し進めた背景にあるのが、アフリカ系アメリカ人

5 ― 井上順孝編『世界宗教百科事典』丸善出版、2012年、729頁。

6 ― たとえば、「ノアの箱舟」の物語の後、あるときノアが酔っぱらって裸で寝ているところを息子のハムが見てしまい、「カナンは呪われよ、奴隷の奴隷となり兄に仕えよ」（創世記9:25）と息子に呪いをかけた「ハムの呪い」の出来事が奴隷制正当化の理由とされた。白人たちはハムの息子であるカナンの子孫をアフリカ人とし、奴隷として白人に仕えることが聖書においてすでに定められていたとして、奴隷制を正当化しようとしたのである。

7 ― Albert Raboteau, "The Black Experience in American Evangelism," p. 93.

8 ― Ibid.

9──現存する歴史資料によれば、アメリカ史上最初に建てられたアフリカ系アメリカ人の教会はヴァージニア州のメクレンバーグという郡に建てられたアフリカン・バプテスト教会、またの名をブルーストーン教会である。この教会はウィリアム・バード・プランテーションのなかで、奴隷として労働していたアフリカ系アメリカ人によって建てられた。しかし、この教会は白人から完全に独立した教会というよりも、バプテストの宣教団がプランテーションで働くアフリカ系アメリカ人の奴隷のために建てた教会という色あいが強かった。白人の支配や関与から完全に独立した形で誕生した最初の黒人教会は、1773年にサウス・カロライナ州のアイケン郡に建てられたシルバー・ブラフ・バプテスト教会である。その後、自由の身分を買い取ったアフリカ系アメリカ人を中心に、南部各地にバプテストの教会が建てられていった。なかには、白人教会の牧師を務めた者もいれば、白人がアフリカ系アメリカ人たちによって建てられた教会の牧師を務めることも珍しくなかった。

10──サウス・カロライナ州では、1816年にアフリカ系の人々の墓地にメソジスト監督教会の白人牧師たちが遺体安置所を建てたことに抗議して、教会のアフリカ系の伝道者であったモリス・ブラウンが離脱を表明した。それに続いて、4千人のアフリカ系の信徒がメソジスト監督教会を離れ、後述のフィラデルフィアに創設された最初のアフリカ系の教派であるアフリカン・メソジスト監督教会に転入し、1818年にエマニュエル・アフリカン・メソジスト監督教会が建てられた。

による教会形成である。徐々にアフリカ系アメリカ人の信徒が増え、牧師が誕生するようになると、南部で白人教会から独立したバプテスト派の教会がいくつも形成されていった[9]。また、メソジスト監督教会（Methodist Episcopal Church）でも、教会に所属するアフリカ系の人々が独立を求めて自分たちの教会を建てた[10]。白人の支配からの独立を求める教会の運動は、アフリカ系アメリカ人の歴史において重要な意義をもっていた。つまり、自分たちだけで礼拝できる空間をつくろうとすることは、アフリカ系アメリカ人が自らの自由を求めるアメリカ史上最初の運動だったのである[11]。白人から独立して建てられた教会では、説教者たちは白人からの圧力や奴隷制の非人間性に対して聖書の言葉をとおして語った[12]。彼らにとって、解放を達成することは信仰において必然であり、そう努めることが神の思いに適うことだと考えたのである[13]。

　一方で、白人が支配する教会からの離脱は、経済的独立を意味しただけでなく、彼らに対する挑戦とみなされた。奴隷制のなかの主従関係から離れて教会が組織されることは、白人にとっては大きな脅威だったからである。彼らの教会はつねに白人の監視下に置かれるようになっていったが、白人による厳重な締めつけに対して、黒人奴隷による反乱が数百以上起こった。また、反乱以外にも逃亡といった命の危険を伴う直接的な形で奴隷制に抵抗する者もいた。しかし、そうした手段を取ることが不可能だった者は、故意の負傷によって自ら労働に従事できないようにしたり、畑に放火して作物を台無しにしたりして抵抗した。あるいは、わざと頭の悪いふりをして仕事を怠けることで、奴隷所有者に無能だと思わせることに成功した者もいた。

　こうした行動から、白人のあいだで、黒人奴隷は反逆的、怠け者、狡猾といった偏見が生まれた。奴隷制によって利益を得ようとする白人の視点からすると、アフリカ系アメリカ人がとった行動は彼らの倫理的規範に反するものである。しかし、奴隷制の下で苦役を強いられた人々にとって、白人の倫理的規範は彼らの人間性を奪い取ろうとするものでしかなかった。奴隷制は非人道的なものであり、神の意志に反するものである

と理解していた人々にとって、奴隷制の厳しい現実のなかを生き残るためには、支配者側の強制する倫理規範を転換し、自分たちの存在を守る新たな倫理規範を創成することが必要であった。つまり、彼らは「黒人的実存の諸要求を反映するような、新しい法と新しい道徳を形成した」のである[14]。奴隷制というそもそも反倫理的な制度が容認された状況のなかで、道徳的な正しさによって身を守ることは不可能である。そこから価値観の転換が起き、白人に対して不正直、窃盗、仮病を使うことは道徳的に問題はなく、仲間である黒人に対して行われた場合のみ悪とされるという価値観が生まれ、奴隷制への抵抗の原理となっていった。

　その価値観を生み出していたのがトリックスターの存在である。トリックスターはアフリカの宗教伝統において神と人間のあいだに位置する霊的存在に由来し、民話のなかで猿、蜘蛛、うさぎといった動物の形を取るようになり、アメリカで奴隷とされた人々にも受け継がれていった。トリックスターは日常の秩序を混乱させる存在でありながら、アメリカに生きるアフリカ系の人々の民話におけるヒーローである。それは西洋の物語に見られる騎士のような英雄とは異質のものである。トリックスター物語では、猿や蜘蛛、うさぎといった弱さを象徴する存在が、ライオンのような獰猛な動物や王様などといった強者に知恵を使って立ち向かう様子が描かれている。それらの物語において、トリックスターは強者の価値観や利益のために行動したり、協力したりするように見せかけて、実際には別の行動基準によってふるまう。そしてその行動によって、トリックスターは相手をだまして盗んだり、瀕死の状態に陥らせたりする。そうした行為をする者は、通常の社会規範からするならば悪者である。しかし、白人に抑圧され続けるという力関係が日常を支配するなかで、相手を出し抜いて関係性を転換させるトリックスターの力は、非人間的な奴隷制を生き抜くために大きな役割を果たしたのである[15]。

　その抵抗運動には、キリスト教も大きく貢献した。キリスト教徒となった奴隷制下のアフリカ系アメリカ人は、自分たちの置かれた状況から、自らを、エジプトに捕えられ奴隷とされたイスラエルの民に重ねる聖書理解を

11 ― Gayraud S. Wilmore, *Black Religion and Black Radicalism: An Interpretation of the Religious History of Afro-American People (Second Edition)* (Maryknoll, New York: Orbis Books, 1983), p. 78.

12 ― Vincent Harding, "Religion and Resistance Among Antebellum Slaves" in *African-American Religion: Interpretive Essays in History and Culture*, ed. Timothy Fulop and Albert J. Raboteau (New York: Routledge, 1997), P. 115.

13 ― Ibid.

14 ―ジェイムズ・コーン『黒人霊歌とブルース』、51頁。

15 ― Jeanne Rosier Smith, *Writing Tricksters: Mythic Gambols in American Ethnic Literature* (Berkeley, CA: University of California Press, 1997), p. 113.

生み出した。彼らは、奴隷制の敷かれた南部をエジプトに、独立戦争後に奴隷制が廃止された北部、あるいは、奴隷制のなかったカナダを約束の地に重ねて理解した。この聖書理解は、南部に生きるアフリカ人の奴隷制への抵抗運動の根底をなすものであった。

キリスト教的な抵抗運動の最たるものとして、黒人霊歌があげられる。南部のアフリカ系アメリカ人のあいだで、自分たちを出エジプト記のイスラエルの民に重ねる聖書理解の伝統から、*Go Down Moses*（行け、モーセよ）のような、旧約聖書の物語をモチーフにした霊歌が多くつくられた。そのような霊歌は、第3章で詳述するが、聖書をもとに自分たちの置かれた厳しい状況を歌い上げると同時に、神によって命を与えられた人間としての存在価値を再確認し、生きる意味を見出した。つまり、霊歌は、自分たちの価値を否定する奴隷制への抵抗としての機能を果たしていた。霊歌は、キリスト教がアフリカ系アメリカ人に、聖書のさまざまな物語に示される英雄像や未来への希望をとおして、奴隷制という地上における一時的な拘束を乗り越える力を与えたことを示している[16]。

また霊歌は、奴隷制において自己の存在を維持するために、表向きにはその非人間的な制度を受容しながら裏ではわからないように抵抗する手段として、トリックスター的に用いられたといえるだろう。表向きには信仰を表し天国への希望を歌うことで、奴隷制を受容していることを示しながら、一方では神の天国への約束に自分たちの人間的価値を見出し、出エジプトの出来事を歌い自由への希望とすることで、奴隷制の抑圧に屈しないことができたのである。

そして、彼らの聖書理解が現実の行動となって現れたのが、自由や約束の地を求めて実行された逃亡や反乱といった直接的な抵抗だった。この際にも霊歌は逃亡の合図として用いられ、抵抗の源泉となった。黒人奴隷たちは農園からの逃亡の合図として霊歌に暗号としての機能をもたせていた。逃亡計画のリーダーは逃亡の準備が整い、時が満ちたと判断すれば、昼間に農園での仕事をしながら上述の *Go Down Moses* や *Wade in the Water*（川のなかを歩いて渡れ）という歌を歌った。つまり、

16 — Lawrence Levine, *Black Culture and Black Consciousness: Afro-American Folk Thought from Slavery to Freedom* (New York, NY: Oxford University Press, 2007 [1977]), pp. 33-54.

今夜、モーセが計画を実行して逃亡したように、川を越えてこの農園から逃げるということを奴隷所有者にばれない方法で仲間たちに伝えたのである。

南部で反乱や逃亡が起こったのは、アフリカ系アメリカ人が奴隷という拘束状態にあり、身体的、物理的な自由を求める者にとっては、武装蜂起や逃亡しか自由を獲得する手段が残されていなかったからである。旧約聖書に描かれるエジプトに捕われたイスラエルの民と自らを重ね合わせた人々は、神に助けを求めるだけでなく、自らの手で解放を勝ち取ることが神の意志に従うことだということを、キリスト教の教えと聖書から導き出した。

一方、南部において反乱が多発するようになると、白人の農園主は取り締まりを強化し、礼拝に関して奴隷たちに厳しい規制を敷くようになっていった。奴隷とされた者たちは農園主に許可を取って礼拝に出席するか、主人と一緒に白人の教会に出席するか、あるいは、会衆が黒人であっても白人が牧師を務める教会に出席するかを選択しなければならなくなった[17]。そして、農園主たちは奴隷による反乱が計画されることを怖れ、奴隷だけで礼拝することを禁止するようになった。その結果、農園で奴隷として働く人々は、森のなかなどで隠れて行われる「見えざる教会」と呼ばれる礼拝をとおして信仰を守り続けた。

「見えざる教会」での礼拝では、白人教会の礼拝スタイルから離れて、踊りや叫び、憑依といったアフリカ的な宗教表現が見られた。そして、この憑依体験がキリスト教における聖霊体験として読み直されていった。キリスト教に出会ったアフリカ系アメリカ人は、聖霊が身体的表現として現れると考えたために、アフリカ的な霊性が憑依や踊り、叫びとして表されていた。しかし、奴隷制下のアフリカ系アメリカ人の教会が教派的なアイデンティティを帯びるようになるにつれて、北部の教会では合理的で洗練されたイメージの礼拝をめざすために、感情的な表現が抑えられるようになっていった[18]。一方、南部で守られ続けたアフリカ的な礼拝スタイルは、その後ペンテコステ派の誕生によって生き残ることとなった。

17 — Lincoln and Mamiya, *The Black Church in the African American Experience*, p. 24.

18 — Teresa L. Reed, *The Holy Profane: Religion in Black Popular Music* (Lexington: The University of Kentucky Press, 2003), p. 19.

北部の
キリスト教

　奴隷制の廃止された北部では、自由の身であるアフリカ系アメリカ人たちによって教会が形成されていった。そして、教会では、奴隷制の廃止を求める運動が展開され、次第に政治的な組織としての機能を有するようになっていった。自由の身分を保証されている北部において、南部のアフリカ系アメリカ人たちのように奴隷制を廃止するために武装蜂起することは現実的な手段ではなかった。すでに自由を認められた社会において反乱を起こすことは、自分の自由だけでなく、命をも危険に晒す行為である。したがって、北部では奴隷制への抵抗ではなく、南部の同胞のために奴隷制の廃止を求める社会運動が起こった。

　しかし、自由を認められていたとはいえ、北部のアフリカ系アメリカ人にとって自由を求める戦いが必要なかったというわけではない。北部には奴隷制こそなかったが、生活のさまざまな面に差別が組み込まれていた。そして、教会という制度のなかにも差別意識によって生み出される構造的な問題が存在していた。しかし、そのアメリカ北部のキリスト教に存在する差別と対峙するなかで、最初のアフリカ系の教派が誕生した。

　第二次大覚醒運動によって、南部で多くのアフリカ系アメリカ人がバプテスト派に改宗し、その波が北部にも伝播してアフリカ人のバプテスト教会が建てられていった[19]。そして、北部でも白人教会から分離して自分たちの教会を建てようという動きが起きた。その動機となったのは教義理解の相違ではなく、むしろ白人によるアフリカ系アメリカ人への不平等で抑圧的な待遇である。そのような待遇に対抗して、アフリカ系アメリカ人によるバプテスト教会が誕生していった。同じ教派に留まりながら、白人から独立した教会を形成するのが可能だったのは、バプテスト教会の各個教会主義の考え方があったからである。さらに、北部のアフリカ系アメリカ人のバプテスト教会を全体的に包括するアメリカ・バプテスト宣教協議会（American Baptist Missionary Convention）が1840年に組織され、伝道、教育、アフリカ系アメリカ人の地位の向上に向けて取り組ん

19―南部で独立したアフリカ系アメリカ人のバプテスト教会が形成されていくようになり、その波は北部にも波及していった。1805年にはマサチューセッツ州、1809年にはペンシルヴァニア州、1812年にはニュージャージー州、1808年にはニューヨーク市のマンハッタン、1847年には同じくニューヨーク市のブルックリンにアフリカ系アメリカ人のバプテスト教会が建てられた。このように、アメリカの南部から北部にかけてアフリカ系アメリカ人のバプテスト教会が建てられていったが、アフリカ系アメリカ人のバプテスト教会が独立した教派を組織することは困難であった。とりわけ、アフリカ系アメリカ人だけで集まることが反乱につながると怖れた白人たちやバプテスト教会内の白人至上主義がそうした試みを困難にした。また、南北戦争によって、バプテスト教会が北部と南部に分裂したことも、アフリカ系アメリカ人のバプテスト教会の組織化を難しくした。

でいくようになった [20]。

　一方メソジスト派では、アフリカ系アメリカ人の信徒の増加に伴って、教会内における人種隔離という問題が生じるようになっていった。各個主義のバプテスト派と異なり、メソジスト派は監督制にもとづいた教団形成をしていたために、支配的な構造と人種が結びついてしまったのである。メソジスト教会のアフリカ系アメリカ人信徒の数が増えてくると、教会の白人役員たちはアフリカ系アメリカ人の会衆に教会内の隔離された場所で礼拝を行うことを求めた。そして、白人による怠慢や人種差別的な意識が続いたことから、自由州のアフリカ系アメリカ人のメソジスト派信徒たちは、社会的、宗教的な圧迫からの自由を求めて、1816 年 4 月 9 日にアフリカン・メソジスト監督教会（African Methodist Episcopal Church, AME 教会）の名称のもとにひとつとなり、黒人最初の教派が誕生した。それから 5 年後の 1821 年、同じような形で白人たちの差別意識に対抗した結果、ニューヨークのメソジスト派のなかから、アフリカン・メソジスト監督ザイオン教会（African Methodist Episcopal Zion Church, AME ザイオン教会）が誕生した。

　このようにして北部で誕生したアフリカ系の人々による教会の運動には、大きく二つの意義があるといえるだろう。ひとつはブラック・ナショナリズムである。アメリカ合衆国の歴史をとおして、アフリカ系アメリカ人は、奴隷制や政治的支配・経済的搾取によって社会の周縁に押しやられてきた。アフリカ系アメリカ人の思想家たちは、こうした彼らの状況を "a nation within a nation"（国家のなかにある国家）や "internal colony"（国内の植民地）といった言葉で表現してきた [21]。つまり、アフリカ系アメリカ人たちは、アメリカ社会から隔離される形で、支配を受けてきたのである。こうした歴史的経験から、彼らの感情は奴隷制に対する反乱や社会運動となって表されるようになり、ブラック・ナショナリズム形成の基盤となっていった。

　北部のアフリカ系アメリカ人の聖職者たちの多くは南部からの逃亡者であり、ブラック・ナショナリズムの思想を抱いて、南部で奴隷として苦しい

20 — Lincoln and Mamiya, *The Black Church in the African American Experience*, p. 27.

21 — ブラック・ナショナリズムの父といわれるマーティン・ディレイニーは、"a nation within a nation" という表現を用いた。また、1960 年代のブラックパワー運動の先駆者となったストークリー・カーマイケルは、著書 *Black Power: The Politics of Liberation* のなかで、アフリカ系アメリカ人社会を "internal colony" という言葉で表現している。

第 2 章
The Roots ——アフリカ系アメリカ人の歴史と宗教

22 ― Albert Raboteau, "The Black Experience in American Evangelism," p. 95.

23 ― E.U. Essien-Udom, *Black Nationalism*, pp. 24-25. エッシェン・ウドムは黒人教会が19世紀のブラック・ナショナリズムにおいて次の四つの点で重要だとしている。①黒人社会のなかでもっとも組織された団体だった。②どの組織よりも、活動に参加した黒人の数が多かった。③指導者たちが白人の制約から独立していた。④教会員たちの社会生活における最も重要な基盤となった。また、AME教会の名称に見られるように、アフリカ人としてのアイデンティティを維持しているところや、③の背景にある白人からの経済的独立は、ブラック・ナショナリズムにおける重要な要素である。

24 ― Albert Raboteau, "The Black Experience in American Evangelism," p. 99. 道徳改正運動 (Moral Reform) は19世紀のアメリカ北部に広まり、禁酒や売春反対運動なども展開された。

25 ― Ibid.

生活を強いられている同胞たちのために奴隷制反対運動を展開していった。彼らは運動を組織し、機関紙の発行や奴隷の作った商品のボイコットを行い、逃亡奴隷を助けるネットワークを築いた。北部におけるアフリカ系アメリカ人によって形成された教会が政治的な発言を行った背景には、黒人教会だけが唯一黒人の統治できる場所だったというだけでなく、彼らがキリスト教における人間性と政治的権利の行使を結びつけて考えていたということがあげられる[22]。黒人による黒人のための教会は、19世紀のブラック・ナショナリズムにおいて重要な役割を果たした[23]。

　北部の黒人教会の運動がもっていたもうひとつの意義は、20世紀における教会を中心とするアフリカ系アメリカ人の社会運動の戦略を生み出したことである。北部の黒人教会が展開した奴隷制反対運動は、道徳の向上によって社会を改善していこうとする道徳改正運動に関連する形で行われた[24]。当時、奴隷制賛成派の白人は、黒人は道徳性や教育を欠いているために、市民権に値せず、知能を必要とする仕事よりも奴隷に向いていると主張し、奴隷制を正当化していた。こうした偏見は奴隷制時代の南北を問わず、また、奴隷制廃止後も白人主流社会において散見された。黒人を二級市民の地位に置こうとするために、「反抗的」「怠惰」「未開」「不純」といったイメージがつくり上げられてきた。これらの偏見に対抗して市民的平等を獲得するためにも、道徳戦略はきわめて重要であった。

　その戦略のなかで、黒人教会の指導者たちも、聖書の言葉に依拠しながら道徳性を高めることを重要視するようになっていった。たとえば、AME教会では、信徒には品行方正、また節制を心がけるように求めた。市民権の基本として、信仰的な成長と社会的な規範や価値観を身につけることが結びついていると考えたからである。これは上述した南部のアフリカ系アメリカ人のキリスト教価値観と異なるものである。また、南部ではアフリカ的なエネルギッシュな礼拝スタイルが創造されたが、北部ではそのような礼拝形式よりも、教育の充実や道徳の向上が強調されるようになっていった[25]。

以上に述べた南北の社会的な違いはそれぞれの地域に住むアフリカ系アメリカ人のあいだに異なる価値観を生み出し、その違いが教会の礼拝や説教に表れた。北部の説教者たちは、道徳性の高さを示すことによって自分たちの人間性を認めさせ、社会への統合をめざした。一方、南部の説教者は奴隷制やそれを支持する白人たちを批判し、なかには奴隷制から自由を得るために、反乱の指導者となる者も多く現れた。また、礼拝中の歌、踊り、叫びなどのエクスタシー的経験というアフリカ的宗教の要素をキリスト教に読み替えて神の存在を称えることを強調した。しかし、北部の説教者は南部の礼拝のスタイルを呪術的だとして非難し、霊歌をトウモロコシ畑の小唄と揶揄した[26]。北部のアフリカ系アメリカ人にとって、南部の黒人教会におけるアフリカ的な諸要素はアメリカ主流社会への統合の妨げになるものとみなされ、南部の黒人教会との不協和が生み出されることとなった。

26 — Ibid, p. 100; E. Franklin Frazier, *The Negro Church in America* (New York: Schocken Books, 1978 [Liverpool: Liverpool University Press, 1964]), p. 37.

第 2 節

北部への大移動
——黒人教会の多様化と二極化

奴隷制廃止後の
アフリカ系アメリカ人社会

　南北戦争後の 1865 〜 77 年の時期は、南部諸州をはじめ、奴隷制というシステムが崩壊したあとの社会体制を建て直すために政治や経済などさまざまな問題への取り組みが起きたことから、再建期 (The Reconstruction Era) と呼ばれている。しかし、再建期はアフリカ系アメリカ人にとっては失敗であり、それは、南部社会が南北戦争以前の状態に戻ったことを意味した。そして、1896 年に「プレッシー対ファーガソン裁判」によって出された「分離すれど平等」という連邦最高裁の判決によって、南部各州で慣行化していたジム・クロウ法と呼ばれる人種隔離法が正当化されていった。

　奴隷制から解放されたことによって、南部ではアフリカ系アメリカ人の教会が急増した。それまで白人から隠れて礼拝を行っていた「見えざる教会」が「見える教会」へと変化していったからである。奴隷制時代と同様、再建期の南部でも、バプテスト派とメソジスト派が奴隷制から解放されたばかりの人々に積極的に伝道を行った。南部において新たに誕生した教会は、アフリカ系アメリカ人にとって白人による厳しい敵意からの逃げ場としての機能を果たすようになっていった[1]。しかし、「見える教会」への変貌の過程では、奴隷制から解放されたアフリカ系アメリカ人のあいだで階層格差が生じることにもなった。奴隷とされていた者と自由の身分を獲得していた者のあいだには、圧倒的な知識や教養の差が存在し[2]、両グループの意識の違いは教会の礼拝形式の違いにも明確に現れていた[3]。北部

1 — E. Franklin Frazier, *The Negro Church in America*, p. 50.

2 — E・F・フレイジァ『ブラック・ブルジョアジー』未来社、1977 年、77 頁。

3 — E. Franklin Frazier, *The Negro Church in America*, p. 36.

の自由黒人によって創設された教会の牧師などは、南部の礼拝形式を異端的であり、知性や教養をいっさい欠くものであると批判していた。

奴隷制廃止後の南部は、北部のさまざまな教派にとって教勢拡大の機会となっただけではなかった。北部のプロテスタント諸教会の宣教団体は政府によって設立された解放民局（Freedmen's Bureau）と協力し、奴隷制から解放されたばかりのアフリカ系アメリカ人の教育者や聖職者を養成する目的で、南部にいくつもの中等、高等教育機関を設立した[4]。しかし、白人が主流の宣教団体によって建てられた大学は、アフリカ系アメリカ人としてのアイデンティティに関する大きな問題を抱えていた。つまり、北部からやってきた教師たちによって白人中産階層の価値観を植えつけられ、アフリカ的な文化は敬遠され、自尊心を育むことは困難にされたのである[5]。

また、奴隷制廃止後のアフリカ系アメリカ人社会の向上については、その方法論をめぐって南北で大きく議論が分かれた。北部では人種差別が存在していたとはいえ、奴隷制は廃止され、南部と比べると自由な社会環境であり、アフリカ系アメリカ人は公民権運動を展開することが可能であった。しかし、南部ではジム・クロウ法が制定されただけでなく、クー・クラックス・クランをはじめ、白人からの暴力につねに晒されていた。南部において、北部のように自由を求める発言や行動は死に直結しかねないものであった。

南部では奴隷制時代から、教会が自由を求める抵抗運動の思想の源泉となったことから、奴隷制廃止後においても急進的な牧師が現れた。しかし、そのような牧師たちは暴力の脅威によって黙らされ、あるときにはその地域から追放されることもあった[6]。その逆に、「天国に希望を見出そう」、「正直で従順であるように」、「神がまもなくすべてを整えられる」と語るアフリカ系アメリカ人の牧師は、白人にとって都合のいい牧師として優遇された[7]。また、アフリカ系アメリカ人と白人のあいだに緊張関係が生じたときには、教会の会衆に地域の白人指導者の勧告を伝えるのも牧師の役目であった。こうして、アフリカ系アメリカ人の牧師たちは、南部

4 ― 解放民局は奴隷制から解放されたアフリカ系アメリカ人を支援するために設立され、食糧の配給や教育や医療サービスの提供を行った。一方で、土地の再分配や公民権の確立をめざしたが、南部の白人指導者たちによって阻止され、失敗に終わった。奴隷制廃止直後には、会衆派、白人のメソジスト派、長老派の教会を母体とするアメリカ宣教協会（American Missionary Association）によって、アトランタ大学、フィスク大学、ハワード大学が建てられた。それからまもなく、白人バプテスト派の組織であるアメリカ・バプテスト国内宣教協会（American Baptist Home Mission Society）は、後にモアハウス大学やスペルマン大学の前身となる教育機関を南部の教会の地下室に設立するなど、多くの高等教育機関の設立に貢献した。さらに、モリス・ブラウン大学のように、アフリカ系アメリカ人の教派であるAME教会やAMEザイオン教会によっても大学が設立された。

5 ― Henry H. Mitchell, *Black Church Beginnings: The Long-Hidden Realities of the First Years* (Grand Rapids, Michigan: William B. Eerdmans Publishing Co., 2004), p. 145.

6 ― Benjamin Elijah Mays and Joseph William Nicholson, *The Negro's Church* (New York: Arno Press & The New York Times, 1969 [Institute of Social and Religious Research,

1933]), p. 7.

7 — Ibid.

8 — E. Franklin Frazier, *The Negro Church in America*, p. 55. 南部では、専門職に就いていたアフリカ系アメリカ人の約半分が牧師であった。

9 — E・F・フレイジァ『ブラック・ブルジョアジー』、103頁。

10 — E. Franklin Frazier, *The Negro Church in America*, p. 52.

の白人至上主義的な社会体制を維持するための歯車として取り込まれていくことになってしまった。このような保身的な牧師が存在したのは、教育の機会が奪われ、アフリカ系アメリカ人への専門職の扉が閉ざされていたからである[8]。

　一方、北部のアフリカ系アメリカ人のあいだでは、対等なアメリカ人としての正当な権利を主張する気運が醸成されていた。20世紀を代表するアフリカ系アメリカ人の知識人であるW.E.B.デュボイスを中心とするエリートたちは、白人たちとの協力関係のなかから、1910年に全米黒人地位向上協会（National Association for the Advancement of the Colored People, NAACP）を組織した。NAACPはリンチ撲滅やジム・クロウ法撤廃、工業化する北部の労働環境の改善などに向けて運動を展開し、ある程度の結果を出すことに成功したが、白人支援者の中産階層的価値観に影響を受け、会員となったアフリカ系アメリカ人も中産階層だったために、貧困層や労働者階層のアフリカ系アメリカ人大衆を捉えることができなかった[9]。デュボイスの思想にもとづいて始まった運動は、知識階層の指導力によるアフリカ系アメリカ人社会の向上をめざすものだったために、社会階層にもとづく分断や対立を生み出すこととなってしまった。この社会階層間の分断は、20世紀初頭から中ごろにかけて起きたアフリカ系アメリカ人の南部から北部への大移動において顕著になり、宗教界にも大きな変化を生み出すこととなった。

大移動とアフリカ系アメリカ人社会の二極化

　第一次世界大戦まではアフリカ系アメリカ人の全人口の約9割が南部に住み、そのうちの8割は農村地域で生活していた[10]。しかし、第一次世界大戦が始まると大移動（Great Migration）と呼ばれる現象が起こり、南部から北部の諸都市に大量のアフリカ系アメリカ人が移住するようになっていった。また、第二次世界大戦のころには、軍需産業の中心となった西部の都市に移住していった。南部の都市部への移住も続き、そ

の結果、アフリカ系アメリカ人人口の3分の2が都市部に住むようになった[11]。

大移動の背景には、白人の激しい人種差別によるリンチなどのテロ行為や、人種隔離法による諸権利の剥奪があった。また、1914年にワタミゾウムシという綿花を食い尽くす害虫が大量発生し、南部の農村地帯は大きな被害を受けた。一方、北部では工業化が著しく進み、第一次世界大戦による労働力への需要が高まっていたことから、南部の白人だけでなくアフリカ系アメリカ人にも就職の斡旋が大々的に行われた[12]。これらの要因により、1910年代中ごろから、大量のアフリカ系アメリカ人が北部に移住するようになり、この現象は1950年代ごろまで続いた[13]。

南部からの移住者は北部での生活に希望を見出していたが、彼らの新たな労働環境や住環境は劣悪であり、人種差別はいたるところに存在していた。また、北部への移住は、それまでの友人や隣近所からの援助を失うことを意味した。さらに、貧困のなかにあって、母親たちも働かざるをえない状況であり、子供たちの面倒を見る共同体的基盤も失われていたために、青少年の非行も問題化していった。その結果、貧困層のアフリカ系アメリカ人社会は危機的状況に陥っていた。この危機的状況を生み出した大きな要因として、移住者の集える教会が存在しなかったことがあげられる。南部で生活してきた者にとって、教会は共同体の基盤であり、社会生活様式を規定するものだったからである[14]。

また、こうした状況を生み出した要因として考えられるのは、南部からの移住者に対する北部の教会の偏見である。北部の教会は奴隷制時代に差別に対抗するために道徳性の高さを信徒に求め、品行方正や節制、性的純潔といった保守的な価値観を重視した。その結果、収入や住居、服装などが神の前での自分の価値を表すと考えるようになり、次第に排他的な社交クラブのような性格をもつようになっていった[15]。そのような北部の教会のなかには、南部から移動してきた同胞を、貧困層だからという理由で受け入れようとしなかった者がいた。上述のような貧困層の現状を見た中産階級は、彼らを怠け者、自滅的、犯罪行為に走る傾向が

11 — Ibid, p. 53.

12 — 第一次世界大戦の開始によって移民の受け入れが中断され、また、移民のなかには祖国のために戦うためにヨーロッパに戻る者も多くいたからである。

13 — アフリカ系アメリカ人は、1914年に始まった第一次世界大戦に従事することが、アメリカへの忠誠を示し、市民としての地位を認めてもらえる機会になると期待した。しかし、軍内の差別的構造によって編成されたアフリカ系アメリカ人だけの師団は、昇進を阻む意図で戦闘地域に送られることはなく荷役に回されることがほとんどであった。戦争の中盤以降になると、逆にアフリカ系アメリカ人兵士は前線に送られるようになり、危険な場所での戦闘を余儀なくされ、白人兵よりも多くの死者を出すこととなった。一方、ヨーロッパに送られたアフリカ系アメリカ人兵士たちは、ひとりの人間として対等に受け入れられる経験をした。たとえば、フランスでは守ってくれていることへの感謝から家庭に招き入れられ、フランス軍の士官と対等の立場で交際することも稀ではなかった。しかし、戦争から国に戻ってきても現状は変わることなく、公民権は奪われたままであり、リンチの恐怖はつねについてまわった。第二次世界大戦時も同様に、アフリカ系アメリカ人の若者は一級市民として平等に受け入れられることを願って従軍した。そして、ヨーロッパでは温かい歓迎を受けることとなった。こうした経験が、帰国後の厳しい現実との落差のなかで、自由を求める思いを強めることとなっていった。また、帰還兵

は北部の都市に上陸したために、南部出身者の多くは故郷に戻らずに、そのままそこに留まることを選択した。

14 — E. Franklin Frazier, *The Negro Church in America*, p. 54.

15 — Robert Dannin, *Black Pilgrimage to Islam* (New York, NY: Oxford Press, 2002), p. 26.

16 — E. Franklin Frazier, *The Negro Church in America*, p. 57.

17 — Lincoln and Mamiya, *The Black Church in the African American Experience*, p. 208.

18 — E. Franklin Frazier, *The Negro Church in America*, p. 58.

あると見下す一方、貧困層は中産階層をお高くとまった、自己中心的で、白人にへつらう者とみなす傾向があった。

　社会階層化と階層間の対立は、それぞれの出席する教会の傾向の違いに顕著に現れるようになっていった。上流階層のアフリカ系アメリカ人のなかで、教会に出席していた者は聖公会、長老派、会衆派といった儀式偏重的でゆったりとした礼拝を行う教派の教会に通っていた。中産階層のなかでも上流に近いグループは、上流階層と同じような教会、あるいはメソジスト派やバプテスト派の教会に通っていたが、彼らよりも礼拝出席に熱心であった。一方、下流中産階層のグループは比較的感情的なスタイルの礼拝の教会に通っていた。これは、彼らの多くが貧困層から経済的に上昇したことを示している。先述のとおり、南部から移住してきた貧困層は、南部で主流だった熱情的な礼拝を行っていたからである[16]。

　また、上流階層のグループが通っていた教会は、平均出席者が 800 名を超える大きな教会であった。それは、教会員だけでなく、牧師の高い社会的地位や影響力を意味していた。また、大型の教会は権威的な組織化がなされ、教会での人間的で温かい交友関係を求めた南部からの移住者にとっては近寄りにくいものであった。その結果、南部からの移住者は親しい交わりをもてるような会衆を形成するために、自分たちの教会を建てていった[17]。彼らは使われなくなった店先 (storefront) のスペースを借りて礼拝するようになり、店先教会 (storefront church) と呼ばれる特徴的な形態を生み出した。店先教会は貧困層の宗教的ニーズに応えただけでなく、南部からの移住者の共同体の中心としての役割を果たすようになっていった[18]。

　とりわけ、チャーチ・オブ・ゴッド・イン・クライスト (Church of God in Christ, COGIC) という 19 世紀末に誕生した新しい黒人教会の教派は階層間の対立のなかで、労働者、貧困層の感情を汲み取り、教勢を伸ばすことに成功した。COGIC はホーリネスの影響を受けたバプテスト派の牧師だったチャールズ・ハリソン・メイソンとチャールズ・ジョーンズに

よって 1897 年に創設された。しかし、1906 年にメイソンがロサンゼルスのアズサ・ストリートでのペンテコステ派の信仰復興運動を訪れた後、教団の方向をペンテコステ派に移行することを提案した。チャールズ・ジョーンズはこの提案に反対し、ホーリネスの教義に留まる意思を示した者らと共に COGIC から脱退し、新たにチャーチ・オブ・クライスト（Church of Christ）を設立した [19]。

　アズサ・ストリートでの信仰復興運動は、ルイジアナ州で育ったアフリカ系アメリカ人であるウィリアム・シーモアによって始められたものであり、そこではアフリカ的な宗教表現が多用されていた。それは、南部のアフリカ系アメリカ人にとっては、慣れ親しんだ宗教的表現を取り入れた魅力的なものであった。しかし、形成期の COGIC では、このような宗教的慣習は奴隷制時代を思い起こさせ、また、白人からの偏見を助長するものではないかとして、教団に取り入れるべきかが議論された。だが、メイソンがアフリカ的な信仰表現はむしろ褒め称えるべきものであるとしたため、教団のなかに取り入れられることとなった。その結果、ホーリネス的な聖化の考えにもとづく世俗的な事柄への厳格な規範とアフリカ的な礼拝スタイルが取り入れられた独特の教派的雰囲気が形成されるようになっていった [20]。

　COGIC は、その創設者であり初代主教長であるチャールズ・ハリソン・メイソンの先見の明により、大移動に乗じて伝道者を北部に派遣し、移住した貧困層の人々の宗教的、社会的な受け皿として教会を建てていった。その結果、COGIC は北部にも教勢を拡大し、1920 年代には 5 万人だった信徒数が 1960 年代には 40 万人へと 8 倍に増加した [21]。教団創設当初、南部の田舎にあった教勢の中心は都市部へと移行し、COGIC は現在黒人教会のなかで 2 番目に教会数・信徒数の多い教派 [22]、そして、アメリカにおいて 5 番目に大きな教派となっている [23]。

　しかし、もともと北部にいたアフリカ系アメリカ人や白人たちからは、メインラインの教派から独立した教会、貧困ゆえに教育を十分に受けられなかった牧師、社会経済的地位の低い会衆といった点で店先教会は嘲

[19] しかし、実際、ペンテコステ派とホーリネスの黒人教会は異言を語ること以外、教義、体制、価値観においてほぼ差異はない。したがって、異言のない教会でも、身体的表現の豊富な礼拝スタイルであれば、ペンテコステと呼ばれることもしばしばある。ホーリネス／ペンテコステという用語は、おそらくエネルギッシュな礼拝スタイルとホーリネス的な道徳規範という両教派に共通した性格を意味する、とするのがより正確である（Teresa L. Reed, *The Holy Profane*, p. 21）。

[20] 初期のペンテコステ運動において、1907 年から 1914 年までのあいだ、COGIC のみが法人化されたペンテコステ派の教会組織だったために、教派的な権限を求めて単立の白人ペンテコステ派の教会も COGIC を頼らざるをえなかった。そして、COGIC はアメリカ中南部においてパーラムと袂を分かったアポストリック・フェイス・ムーブメント（Apostolic Faith Movement）の白人たちを受け入れ、必要に応じて教会員資格を与え、按手礼を執行した。しかし、アズサ・ストリートの信仰復興運動が人種の違いを超えた共同体を形成できなかったように、COGIC に合流した白人たちは 1914 年に教団を離れて、新たにアッセンブリーズ・オブ・ゴッド（Assemblies of God）を創立した（Linooln and Mamiya, *The Black Church in the African American Experience*, p. 81）。

[21] Lincoln and Mamiya, *The Black*

074

第 2 章
The Roots ──アフリカ系アメリカ人の歴史と宗教

Church in the African American Experience, p. 82.

22 — Anthony B. Pinn, *The African American Religious Experience in America*, p. 138; C. Eric Lincoln and Lawrence H. Mamiya, *The Black Church in the African American Experience*, p. 82.

23 — http://www.christianpost.com/news/the-15-largest-protestant-denominations-in-the-united-states-92731/ (2015年9月4日アクセス)。COGIC は、黒人教会のなかの最大のバプテスト派の組織であるナショナル・バプテスト・コンベンション（National Baptist Convention, U.S.A.）の 350 万人よりも多い 550 万人の教会員を有し、したがって黒人教会の最大教派となる。ただし、すべての黒人教会のバプテスト派の信徒数の合計は、COGIC のそれを上回る。

24 — Teresa Reed, *The Holy Profane*, p. 70.

25 — Michael A. Gomez, *Black Crescent*, pp. 209-210.

26 — 時期を同じくして、アフリカン・ディアスポラにおいても、このような運動が世界各地で生まれた。特に、1896 年にイタリアの侵攻をアジョワで撃破したエチオピアが、アフリカン・ディアスポラにおける植民地政策の苦しみに対する連帯の象徴となった。1910

笑の的とされた。そして、主流教派のアフリカ系アメリカ人の牧師たちにとって、彼らはアフリカ系アメリカ人社会の恥であり、その向上を妨害するものでしかなかった。店先教会で行われるエネルギッシュな礼拝スタイルは、偏見を助長させる奴隷制時代からの負の遺産とみなされ、冗談のネタとなった [24]。

ブラック・ナショナリズムの隆盛

　一方、社会階層間の対立のなかで、労働者階層、貧困層のアフリカ系アメリカ人の意識や要求に応答する形でブラック・ナショナリズムを基盤とする運動が隆盛した [25]。彼らにとって NAACP をはじめとする知識階層や中産階層によって始められた運動は、自分たちと異なる意識や価値観によって組織されており、連帯することのできないものだったからである。ブラック・ナショナリズムの隆盛のなかで、もっとも大きな影響力をもち、そして最大規模の組織となったのが、ジャマイカ人のマーカス・ガーヴィーによって組織された世界黒人向上協会（Universal Negro Improvement Association and African Communities League, UNIA）である [26]。ガーヴィーは運動の本部をニューヨーク市のハーレムに置き、差別や貧困に苦しむアフリカ系の人々に人種的な誇りと経済的および政治的独立を説き、さらに、アフリカへの回帰を唱えた [27]。しかし、1926 年、ガーヴィーは詐欺罪の疑いで投獄され、翌年国外へ追放されてしまった。

　ガーヴィーの運動によってそれまで卑下の対象であったアフリカへの誇りを取り戻した人々は、アフリカン・ディアスポラというあり方に新たな希望を見出すようになったといえるだろう。つまり、アフリカというルーツによってアイデンティティを確立したことで、アメリカ社会への統合とは異なる方向性に可能性を感じるようになったのである。その結果、多くの人々が自分のアイデンティティをアフリカ的なものに求めるようになり、アフリカ系アメリカ人の新たなアイデンティティの構築をめざした宗教運動が誕生することとなった [28]。

この時期に誕生したのがネイション・オブ・イスラーム（NOI）である。
1913 年、ムーア人科学寺院というイスラーム・セクトが誕生し、その創
始者であるノーブル・ドゥルー・アリの活動は徐々に広まり、東海岸と中
西部を中心に寺院が建てられていった。1929 年にアリが亡くなると、デト
ロイトで彼の生まれ変わりを名乗る W.D. ファラッド・モハメッドという男が
現れ、1930 年に NOI の原型となるロスト・ファウンド・ネイション・オブ・
イスラーム（The Lost-Found Nation of Islam）を創設した [29]。

　ファラッドはアフリカ系アメリカ人の慣れ親しんでいた唯一の聖典が聖
書だったために、聖書をとおして教えを説いていた。しかし、活動が広ま
り信徒が増えてくると、ファラッドは白人とキリスト教に対する批判を始め
た。彼は導きの拠り所としての聖書を否定しなかったが、キリスト教の信
仰による問題の解決や既存の聖書解釈を批判し、アフリカ系アメリカ人
の置かれた状況に対応するような新たな解釈の必要性を強調したのであ
る [30]。そして、クルアーンが何よりも重要であると説いた。しかし、1934
年、ファラッドが突如失踪する事件が起き、イライジャ・モハメッドが彼の
後継者として、NOI の指導者となった [31]。

　NOI は、ムスリムというアイデンティティと第 1 章で紹介した聖書に由
来する独自の創造論と終末論によって、中西部の都市を中心に信徒を獲
得していった。新たなアイデンティティとアメリカ社会への統合以外の道
を提示する教義は、ブラック・ナショナリズムの思想にもとづいている。第
二次世界大戦以降、イライジャによって再建された NOI は、独自の教
義とマルコム X というカリスマ的指導者を得たことで、後にブラック・ナショ
ナリズムの中心的組織となっていった。

大移動とアフリカ系アメリカ人の
宗教界
──多様化と二極化

　この時期には、礼拝において語られるメッセージにも変化が起きた。奴
隷制解放後の南部では、奴隷制時代のように天国への希望がメッセー

年代から 1930 年代にかけ
て花開いた、アメリカのブラッ
ク・ナショナリズムは、当時世
界規模で隆盛した汎アフリカ
主義運動の一部だった。

27 ─ Horace Campbell,
*Rasta and Resistance:
From Marcus Garvey
to Walter Rodney*
(Trenton, NJ: Africa
World Press, Inc., 1987),
p. 47. ガーヴィーの思想の
背景には、彼自身の生まれた
ジャマイカを取り囲むアフリ
カン・ディアスポラの歴史的状
況が関係している。ジャマイカ
ではイギリスによる植民地支
配は続いたものの、1834 年
に奴隷制が廃止され、解放さ
れたアフリカ系の人々はカリブ
諸島やアメリカ大陸の国々に
出稼ぎに行くようになった。彼
らがそこで見たのは、同じア
フリカ系の人々が、ジャマイカ
の人々と同じように劣悪な環
境で苦しんでいたということで
ある。アフリカン・ディアスポラ
のなかで人々の往来が増える
につれて、歴史的経験の普
遍性の意識が芽生え、アフ
リカ系としてのアイデンティティ
が強められていった。

28 ─ アフリカとのつながりを
強調するものや在来の宗教を
ブラック・ナショナリズムや汎
アフリカ主義の視点から解釈
したようなカルト／セクト的な
特徴をもっていたものとして、
以下が有名である。ジョー
ジ・W・ハーリー神父のユニ
バーサル・ハガーズ・スピリ
チュアル・チャーチ（Univer-
sal Hagar's Spiritual
Church）、ジョージ・ベイカー
または名をファーザー・ディバ
インのファーザー・ディバイン・
ピース・ミッション・ムーブメン
ト（Father Divine Peace

Mission Movement)、チャールズ・イマニュエル・ダディー・グレイスのユナイテッド・ハウス・オブ・プレイヤー (United House of Prayer) など。これらの宗教団体は、東海岸を中心に広がっていった。また、中西部の中心的な都市であるシカゴでは、エチオピアに黒人の起源を重ねて見たアビシニアン運動が 1920 年代に広がりを見せた。エチオピアと自分たちを同一視した黒人たちによる半宗教的でナショナリスト的性質をもった運動は、エチオピア平和運動やユナイテッド・アフリカン・フェデレーション・カウンシル (United African Federation Council) などいくつもの組織によって 1940 年代ごろまで続いた。

29 — 英名 Muhammad の日本語表記は、NOI 信徒の発音にならってムハンマドではなく、モハメッドと表記することにする。

30 — Gomez, *Black Crescent*, p. 281.

31 — イライジャ・モハメッドは、父と祖父がバプテスト派の牧師であり、聖書に精通していたことから教団内で急速に頭角を現し、最高教師の地位に就いた。そして、ファラッドの失踪について、彼は神の化身であり、再臨の準備のために姿を隠したと説明した。さらに、自分自身は、神の再臨のときまで人々を導く預言者であるとした。こうしたファラッドの神格化やイライジャ自身の預言者としての位置づけが、他のムスリムから批判を受けているおもな原因のひとつである。しかし、ファラッド

ジの中心となった。このようなメッセージは、天国に希望を見出すことによって現世での窮状を生き抜く原動力を生み出すものであった。しかし、現世での苦しみと天国での報いを結びつけて語られるメッセージは、現状から目を背けさせるものでもあった。

一方、大移動によって北部への移住者が増えると、牧師や教会が現世的な事柄である政治や社会の問題について積極的に発言するようになっていった。そのような牧師の社会問題に対する姿勢の変化は、礼拝でのメッセージにも表れている[32]。つまり、天国に希望を見出すことを現世の苦しみを生きる力とするのではなく、現世における不条理な現実に変革をもたらすことで神の国を実現しようというメッセージが語られるようになっていった。

メッセージの変化の背景には、20 世紀初頭に興った社会的福音 (Social Gospel Movement) の影響があるといえるだろう。都市化と工業化による社会構造の変化は都市問題や労働問題をもたらし、それらの現実的な問題に対するあり方が問われるなかで、ウォルター・ラウシェンブッシュの『キリスト教と社会の危機』(*Christianity and Social Gospel*, 1907 [2013]) に代表されるような社会的福音の思想が誕生した。社会的福音はメインラインの牧師だけでなく、アフリカ系アメリカ人の牧師たちにも影響を与えたといえるだろう。また、教会の多くは NAACP などの組織にも協力するようになり、政治的な諸問題に積極的に取り組む姿勢を見せていった[33]。

都市化に伴う諸問題は北部の諸教会に大きな変化をもたらしたが、南部では人種隔離政策が敷かれ、リンチが横行していたために、アフリカ系アメリカ人が声を上げることは困難であった。しかし、社会問題に正面から向き合う教会は、南部にも存在した。とりわけ、貧しい農村地帯と比べて、アフリカ系アメリカ人の中産階層が勃興していた南部の都市部では、その経済力を背景にして社会運動に取り組む動きが見られた。北部より少数ではあるが、南部においても社会的福音の思想に影響を受け、積極的に政治や社会問題に関わっていこうとする層が教会のなかに生ま

れ、後の公民権運動へとつながっていった。このような土壌のなかで育ったのが、後に公民権運動の指導者となったマーティン・ルーサー・キング・ジュニア牧師である[34]。

アフリカ系アメリカ人の牧師たちに社会的福音の思想が受け入れられたことには、アフリカ系アメリカ人のキリスト教信仰の伝統が関係している[35]。その信仰的伝統のなかで、アフリカ系アメリカ人の牧師たちは自分たちの置かれた状況から白人の社会的福音の思想を読み替えていった。しかし、そうした比較的規模の大きな教会とは対照的に、店先教会のような小規模の教会の多くは、福音派的（Evangelical）な傾向を強めていった。これらの教会は、十分な教育を受けることのできなかった南部からの移住者で形成されており、大恐慌の経済的な打撃によって政治に対して保守的な立場を取るようになっていったからである[36]。第一次世界大戦後から大恐慌をへて第二次世界大戦にいたるまでの時期において、黒人教会の多くは急進的な立場を離れていく傾向を見せた。教会や牧師たちは政治や社会問題から距離を置き、アメリカの主流文化に同化しようとしたのである。

その結果として、NOI をはじめとするブラック・ナショナリズムを基盤とする宗教組織が台頭したといえるだろう。NOI などの台頭は、教会が人々の受け皿となれず、不条理な現実に対する神学的な答えを明確にできなかったことを意味する。社会問題に取り組むことよりも、教会の存立を優先し、教会員を構成する中産階層の価値観に固執したからである。社会問題によってもっとも影響を受ける貧困層は、自分たちで教会を形成するか、あるいは、教会以外に新たなアイデンティティを見出すしかなかった。後者のグループはブラック・ナショナリズムと結びつき、NOI のような宗教組織の教義をとおして現状の意味や生きる希望を見出したのである。

アフリカ系アメリカ人社会の中産階層と貧困層という二極化は、キリスト教だけでなくブラック・ナショナリズムの思想に立つ多様な新興宗教を生み出した。宗教の多様化の背景にあったのは、差別的なアメリカ社会に対抗するためのアイデンティティの確立だけでなく、少数派ながらもアフ

自身は自分をマフディー（救世主、「神意により正しく導かれた者」）だと語ったことはあるが、神の化身であるとしたことはなかった。イライジャは、自分の預言者としての地位を確立し、後継者としての正当性を主張するために、ファラッドを「神」、「アッラー」としたのである（Gomez, *Black Crescent*, p. 287）。ファラッドを失った教団内部では、イライジャに対する不満などから分裂が起きた。身の危険を感じたイライジャはデトロイトを離れ、7 年におよぶ地下生活を送った。1942 年、イライジャはシカゴに NOI の本部を移し、教勢を立て直そうとしたが、活動はなかなか軌道に乗らなかった。また、兵役拒否と市民を煽動した罪によって、イライジャは FBI に逮捕された。終戦後、釈放されたイライジャは教団の指導者として、NOI の教義を築いていった。

32 — E. Franklin Frazier, *The Negro Church in America*, p. 56. そのまた一る例が、ニューヨークのアビシニアン・バプテスト教会である。1908 年に主任牧師として着任したアダム・クレイトン・パウエルは、NAACP の初期のころからメンバーであり、教会では霊的な成長だけでなく、地域のアフリカ系アメリカ人社会への奉仕を宣教の中心に据えた。1930 年にはパウエル牧師の息子であるアダム・クレイトン・パウエル・ジュニア牧師が副牧師として着任すると同時に、大恐慌の影響で困窮する人々に衣服や食事を提供するプログラムを開始した。1937 年にパウエル・ジュニアが主任牧師となると、教会員は 1 万人を超え、アメリカで最大規模の教

会となり、大きな社会的影響
力をもつようになっていった。
1945年にはパウエル・ジュ
ニアは下院議員に当選し、教
育および労働委員会の委員
長として、公教育、労働環境、
女性差別、貧困問題の改善
に努めた。

33 ― Ibid; Lincoln and
Mamiya, *The Black
Church in the African
American Experience*,
pp. 208-209.

34 ―キング牧師に大きな影
響を与えたのは、モアハウ
ス・カレッジの学長を務めた
ベンジャミン・メイズである。メ
イズはバプテスト派の牧師で
もあり、1933年に当時の
黒人教会について研究した
Negro Church を出版し、
消極的な南部の教会の現状
を批判した。そして、1940
年にモアハウス・カレッジの学
長として赴任すると、社会正
義の実現の重要性を学生た
ちに訴え続けた。

35 ―黒崎真『アメリカ黒人と
キリスト教』、100-101 頁。

36 ― Lincoln and
Mamiya, *The Black
Church in the African
American Experience*,
p. 209.

リカ系アメリカ人社会において力をもつようになった中産階層との価値観
の闘いである。大移動の時代、社会的福音に影響を受けた牧師たちのよ
うに、キリスト教の枠のなかで差別のない社会や自由をめざすグループと、
不条理な現実に教会は答えを示せないと考え、新たな宗教的アイデンティ
ティによってアメリカ社会との分離をめざすグループが誕生した。この二
つの潮流はこれ以降の時代にも継続されていくこととなった。

Chapter 2
The Roots

第3節

公民権運動と
ブラック・パワー運動

公民権運動のうねり

——社会運動の中心となった教会

　第二次世界大戦へのアメリカの参戦をきっかけに、第一次世界大戦の
ときと同様に、多くのアフリカ系アメリカ人が、アメリカへの忠誠を示すこ
とで一級市民の地位を認めてもらえると考えて従軍した。しかし、以前と
同様に部隊は人種によって分離されたままであり、また、除隊して帰国し
ても本土での人種差別は続いていた。この戦争において、残虐な人種主
義に立つナチス・ドイツと民主主義の戦いを標榜するアメリカの姿は、ア
フリカ系アメリカ人兵士にとっては矛盾するものでしかなかった。軍隊で
の経験と変わらない本土での現実は、アメリカ国内での変革が不可欠で
あるとの認識をアフリカ系アメリカ人にもたらすこととなった。

　こうした背景のなか、アフリカ系アメリカ人にとってアメリカ社会は変化
の兆しを見せようとしていた。アメリカ国内においては、公民権をめぐる
法的な闘争によって、少しずつアフリカ系アメリカ人の権利が認められる
ようになっていった[1]。そして、公立学校における人種隔離をめぐって起
こされたブラウン対トピーカ教育委員会裁判（1954年）で、アメリカ最高
裁は「分離は本質的には不平等」であるという判決を出し、それまでの南
部で人種隔離法の根拠となっていた「分離すれど平等」の考えが覆される
こととなった。

　このように社会が変化の兆しを見せていたにもかかわらず、南部の教
会や牧師のあいだではいまだに社会問題への取り組みに対する関心は低
かった[2]。キング牧師自身、1954年にモンゴメリーのデクスター街バプ

1——1915年の「グウィン
対アメリカ合衆国」裁判で
は、1867年までに投票
権を有していた者とその子
孫以外には、識字テストや
投票税を課す「祖父条項」
（grandfather clause）
を違憲とする最高裁判決が
出された。1944年の「ス
ミス対オールライト」裁判で
は、政党の本選挙にむけて
の候補者を選出する予備選
挙の資格を白人に限定する
党内規則を違憲とする最高裁
判決が出された。1946年
の「モーガン対ヴァージニア
州」裁判では、州と州のあい
だを走るバスにおける人種隔
離を禁止する最高裁判決が
出された。1947年の「パッ
トン対ミシシッピ州」裁判では、
アフリカ系アメリカ人を排除し
た陪審団は、アフリカ系アメリ
カ人の被告を有罪にはできな
いという主張が認められた。

2―デクスター街バプテスト教会のキング牧師の前任であるヴァーノン・ジョーンズ牧師は、公然と行われる差別やアフリカ系アメリカ人女性に対する白人男性による性的暴行への抗議運動を行っていた。あるとき、バスに乗っていたジョーンズ牧師が運転手から白人に席を譲るように命令されたのを拒否し続け、運賃を返されたうえでバスから降ろされた。ジョーンズ牧師は同乗していた他のアフリカ系アメリカ人乗客に、抗議する意味で下車するように懇願したが、誰も行動を共にすることはなく、後日同乗していた女性から「分をわきまえてください」と言われた。

3―M・L・キング『自由への大いなる歩み』岩波書店、1965 年、27-33 頁。

4―同上、98-99 頁。

5―黒崎真『アメリカ黒人とキリスト教』113 頁。

キング牧師

テスト教会に赴任したときの人々の様子について、社会階層に関係なく人種差別問題に無関心であったと記している[3]。中産、上流階層のアフリカ系アメリカ人は経済的な安定が奪われるのを恐れ、貧困層、労働者は人種的な劣等感から差別的な社会構造を変えることに消極的になっていたのである。そして、牧師たちの多くも、アフリカ系アメリカ人を苦しめる問題には目をつむり、天国での報いを説いていただけであった。さらに、運動を展開するうえで必要となる人々の連帯も、市民組織の指導者たちの分派主義と市民の無関心によって達成されることはなかった。

　それでも、各地では地道な活動が繰り広げられ、公民権運動の下地が形成されていった。そのなかでも、もっとも多くの注目を集めたのは 1955 年 12 月に始まったアラバマ州モンゴメリーでのバスボイコット運動である。1 年以上におよんだボイコット運動の持続を可能にしたのは、社会的背景の相違を超えたアフリカ系アメリカ人市民の連帯であった。奴隷制廃止以降のアフリカ系アメリカ人社会は学歴や収入などによって社会階層化し、その違いが教派や居住区の違いとなって表れていた。しかし、それまで不可能に見えた社会変革への機運の高まりのなか、「自由と人間的尊厳のための共同の闘い」という共通の目標のもとに、分断されていた南部のアフリカ系アメリカ人のあいだに連帯が生み出されたのである[4]。そして、この連帯の中心として、異なる社会的背景をもつ人々をつなぎとめたのが教会であった。モンゴメリーでのバスボイコット運動以降、黒人教会は公民権運動のなかで「社会的変革のための戦略的拠点」[5]として重要な機能を果たすようになっていった。

　このことを象徴的に表しているのが、モンゴメリーのバスボイコット運動の勝利の直後に発足した南部キリスト者指導者会議 (Southern Christian Leadership Conference, SCLC) である。社会変革の機運の高まりのなかで発足した SCLC は、NAACP の活動に代表されるようなそれまでの法的な闘争だけでなく、大衆を動員することによって公民権を獲得することを目的とした。そのため、SCLC はひとつの組織として運動を展開するのではなく、統括的な団体として南部各地の地域レベルでの運動を

第 3 節　公民権運動とブラック・パワー運動

支援するために、さまざまな団体との連係の調整を行った。しかし、実際には黒人教会における公民権運動に対する立場はさまざまであり、キング牧師のように政治的な問題に直接関わろうとする立場はむしろ少数派であった[6]。

　1964年7月、公民権法に関する法案が成立し、1965年8月には識字テストなどで投票権を剥奪することを禁止する投票権法が成立した。さらに、9月には就学や雇用などにおける機会を平等にすることを保障するアファーマティブ・アクションが実施された。これらの新しい法案の成立によって、公民権運動はひとつの頂点を迎えた。1950年代から盛り上がってきた大衆の直接行動による運動が大きな成果をあげたことは、アフリカ系アメリカ人にアメリカへの希望を与えるものとなったといえるだろう。法的な平等とそれに対する保障を求めて闘ってきた者にとって、これらの一連の法的な刷新は歴史的な勝利を意味した。そして、公民権運動の勝利は、教会においては神の歴史への介入として受け止められたといえるだろう。

　しかし、こうした輝かしく見える公民権運動の成果の陰で、運動の戦略として用いられてきた非暴力と市民的不服従による直接行動は成果を出すのに時間がかかるとして、若者を中心に不満が表れるようになっていった。都市部に住むアフリカ系アメリカ人たちは、ゲットーから抜け出すことが困難であり、彼らの経済的状況は悪化する一方だったからである。このようななかで、1964年から1967年にかけて、アフリカ系アメリカ人による暴動が都市部で起きた。

　都市部での暴動が意味するのは、南部との社会状況の違いである。公民権運動によって南部のアフリカ系アメリカ人が獲得した権利は、北部や西部の都市部ではすでに認められていた。都市部に住むアフリカ系アメリカ人にとって問題だったのは、雇用や居住区といった構造化された人種差別であり、それによって解決されずにきた貧困問題だった。つまり、これらの暴動によって、キング牧師の思想と都市部の貧困層の意識の乖離が明確にされたのである。そして、このような事態にあって、非暴力を

6　このことを象徴的に表したのが、1961年にNBC（全国バプテスト協議会）から分離した牧師たちによるプログレッシブ・ナショナル・バプテスト・コンベンション（Progressive National Baptist Convention, PNBC）の設立である。NBCの議長を務めていたジョセフ・ジャクソンは公民権運動に否定的な見解を示し、NBCを組織として公民権運動に参加させなかった。1960年の議長選の際に、社会問題に関わることを重視した牧師たちはガードナー・テイラー牧師を候補に立てたが不当な議事によって選挙に敗れた。その結果に反対してNBCから追放され、あるいは、自らの意志で組織を去っていった牧師たちはPNBCを組織し、キング牧師の運動を支持していった。

掲げてきた公民権運動の指導者たちは、不満に憤る人々のために有効な
対策を生み出すことができなかった。

　一方、黒人教会の指導者と共に公民権運動に関わってきた学生の団
体である学生非暴力調整委員会 (Student Non-violent Coordinating
Committee, SNCC) は、自己防衛のための暴力を肯定する姿勢を取るよ
うになり、両者は訣別の道をたどっていった。1966 年 SNCC のリーダー
であったストークリー・カーマイケルは、集会のなかで「ブラック・パワー」
という言葉を叫んだ。ブラック・パワーとは、既存の権力構造に適応する
よりも、アフリカ系アメリカ人が自己決定権を握れるような構造を生み出
す必要があるという思想である。このような背景から、NOI は、ブラック・
ナショナリズムを基盤とした教義によって、都市部のアフリカ系アメリカ人
の多くの若者への影響力をさらに増していった。

NOI
（ネイション・オブ・イスラーム）

　第二次世界大戦以降の公民権運動の高まりのなかで、黒人教会はそ
の中心的な役割を担うようになっていった。しかし、上述のように、北部
の都市部では、公民権運動が解決しようとした法的な事柄ではなく、雇
用や就学、住環境における差別や、その端緒ともいえる貧困が問題となっ
ていた。そうした北部での状況下で、アメリカ社会を痛烈に批判し、また、
それまでアフリカ系アメリカ人社会の中心であった黒人教会とは異なる価
値観によって人々を惹きつけたのが、NOI であった。

　NOI がここまで大きな影響力をもつようになったのには、いくつかの要
因があげられる。ひとつ目は、前述した NOI の独特の教義である。その
独特の教義は、アフリカ系アメリカ人の置かれた状況や問題に言及するこ
とを可能にした。特に、ファラカンは教義の解釈にも幅をもたせることで、
アフリカ系アメリカ人社会の課題やアメリカの政局に対して柔軟に発言し
てきた[7]。たとえば、ジェシー・ジャクソンが民主党の大統領予備選挙で
形勢不利になったときには、アメリカの崩壊を強調して終末を警告した。

7 ― 山下壮起「ルイス・ファ
ラカンの政治的非一貫性
――1984 年 と 2008 年 の
アメリカ大統領選挙から」『一
神教世界』第一巻、45-47
頁。

その一方で、バラク・オバマが大統領選に出馬したときにもアメリカの終末的危機について語ったが、それはオバマを救世主の再臨を伝える使者とする融和的なものだった。

二つ目は、地域に根差した活動を展開したことである。都市部を中心に布教していたNOIにとって、貧困やそれに起因する犯罪や薬物の蔓延は避けることのできない問題であった。それゆえに、黒人教会が示した道徳戦略以上に厳格な規律を教団信徒に求めたが、それは都市部の諸問題のなかで道徳的規範を満たせない者を切り捨てずに手を差し伸べるためだった。そして、それらの問題のなかで苦しむ人々に対して、NOIの教義をとおして人種的な誇りを高めることで、自らの存在に価値を見出せるように導いた。

そして、三つ目は、黒人キリスト教会が実践できなかったことを、いとも簡単に行ったということである。つまり、アフリカ系アメリカ人の尊厳を取り戻すだけでなく、白人社会の偽善や欺瞞を暴くことによって、彼らを苦しめる社会構造を批判したのである。とりわけ、NOIのカリスマ的指導者だったマルコムXの突出した演説の力は、NOIの影響力拡大に貢献しただけでなく、後のブラック・パワー思想にも大きな影響を与えた。また、NOIはその設立当初から北部を中心に寺院を増やしていったために、南部とは異なる北部特有の人種問題に取り組んできたこともひとつの要因だろう。キング牧師らのSCLCは南部の牧師たちによって南部の問題解決のために構成されたものであるがゆえに、そこで採られた戦術や思想が北部で通用するとは限らなかったわけである。

ブラック・パワーへの
呼応

1960年代中ごろから公民権運動の退潮とブラック・パワー運動の隆盛によって、黒人教会は求心力を低下させていた。このような状況に危機感を抱いたアフリカ系アメリカ人聖職者のなかから、ブラック・パワーを教会に積極的に取り込んでいこうとする動きが生まれた。この動きのなかか

ら、北部の黒人教会の有力な牧師たちを中心にして立ち上げられたナショナル・カンファレンス・オブ・ブラック・チャーチマン（National Conference of Black Churchmen, NCBC）が、1966 年 7 月 31 日にニューヨークタイムスの広告欄の 1 ページ全面に、「ブラック・パワー声明」（Black Power Statement）を発表した。大衆に向けて発表されたこの声明が批判の対象としたのは白人聖職者とアメリカの体制であった[8]。声明は、「白人聖職者がキリスト教的な愛の誤った解釈を道徳化し続ける限り、この国の正義は覆されたままだろう」と述べている[9]。

ブラック・パワーという言葉を冠した黒人教会によるこの声明は、白人社会に大きな衝撃を与えた。この声明が出された背景には、白人リベラルたちが、公民権運動における黒人教会の「汝の敵を愛せ」という姿勢に満足し、白人たち自身が生み出した差別の問題に積極的に関わろうとしてこなかったという状況がある[10]。アフリカ系アメリカ人牧師たちをここまで動かしたのは、なんら変化のない現状に対して反乱を起こしたアフリカ系アメリカ人コミュニティと、ブラック・パワー運動に関わろうとしないならば、黒人教会は意味をもたないという SNCC やブラック・ナショナリストの組織による訴えだった[11]。

メインライン教派に属するアフリカ系アメリカ人牧師やその信徒たちの連帯を生み出したこれらの動きは、アメリカのキリスト教内部に長年にわたって制度化されてきた人種差別に対する反動であった[12]。NCBC に所属していた牧師の多くは、長老派や聖公会など白人が多数派を占めるメインラインの教派に属し、その教派内でアフリカ系アメリカ人だけの幹部会を組織することができなかったからである。白人主流のメインラインの教派におけるアフリカ系アメリカ人牧師たちの問題意識が表面化するなかで、ブラック・パワーに呼応する黒人教会の変化が起こったといえるだろう。

また、1960 年代後期から、実際的な問題においてだけでなく、ブラック・パワーを神学的に理解する動きが黒人教会のなかから現れた。1969 年に黒人解放の神学の金字塔ともいえるジェイムズ・コーンの『イエスと黒人革命』（*Black Theology and Black Power*,［1971］）が出版されたが、

8 ― Gayraud Wilmore, *Black Religion and Black Radicalism*, p. 196.

9 ― *New York Times*, July 31, 1966.

10 ― Gayraud Wilmore, *Black Religion and Black Radicalism*, p. 197.

11 ― Ibid, p. 199.

12 ― Ibid, p. 203.

それ以前の NCBC が形成されたころから、キングや SCLC の非暴力運動では、アフリカ系アメリカ人社会の要求に応えられないとの見解が現れていた。デトロイトでは、ブラック・ナショナリスト的背景をもったアルバート・クリージによるシュライン・オブ・ブラック・マドンナ（Shrine of Black Madonna）という教派が生まれた。

　こうした背景から生まれた黒人解放の神学（以下、解放の神学）は、キリスト教神学に大きな影響を与えた。1960 年代後半における黒人解放運動に呼応する形で、黒人教会は黒人社会の求める自由と解放に向けて変貌していった。黒人教会の非暴力による抵抗手段や「汝の敵を愛せ」といった態度に、解放運動の指導者たちから批判が起きていたからである。そして、教会から人々が離れていくという現象を目の当たりにしたとき、黒人教会の指導者たちは危機感を覚えたのである。また、アフリカ系アメリカ人社会の要求や感情の変化に対応するためにも、黒人教会からの新しい神学的見解が必要だった。

　NCBC による働きは、社会的福音の影響を受けたキング牧師らによって取り戻された奴隷制時代のアフリカ系アメリカ人のキリスト教信仰に立つ抵抗の精神を継承している。そして、解放の神学は解放をめざす黒人教会の伝統を神学的に展開するものである。しかし、そうした動きがバプテスト派や AME 教会といったアフリカ系アメリカ人の創設した教派からではなく、白人が主流のメインライン教派から生まれたことは注目に値する。その背景に黒人教会内におけるヒエラルキーや白人主流教派内の人種差別があったという点で、教派内の差別構造から分離して AME 教会が誕生した状況との共通点が見出せる。一方、有力なアフリカ系アメリカ人の教派は保守的な価値観をいだくようになり、そこから革新的な運動が生まれることはなかった。

黒人教会の
求心力の低下

　公民権運動によって勝ちえた差別是正措置法は、アフリカ系アメリカ

人に教育や雇用などの門戸を開くこととなり、中産階層が増加していった。一方で、それは中産階層と貧困層の二極化を引き起こし、黒人教会にも大きな変化をもたらした。黒人教会は公民権運動以降も社会や政治の諸問題に強い関心を抱いてきたが、それらに対する取り組みでは以前ほどの役割を担えなくなっていた。その要因のひとつとして、信仰の私事化があげられる。中産階層化したアフリカ系アメリカ人にとって信仰は個に関するものであり、アフリカ系アメリカ人社会の直面する問題の社会的な解決と宗教的な救済は、公民権運動時代のようには結びつきにくくなっているのである [13]。

1999 年から 2000 年にかけて行われた 2 千近くの黒人教会を対象にした調査から、社会正義とアフリカ系アメリカ人の社会問題、経済問題がそのおもな関心であることが明らかになった [14]。しかし、そうした諸問題に対する教会の求心力が低下している。教会は、奴隷制時代には奴隷制からの解放への希望を語り、奴隷制廃止以降には社会正義の実現に向けて声を上げ、公民権運動の最盛期はその中心を担っていた。ところが、公民権運動以降の黒人教会はアフリカ系アメリカ人社会の直面する社会的、経済的問題に関心を抱きつつも、その存在感が低下しているといわざるをえないのが現状である。アフリカ系アメリカ人社会において貧困や差別は依然として存在しており、貧困層にとっては深刻な問題である。しかし、中産階層化したアフリカ系アメリカ人にとって、これらの問題は自分自身と直接関係する喫緊の問題ではなくなりつつある。また、公民権運動以降にはアフリカ系アメリカ人の政治参加が一気に加速し、それに伴って増加したアフリカ系アメリカ人の政治家たちに社会や経済の問題は一任されるようになった。

このように貧困や差別といった問題が継続、深刻化するなかで、それらの問題に直接的に関わろうとする運動における教会の存在感は薄れていった。黒人教会は、公民権運動以降に変化したアフリカ系アメリカ人社会のなかで置き去りにされていった貧困層や労働者の失望や怒りの受け皿として機能することができなくなったといえる。そうした黒人教会と対

---

13 ― Anthony B. Pinn, The Black Church in the Post-Civil Rights Era, pp. 28-29.

14 ― R. Drew Smith, "Assessing the Public Policy Practices of African American Churches" in Long March Ahead: African American Churches and Public Policy in Post-Civil Rights America, ed. by R. Drew Smith (Durham, NC: Duke University Press, 2004) pp. 11-17.

照的なのが NOI である。1970 年代終わりごろにルイス・ファラカンを新たな指導者とした NOI は、アフリカ系アメリカ人社会のなかでブラック・ナショナリズムの中心として再び台頭し、社会問題への言及や地域に根ざした活動をとおしてアフリカ系アメリカ人社会への影響力を増すようになっていった[15]。

　NOI の台頭の背景にあるのは、貧困や差別の問題だけではない。多くの黒人教会がインナーシティの諸問題に有効な解決策を打ち出せないなかで、真っ向からアメリカ社会における人種問題を批判し、アフリカ系アメリカ人社会を代弁する組織が他にはないのである。ファラカンが再建した NOI は、機関紙『ファイナル・コール』(Final Call) や地域でのクルミパイ販売といった地道な活動や、信徒からの献金、またリビアからの多額な献金によって、他に頼らずに教団を運営する資金力を維持してきた[16]。その自立した経済基盤によって、他から拘束を受けることなくアメリカ社会の謳う自由と平等の虚構を批判し続けることが可能となっていた。

　一方で、公民権運動以降に都市部での暴動や自己防衛としての実力行使を容認する思想が若者の運動に見られるようになったことは、教会の権威が試されたことを意味する。その挑戦に対して、コーンに代表されるアフリカ系アメリカ人神学者たちはブラック・パワーの神学を構築しようと試みてきた。しかし、その思想は、黒人教会全体において幅広く受容されてきたわけではなかった。

　公民権運動以降のアフリカ系アメリカ人社会の分断のなかで、教会に希望を見出せない層の受け皿となったのが、NOI をはじめとするブラック・ナショナリスト的な宗教であった。それらの新しい宗教はキリスト教に代わるオルタナティブとして、教会に救いを見出せない人々を代弁する声となっていった。

　これらの宗教組織がアフリカ系アメリカ人の主流社会のオルタナティブとなったように、若者たちは怒りや失望、不満などを吐き出す場をヒップホップに見出していったと考えられる。そして、そのような思いを抱くヒップホップ世代を受け止めず、むしろ批判してきた教会との関係のなかで、

15 ── NOI は 1975 年の指導者イライジャ・モハメッドの死後、後継者となった息子のワリス・モハメッドによって方向転換を見せた。ワリスは、それまでの教団の教義を否定してスンナ派の信仰を表明し、教団名もワールド・コミュニティ・オブ・アル・イスラーム (World Community of al-Islam) をへてアメリカン・ムスリム・ミッション (American Muslim Mission) に変更した。NOI の信徒自身も中産階層化したために、それまでのアメリカとの対決姿勢から転換し、分離主義的教義を排除しながらイスラームとしての宗教性を純粋に強調することで、アメリカ社会に受け入れられることが必要だったからだと考えられる。ファラカンは、このワリス・モハメッドの方針に反対して、NOI の再建に着手したのである。ファラカンはイライジャ・モハメッドの教義に立つ NOI を再興し、自由と平等を謳うアメリカ社会を批判した。一方、1984 年のジェシー・ジャクソンの大統領選の出馬をきっかけに、以前の NOI では禁じられていた政治的行動への参与を奨励するようになっていった。また、ファラカン自身、アフリカ系アメリカ人社会に関係する政治や経済問題について、積極的な発言を行っていった。しかし、それらの社会的な発言だけでなく、各地に建てられた教団の寺院をとおして、貧困やそれを端緒とする薬物問題やギャングの抗争の仲裁などに取り組む活動をも展開していった。

16 ── Martha F. Lee, The Nation of Islam: An American Millenarian Movement (Syr-

第 2 章
The Roots ──アフリカ系アメリカ人の歴史と宗教

acuse, NY: Syracuse
University Press, 1996),
pp. 88-89.

ヒップホップをとおして教会の権威が問われるようになっていった。それは、同時に、救いの道が閉ざされたのかという問いにもつながっていった。反社会的な生活を余儀なくされた貧困層、また、平等や自由が幻想としか思えない若者たちにとって、自分たちを分断する教会に救いを求めることは困難である。それは、教会に救いを見出せない層の受け皿となったブラック・ナショナリスト的宗教運動の思想やレトリックがヒップホップにおいて見受けられることにも表れている。

　教会が自らを救いの権威と位置づけるならば、教会に否定されるヒップホップ世代は救いを否定されたことになる。しかし、救いを必要とする人々を否定する教会にその権威はあるのかという問いが、ヒップホップ世代のなかに生じたのである。教会の堕落や内向的・保守的な体質への批判がなされる一方で、ヒップホップ世代自らがヒップホップをとおして、救いについて論じるようになっていった。

第3節　公民権運動とブラック・パワー運動

コラム 1

新しい霊性
ネオ・スピリチュアリティ

──アフリカ系アメリカ人社会と宗教の多様性

　私は、1999年8月から2000年7月まで
高校の交換留学プログラムで、アラバマ州モ
ンゴメリーでアフリカ系アメリカ人のホストファ
ミリーと共に1年間を過ごした。その滞在期
間中に、父の友人の妻であるアフリカ系アメ
リカ人女性の死をきっかけとして、ジョージア
州アトランタにあるモアハウス・カレッジへの
留学を決意した。そして、無事に入学するこ
とが決まり、2001年1月に渡米、2004年
12月に卒業し、2006年の夏までをアトラン
タで過ごした。

　この本で取り扱っているヒップホップの宗
教性という研究テーマは、約7年にわたるア
フリカ系アメリカ人社会での経験と切り離して
考えることはできないものだ。また、それら
の経験をとおしてヒップホップに関する論文
を読んだときに、自らが出会ったアフリカ系
アメリカ人の若者の生活や現実とのあいだに
ズレを感じることがしばしばあった。かといっ
て、私が見たこと、感じたことすべてが、ア
フリカ系アメリカ人社会全体に通じるものとは
言い切れないのは自明のことだ。それぞれの

地域には差異があるだろうし、私がアメリカ
に滞在していたのはいまから10年以上も前
のことであり、現在のアフリカ系アメリカ人の
若者の状況は当時とは異なる面も多くあるだ
ろう。それに、私の経験をとおしてアフリカ
系アメリカ人社会全体を一般化して語れるわ
けではないし、固定化した見方をもってほし
くはない。

　ここに私が体験してきたことを記すのは、
本書の内容をより立体的に、より肉感的に受
け取ってもらうためである。あるいは、本論
を読んで疲れたときの箸休め、インタールード
（間奏曲）のようなものとして読んでもらえる
とありがたい。

　さて、モアハウス・カレッジ、また、アトラ
ンタでの体験を語るだけでも1冊の本を書く
ことができるが、ここでは宗教という点につ
いて記したいと思う。

　第2章でも紹介したように、南北戦争後
にはいくつもの教派が宣教の働きとして南部
のアフリカ系アメリカ人のために学校を創っ

た。それらの大学は「歴史的に黒人の大学」（Historically Black College and University）、略して HBCU と呼ばれ、南部を中心にアメリカ各地に存在する。そして、モアハウスもバプテスト派の教会による宣教の働きのなかから、アフリカ系アメリカ人男子を聖職者と教師として養成する目的で 1867 年に創立された。そして、1906 年に学長となったジョン・ホープが学内改革を行い、さまざまな分野の教育を充実させ、リベラルアーツの男子大学として順調に学生数を増やしていくこととなった。

また、モアハウスは隣接する土地に建てられたスペルマン・カレッジという女子大学とアトランタ・ユニバーシティという大学と共に 1929 年から大学コンソーシアムを形成し、アトランタ・ユニバーシティ・センター（Atlanta University Center、略して AUC と呼ばれていた）と名づけられた。その後、1957 年にクラーク・カレッジ（後にアトランタ・ユニバーシティと合併して Clark Atlanta University となる）とモリス・ブラウン・カレッジ（Morris Brown College、コラムの冒頭で紹介したアフリカ系アメリカ人女性もこの大学を卒業している）、1959 年に ITC（Interdenominational Theological Center）という複数の教派の複合した神学校、そして、1983 年にモアハウス医科大学という同じエリアに建てられた HBCU の大学が AUC に加盟することとなった。

そんな歴史をとおして、モアハウス・カレッジをはじめ、AUC の諸大学は数多くのアフ

リカ系アメリカ人のリーダーを輩出してきた。モアハウスのもっとも有名な卒業生は、キング牧師だろう。他にも、モアハウスの卒業生では、アトランタで最初のアフリカ系アメリカ人市長となったメイナード・ジャクソン、キング牧師と共に公民権運動を率いたジュリアン・ボンドなどがいる。また、私の 1 年上の学年で学生自治会長だったランドール・ウッドフィンは、2017 年 10 月に行われたアラバマ州バーミンガム市長選に勝利している。一方で、文化面においては、映画監督のスパイク・リーや俳優のサミュエル・L・ジャクソン、映画『ドゥ・ザ・ライト・シング』でレディオ・ラヒーム（Radio Raheem）役を演じたビル・ナンがいる。また、ヒップホップ・デュオ Gangstarr（ギャングスター）のラッパーである Guru（グールー）、スポークン・ワードのアーティストである Saul Williams（ソウル・ウィリアムス）やロックバンド Maroon 5（マルーン・ファイブ）のキーボード奏者の PJ Morton（ピージェイ・モートン）、ヒップホップグループ The Roots（ザ・ルーツ）のギタリストである Martin Luther McCoy（マーティン・ルーサー・マッコイ）もモアハウスの卒業生である[1]。また、アシッドジャズやファンクのグループとして知られる Brand New Heavies（ブランニュー・ヘヴィーズ）のボーカルである N'Dea Davenport（エンディア・ダヴェンポート）がクラーク・アトランタに在籍していたのは、Guru がモアハウスにいた時期と重なっており、学生時代からの知己であった。名盤 Jazzmatazz で二人が共演し

1 ― その他にも、ラッパーの Killer Mike（キラー・マイク）はモアハウスに入学したものの 1 回生のときに退学している。また、歌手 Janelle Monáe（ジャネル・モネー）の音楽プロジェクト Wondaland（ワンダランド）のマネージャーをしている Mikael Moore（マケル・ムーア）は私が 1 回生のときに寮の廊下の向かい側の部屋に住んでいたし、Wondaland のメンバーでもあるデュオ、Deep Cotton（ディープ・コットン）の二人 Nate Wonder（ネイト・ワンダー）と Chuck Lightning（チャック・ライトニング）もモアハウスの卒業生であり、Mikael といつもつるんでいた。

た When You're Near が AUC での学生時代の延長にあると思うと感慨深いものがある。

　AUC での学生生活では、アフリカ系アメリカ人の社会階層や思想の多様性を見ることができた。祖父や曾祖父から代々モアハウスの卒業生であるという学生もいれば、家族・親戚のなかで初めて大学に入学したという者もいた。また、学生の出身も南部だけでなく、東海岸、中西部、西海岸、さらには、アフリカやカリブ諸島の国々におよんだ。学生の多様性は社会階層や出身だけでなく、宗教や宗教に対する姿勢にも見られた。多くの学生はキリスト教の背景で育っただろうし、それぞれの家庭で属している教会の教派はバプテスト派や AME 教会、COGIC などさまざまだろう。一方で、学生のなかにはムスリムの学生も少数ではあるが、一定数は存在していた。入学当初に留学生課で出会った 4 回生の東海岸出身の学生は、両親がもともと NOI の信者だったが、その後スンナ派に改宗したと言っていた。本人はイスラームを信仰していないとのことだったが、彼のように親が NOI からスンナ派に改宗したという者が何人かいた。それは、まさに第 1 章に記したイスラームの変遷に重なるものである。

　ムスリムの学生たちはムスリム学生の会（Muslim Student Association）を組織していて、ムスリムにとっての特別な日である金曜日には学校の教室を借りて一緒に礼拝をしていた。私も友人のムスリムの学生に誘われて、その金曜日の礼拝に参加したり、ラマダーン月の夕食会にお呼ばれされて、おいしい食事にありついたりしたこともあった。また、ムスリムの学生との交流から、フィラデルフィアに大きなムスリムのコミュニティがあり、アフリカ系アメリカ人の若者にも大きな影響を与えていることがうかがえた。というのも、当時はフィラデルフィア出身でムスリムでもあるラッパーの Beanie Sigel や Freeway が Roc-A-Fella Records（ロッカフェラ・レコーズ）からデビューしたころであり、同じフィラデルフィア出身の学生が Beanie や Freeway のようにひげをたくわえていたことにはイスラームの影響が垣間見えた。

ウェスト・エンド（著者撮影）

　一方で、アトランタにもムスリムのコミュニティがある。モアハウスの近くのウェスト・エンド（West End）という地区にも、マスジッド（West End Community Masjid）というムスリム寺院があった（地図①）。このマスジッドは、H・ラップ・ブラウンあらためイマーム・ジャミール・アラ

092

コラム
1

ミーンによって、モアハウス・カレッジから西に歩いて20分ほどのところに創設された。彼はSNCCの元メンバーであり、SNCCがキング牧師と袂を分かった後にブラック・パンサー党と連合していた時期にも重要な役割を担った。そして、強盗容疑でアッティカ刑務所に収容されていたときにイスラームに改宗し、出所後にウェスト・エンドにモスクを創設した。

そんなアフリカ系アメリカ人の活動家によってマスジッドが創設されたのがウェスト・エンドという場所だったのは偶然ではなかったと推察される。というのも、このウェスト・エンドという場所は、20世紀に誕生したアフリカ系アメリカ人のさまざまな新宗教が共存している場所だからだ。そして、これらの諸宗教こそ、第2章で記したような伝統的な黒人教会の保守的な側面へのカウンターとして誕生したものである。もともと、ウェスト・エンドは裕福な白人の居住区だったが、1960年代後半には住民の大多数がアフリカ系アメリカ人によって占められるようになった。おそらく、それ以降にアフリカ系アメリカ人の新宗教を信奉する人々がコミュニティを形成するようになっていったと考えられる。

モール・ウェスト・エンドの南側を走るアバナシー通り沿いの西隣には、ソウル・ベジタリアン・レストラン（Soul Vegetarian Restaurant）がある（地図②）。これは、ブラック・ヒーブルー・イズラエライト（Black Hebrew Israelites）によって経営されているビーガン料理を提供するレストランだ。ブラック・ヒーブルー・イズラエライトとは、自らをエジプトに捕えられたイスラエル人に重ねた奴隷制時代のアフリカ人の聖書理解のな

かから、自分たちは古代イスラエル人の子孫であると考えた人々によって生まれた新宗教である。この聖書理解から、ブラック・ヒーブルー・イズラエライトに分類されるいくつかのグループが現れたが、ウェスト・エンドにあったグループはアフリカン・ヒーブルー・イズラエライト・オブ・エルサレム (African Hebrew Israelites of Jerusalem) であり、1960年代終わりごろから「エクソドス (Exodus)」(脱出：旧約聖書の『出エジプト記』の英題でもある) としてイスラエルへの移住を始めてもいる。ちなみに、Kendrick Lamar (ケンドリック・ラマー) が2017年にリリースした DAMN には、ブラック・ヒーブルー・イズラエライトの影響が見られる。Yah (このタイトルもヘブライ語での神の名であるヤーウェを思い起こさせる) では、"I'm a Israelite/Don't call me black no mo'" (俺はイズラエライトだから、もう俺のことを黒人と呼ぶな) と

マルコムXフェスティバル
（著者撮影）

ラップしている。また、同アルバム収録の Fear の冒頭と終盤には、いとこの Carl Duckworth (カール・ダックワース) からのボイスメールが使われているが、彼自身ブラック・ヒーブルー・イズラエライトであり、そこでは申命記28章28節を用いながらアフリカ系アメリカ人の窮状が説明されている。

さて、ソウル・ベジタリアン・レストランからアバナシー通り沿いに西にわずか150mほど歩くと、シュライン・オブ・ブラック・マドンナ (地図③) にたどり着く。シュライン・オブ・ブラック・マドンナは、第2章にも記したが、1955年にデトロイトで誕生した教会であり、これはその支部として1975年に建てられた教会である。この教会の礼拝堂の正面にはイエス・キリストの母マリアをアフリカ人女性として描いた大きな絵がある。また、教会には本屋が併設されており、アフリカ的霊性についての本からア

094

コラム
1

フリカの歴史や文化、文学など、さまざまな書籍を手にすることができる。さらには、奴隷制やリンチについて展示したアフリカン・ホロコースト博物館やアートギャラリーも常設されている。

また、シュライン・オブ・ブラック・マドンナから800mほど先に、サンコファ合同教会（Sankofa United Church of Christ）（地図④）という教会の会堂が10年ほど前に建てられた。それは私が帰国してからのことだが、N'COBRAという奴隷制におけるアフリカ系アメリカ人への賠償請求運動の組織に関わっている弁護士がこの教会に通っていたことから名前は知っていた。本コラムの執筆のためにウェスト・エンドの地図を見ていたときにサンコファ合同教会の名前を発見し、ホームページに記された歴史を見るとサンコファ合同教会がウェスト・エンドエリアに会堂を構えたのもすぐに納得できた。

サンコファ合同教会はウェスト・エンドのエリアに移転する以前は、AUCの中心を貫くジェイムズ・P・ブロウリー通りにあるラッシュ・メモリアル合同教会（Rush Memorial United Church of Christ）を間借りして礼拝をしていた。サンコファ合同教会の創設には、以前バラク・オバマが信徒として所属していたトリニティー合同教会（Trinity United Church of Christ）で当時牧師を務めていたジェレマイア・ライトをはじめとするアメリカ合同教会に所属するアフリカ系アメリカ人の牧師たち、さらに、アフロセントリズムに立つ心理学者のエイサ・ヒリアードや社会学者の

イーヴァ・カラザーズらが関わっていた。

さらに、サンコファ合同教会が間借りしていたラッシュ・メモリアル合同教会は、AUCのなかにあったことから、公民権運動の時代にはアトランタにおける学生運動のひとつの拠点としても大きな役割を果たしていた。当時の主任牧師だったジョセフ・ブーンは学生たちに教会の施設や敷地を提供し、その後もさまざまな社会貢献を行ったことが認められ、2008年にはAUCから北に1kmほどのところにあるシンプソン通りが彼の名前をとって改称された。

サンコファとはガーナのアカン族の言葉で「前に進むために、過去に遡って取り戻す」という意味である。そして、後ろを振り返った鳥がそのシンボルとして用いられている。そうしたことを考えると、サンコファという教会名には公民権運動時代からの課題に立ち向かっていくためにアフリカ的なスピリチュアリティを取り戻すというビジョンが反映されているのだろう。それゆえに、アフリカ的なスピリチュアリティを重視するサンコファ合同教会にとって、ウェスト・エンドという地域は会堂を構えるのにうってつけの場所だったのかもしれない。

ウェスト・エンドの風景を思い起こせば、そこにはドレッドロックの髪を束ねたラスタファリアンが政治や社会の問題について語り合いながら歩く姿や、ネイション・オブ・イスラームの信徒の男性が「アッサラーマレイコム」（アラビア語で「あなたに平安があるように」という意味）と言ってあいさつをしながら、教

団機関紙である『ファイナル・コール』やビーン・パイを勧めてくれる様子が浮かんでくる。向こうから歩いて来るラスタのおじさんが、当時長髪だった私の髪を見て勝手に仲間と認めてくれたのか、何も言わずにダップ（拳を突き合わせるあいさつ）をして敬意を表してくれたこともあった。また、元ドラッグの売人だったという NOI の信徒と顔見知りになったが、最初に会ったとき「お前は日本人か？ イライジャ・モハメッド師は、世界の終わりのときに日本人がアメリカに来て黒人を助けてくれると言ってるからお前は俺の仲間だ」と言っていたのが印象的だった。

ちなみにイライジャ・モハメッドは、エゼキエル書 1 章 15-18 節に登場する車輪を UFO に見立てる聖書解釈を残している。そして、その UFO を操縦しているのが日本人だというのである。こうした解釈の背景には、1950〜60 年代の SF の影響があるのかもしれない。また、日本人がアフリカ系アメリカ人の救済神話に出てくるのは、日本が大東亜共栄圏を謳って西洋人と戦ったという理解にもとづいているのだろう。さらには、1930 年代から第二次世界大戦にかけて、デトロイトのアフリカ系アメリカ人コミュニティで活動した中根中という日本人の影響も考えられる。1930 年代のデトロイトといえば、まさに NOI が誕生して信徒を増やしていた時期である。そのデトロイトのアフリカ系アメリカ人コミュニティにおいて人々を惹きつけた日本人が NOI になんらかの影響をおよぼしたことは十分にありえる（中根中については、出井康博『黒人に最も愛され、FBI に最も恐れられた日本人』（新潮社、2008 年）に詳述されている）。

また NOI といえば、3 回生のときに、ルイス・ファラカンがモアハウスの隣のクラーク・アトランタ大学の体育館を会場にして、講演に来たことがあった。興味本位で行ってみると、NOI の信徒や地元の人だけでなく、学生がわんさか来ていた。そもそも、私がその講演を聴きに行ったのも、「今日、ファラカンが来てるらしいぞ」と友人が教えてくれたからだ。クラーク・アトランタの体育館に向かう学生の多さは、そこでいまからバスケットボールの試合が行われるのかと思わせるほどの規模だった。このことは、ファラカンがどれだけの影響力をもっているかを肌で感じる体験であった。一方で、ファラカンの講演が終わってから、教団の資金集めのためのオークションのような献金の仕方には度肝を抜かれた。しかし、このようにして集められる資金があるからこそ、アメリカに対して歯に衣着せぬ

『ファイナル・コール』
（著者撮影）

発言を続けることができるのだ。

　ウェスト・エンドはアフリカ系アメリカ人の宗教の多様性にじかに触れることができた場所であるが、それらの多様な宗教の共存を象徴していたのが、アフリカン・ジェリ文化センター（Afrikan Djeli Cultural Center）というイベントスペースである。現在はウェスト・エンド駅から南に行ったところに移転したようだが、当時はモール・ウェスト・エンドの向かいのアバナシー通り沿いにあった（地図⑤）。そこでは、アフリカン・ドラムや踊りの教室が定期的に開かれ、アフリカ文化、奴隷制への賠償問題、アフリカ系アメリカ人の健康に大きな影を落としているエイズの問題などさまざまなテーマについての講演会が催されていた。そこには、ムスリム、ラスタファリアン、ブラック・ヒーブルー・イズラエライト、シュライン・オブ・ブラック・マドンナのメンバーなどさまざまな人が集まっていた。また、ヒップホップ・ヘッズとして個人的にアツかったのは、アフリカン・ジェリでの講演会に行ったときに、元 Public Enemy の Professor Griff（プロフェッサー・グリフ）に何度か出会ったことである。ユダヤ人への差別発言が問題となって Public Enemy を脱退してから、アトランタに住むようになったみたいだ。そんなところにアジア人がひんぱんに顔を出せば目立ったのだろうか、こっちの顔を覚えてくれるようになり、会釈をすると握手をしてくれたこともあった。

　さらに、ウェスト・エンドの多様性は、毎年5月19日のマルコム X の誕生日に近い土曜日と日曜日にウェスト・エンド・パーク（地図⑥）で開催されていたマルコム X フェスティバル（Annual Malcolm X Festival）にも象徴されている。ステージでは地元のアーティストたちがパフォーマンスを行い、公園のいたるところに設置された露店では、お香やシア・バター、ダシーキ、ケンテ生地、書籍などさまざまなものが売られていた。フェスティバルに来る人は、ダシーキやアフリカの民族衣装を身にまとう者もいれば、ドレッド・ロックスをした者、きれいに髪を編み込んだ者など、さまざまであった。あるいは、RBG（Red Black Green というアフリカを象徴する色の頭文字であるが、Dead Prez（デッド・プレズ）はそこに Revolutionary But Gangsta という新しい意味をつけ加えた）のリストバンドやヘッドバンドをした者などもいた。

　アフリカン・ジェリやマルコム X フェスティバルでの友好的な雰囲気に象徴されるように、私自身、ウェスト・エンドにおいて宗教間の対立を感じることはなかった。このことは、ウェスト・エンドに存在する多様な宗教を信仰する人々が、アフリカ系アメリカ人の解放と社会的な向上をもっとも重要な課題と認識しているからだといえるだろう。そして、ウェスト・エンドにおけるアフロセントリックな地域共同体の空気感を維持していくことを大切に考えているからだろう。そんな彼らの共通した目的が、異なる信仰をもつ人々をひとつにまとめ、多様な宗教の共存を可能としているのかもしれない。

　また、これらの宗教がそれぞれにもってい

る施設や活動は、その宗教に属す者だけでなく、ウェスト・エンドというコミュニティに連なる人々の必要を満たしている点で大きな役割を果たしている。たとえば、シュライン・オブ・ブラック・マドンナの書店は大手の書店では取り扱われないような書籍を多く取り揃えることで、地域の人々の知的好奇心に応えているし、『ファイナル・コール』はアフリカ系アメリカ人にとっては、メディアではなかなか取り上げられない情報をもたらす重要なものである。また、ソウル・ベジタリアン・レストランやカリビアン・レストランは最高においしい食事を提供してくれる。それぞれの宗教が地域の人々に対して果たしている役割によって、ウェスト・エンドにおける連帯が生み出されているといえるだろう。

そんな特異な場所に住んでいたことで（地図⑦）、私はアフリカ系アメリカ人の前衛的な、ネオ・アフリカン・スピリチュアリティとも呼べるような宗教性に触れることができた。そこで出会った諸宗教やスピリチュアリティに共通するのは、自分たちのルーツやアフリカ系アメリカ人社会の遺産への誇りを復興し、アフリカを運動の中心に据えることで経済的・政治的独立を獲得しようとする姿勢である。一方で、宗教には人間による営みという側面があるがゆえに、完全に正しい答えを導き出せるわけではない。しかし、自由と解放をめざすこれらの宗教の試みは、単なるセクトや西洋文化への急進的な反動として軽視されるべきではない。なぜなら、これらの宗教は、ウェスト・エンドだけでなくアフリカ系

**Erykah Badu, *Baduizm*
(Kedar/Universal 1997)**

**Talib Kweli & Hi Tek, *Reflection Eternal*
(Rawkus, 2000)**

アメリカ人社会において一定の影響力をもっているからである。

これらの宗教は、アフリカ系アメリカ人社会がアメリカに対して抱く疑問や怒りを代弁するだけでなく、キリスト教に希望を見出せない者にとって、スピリチュアルなニーズを満たすオルタナティブとなっている。アフリカ宗教のシンボルやアフリカ的なものをポジティブに取り入れる諸々の新宗教が示す新しいスピリチュアリティは、既存の宗教や神に対する対話を豊かに広げてきたといえる。アトランタのウェスト・エンドで私が見たのは、そんなネオ・アフリカン・スピリチュアリティの一端だといえるだろう。そのネオ・アフリカン・スピリチュアリティの影響は、1990年代中ごろに登場したネオ・ソウルという言葉で表現される音楽ジャンルにも見られる。そして、そのイメージは Erykah Badu（エリカ・バドゥ）や D'angelo（ディアンジェロ）といったヒップホップ界とも深く通じているネオ・ソウルのアーティストだけでなく、Dead Prez、Common、Talib Kweli（タリブ・クウェリ）といったいわゆるコンシャス・ヒップホップに分類されるアーティストによって担われてきた。そして、この新しいスピリチュアリティは、ヒップホップにおける宗教的機能とは無関係ではない。これらの新しいスピリチュアリティも、ヒップホップにおける宗教的表現を生み出すひとつの役割を果たしているのである。

but the false prophets by telling us we born sinners...
see the truth in the thighs of a stripper, the eyes of my nigga

—— Common (Pharoahe Monch feat. Common & Talib Kweli, *Truth* in *Internal Affairs*, Rawkus Records, 1999)

第 **3** 章

預言者を騙る者たちは、俺たちのことを生まれながらの罪人だと言う……
でも、ストリッパーの太ももに真実を見る、俺のツレの眼は

Nuthin' But The Spiritual Thang

ナッシン・バット・ザ・スピリチュアル・

サング

Chapter 3

世俗音楽の宗教性と宗教音楽の限界

第2章では、南北における状況の違いが黒人教会のあり方や信仰理解の多様性を生み出したこと、そして、アフリカ系アメリカ人社会の階層化による分断が黒人教会の信仰の私事化をもたらしたことについて論じた。それは、南北の違いや社会階層にもとづく政治的姿勢の違いゆえに、アフリカ系アメリカ人社会における一致が困難であったことを意味する。一方で、黒人教会は差別との戦いにおいて教会の権威に裏打ちされた道徳的優位性を示す戦略を生み出し、それを切り札としてきた。それは固定化された教理を前提に、教会は神の救いに与る聖なる共同体であるがゆえに、そこに属する者の高い道徳性を担保しているとするものである。しかし、その戦略は教会と道徳性を中心としたものであったため、そこから排除されてしまう者を生み出してしまった。ヒップホップはその声を代弁するオルタナティブとしての機能を担うものである。

　本章の目的は、そのような背景から生まれたヒップホップの宗教的な機能を、ジェイムズ・コーンの世俗的霊歌の理論を立脚点として分析することである。コーンは『黒人霊歌とブルース』のなかで、奴隷制廃止後に大きく変化した社会の諸問題を映し出したブルースにおいて、アフリカ系アメリカ人は生きる意味や希望を見出し、救いとしたと述べている。その点で、ブルースは宗教的な機能をもつ世俗的霊歌であるとコーンは論じている。ヒップホップは公民権運動以降の時代に誕生したアフリカ系アメリカ人の世代の諸問題を描き出すなかで、ブルースのように世俗的霊歌としての機能を果たしてきた。しかし、それは世俗的な事柄を取り上げるブルースとまったく同じというわけではない。ヒップホップには、世俗的な事柄だけでなく神、イエス、天国といった宗教的な事柄が歌われているからである。

　本章では、コーンの世俗的霊歌の概念について紹介し、宗教的な機能をもつブルースを世俗音楽として規定した聖俗二元論の問題を明らかにする。そのうえで、ヒップホップがもつ世俗的霊歌としての機能について分析する。また、コーンは宗教的な歌である霊歌とブルースを比較したが、本章では教会やキリスト教徒がラップを取り入れたことで誕生したゴスペル・ラップとの比較を試みる。霊歌とブルース、ヒップホップとゴス

第3章
Nuthin' But The Spiritual Thang ——世俗音楽の宗教性と宗教音楽の限界

ペル・ラップの比較をとおして、世俗音楽のもつ宗教性を明らかにしなが
ら、聖俗二元論の問題性を取り上げて次章につなげる議論としたい。

Chapter 3

第1節
Nuthin' But The Spiritual Thang
世俗的霊歌としての
ブルース
──教会の枠組みを超えた神へのアプローチ

ヒップホップと
キリスト教

1970年代初頭に生まれたヒップホップは、1980年代にはアフリカ系アメリカ人の若者の声となっていった。失業や薬物の蔓延、犯罪や殺人、ギャング抗争といったインナーシティの厳しい現実がヒップホップの歌詞に描かれたことから、反社会的であるという批判が起きた。しかし、ラッパーたちは宗教的な表現を用いて、神の存在や天国における救済について言及している。

これまでのヒップホップ研究では、イスラームやそのセクトであるネイション・オブ・イスラーム、ファイブ・パーセンターズによるヒップホップの歌詞への大きな影響が指摘されてきた。しかし、アフリカ系アメリカ人社会におけるキリスト教の歴史的な影響は、ヒップホップに描かれる世界観にも反映されている。なかでも、天国や救済といったキリスト教的概念は多くの歌詞に見られ、ラッパーのなかには自らをキリストや預言者のイメージに重ねる者もいる。

ヒップホップ世代は実存的問題について語り合う言説空間をヒップホップにおいて創出し、その結果宗教的表現が多く見受けられるようになったといえるだろう。それには二つの要因があげられる。ひとつは、前述したヒップホップ世代と教会の関係である。現在も多くのアフリカ系アメリカ人の若者が教会に通っているが、教会に対して不信を抱いている者も多い。たとえば、Ghostface Killah は *Wu Banga 101* で、牧師を中心とする教会内の不正を以下のように物語風に描いて批判している。

He pulled out his blue Bible, change fell out his coat, three condoms, two dice, one bag of dope / Oooh! Rev. ain't right, his church ain't right / Deacon is a pimp, tell by his eyes / Mrs. Parks said, "Brother Starks, meet you at the numbers spot, Heard you got red tops out, and I want a lot" / Shirley fainted dead on the spot / Two ushers slipped eighty dollars right out the pot[1]

1 — Ghostface Killah, *Wu Banga 101* in *Supreme Clientele* (Epic, 2000).

　牧師が青い聖書を取り出したら、コートから小銭、コンドーム3つ、サイコロ2つ、ヤクの入った袋がひとつ出てきた／この牧師はワルだ。こいつの教会もワルだ／執事はヒモ。目を見ればわかる／パークス夫人が「スタークス兄弟、ナンバー賭博の所で会いましょう。あなた、たくさんドラッグもっているって聞いたわ。私たくさん欲しいの」とまで言ってきた／そのやり取りを聞いてしまったシャーリーは気絶した／会衆が慌てるなか、献金当番の2人が献金箱から80ドル盗んだ

　この歌詞に描かれるのは、貧困層の厳しい現状を顧みず、私腹を肥やすために教会を利用する欲望にまみれた牧師や同様に堕落した教会の信徒たちの姿である。この批判的な描写から、教会は中産階層的価値観を包摂し、貧困層の現状を無視しているというヒップホップ世代の否定的な教会観が読み取れる。そして、教会とヒップホップ世代の関係が悪化するなかで、教会に代わる宗教的表現の場を求めた若者たちは、ヒップホップにそのような側面をもたせていったと考えられる。

　しかし、ヒップホップには教会への批判の一方で、聖書からのモチーフも見られる。たとえば、Pete Rock & C.L. Smooth（ピート・ロック＆シー・エル・スムース）の *It's on You* では、"Cause vengeance is mine said the Lord indeed"（「『復讐はわたしのすること、わたしが報復する』

と主は言われる」とおりだから）とローマの信徒への手紙12章19節の言葉の引用に続き、"My own clique now turns greedy / Out of twelve of my soldiers, one will deceive me"（俺の仲間が貪欲になってしまった／12人いるうちのひとりが俺を裏切るだろう）とラップし、ストリートで薬物売買をするグループ内の裏切り行為をイエスの12弟子のひとりであるユダの裏切りに重ねている[2]。Tragedy Khadafiは *Illuminati* のなかで、"I fast for forty days and pray for forty nights / Return to the essence of life"（俺は40日断食し、40夜祈り続け、命の本質に戻ってきた）とラップしているが、これは明らかにイエスの荒れ野での出来事を模している[3]。

さらに興味深いのは、キリスト教に関する用語や表現を用いてヒップホップ世代の直面する現実、また宗教的なニーズが描かれていることである。Killah Priest（キラー・プリースト）は *Blessed Are Those* という曲で"We forever serving Nebuchadnezzar"（俺たちは永遠にネブカドネザルに仕えなければいけない）と歌い、バビロンの王ネブカドネザルに征服されて捕囚の民となったイスラエル人と、アメリカで搾取されるアフリカ系アメリカ人を重ねて描いている[4]。この歌詞はアフリカ系アメリカ人貧困層の厳しい現実やそのなかでもがく人々を描いているが、出エジプト記の物語に奴隷制からの解放という希望を見出して *Go Down Moses* や *Wade in the Water* などの霊歌を生み出したアフリカ系アメリカ人の聖書解釈の伝統を受け継いでいるといえるだろう。このことは、ヒップホップ世代が決して非宗教的なのではなく、むしろ宗教的伝統を受け継ぎ、その伝統や宗教書から生きる意味を見出そうとしてきたことを示している。また、教会への不信感を抱きながらも聖書を拠り所とすることは、教会とヒップホップ世代の聖書解釈の視点が異なることを示している。

また、終末論的な歌詞をとおして、アフリカ系アメリカ人の若者たちに悔い改めによって正義を実現することを訴えるラッパーもいる。Boogiemonsters（ブギーモンスターズ）は *Beginning of the End* のフック（サビの部分）で "Living in these last days and time, check yourself and

Pete Rock & C.L.Smooth, *The Main Ingredient* (Elektra, 1994)

[2] — Pete Rock & C.L. Smooth, *It's On You* in *The Main Ingredient* (Elektra, 1994).

[3] — Tragedy Khadafi, *Illuminati* in *Iron Shieks EP* (25 to Life, 1997).

[4] — Killah Priest, *Blessed Are Those* in *Heavy Mental* (Geffen, 1998).

5 ― Boogiemonsters, *Beginning of the End in God Sound* (Capitol, 1997).

6 ― Goodie Mob, *The Day After* in *Soul Food* (Arista, 1995).

what you feed your mind"（この最後の時を生きているんだから、自分自身のことを正して、心に何を与えるか気をつけないといけないぜ）と繰り返しラップしている[5]。この曲は 1997 年に制作されたこともあり、20 世紀の終わりを意識していることも考えられるが、そこにこの世の終わりを結びつけて、自分の行いや考え事を正し、最後の審判に備えるように訴えているともいえる。同様に、Goodie Mob（グッディ・モブ）というグループの *The Day After* という曲名も、彼らが終末論を意識していることを示している[6]。実際に、メンバーの Cee-Lo（シーロー）はこの曲の最後の歌詞をとおして、終わりの日と天国が近づいているから悪魔に騙されて地獄に落ちないように、その日のために備えるようにというキリスト教の黙示的な終末論を描いている。

　ヒップホップの歌詞におけるキリスト教的な表現は、アフリカ系アメリカ人の伝統的キリスト教理解やそれにもとづく救済観の継承である。また、Tragedy Khadafi や Killah Priest のように、ラッパーのなかには、聖書に書かれる事柄についての研鑽を積み、そこで得た知識や聖書解釈を歌詞に反映させる者がいる。彼らのそうした歌詞は、アフリカ系アメリカ人の伝統的な救済論や新たな聖書解釈を表現するものであり、教会という枠組みのなかに救済を期待していないヒップホップ世代の宗教的なニーズに応えるものでもある。

　アフリカ系アメリカ人の若者が実存的問題について語り合う言説空間としてのヒップホップに宗教的表現が見られるようになったもうひとつの要因は、ヒップホップ世代にとっての「死」の身近さである。自分や家族、あるいは親友がいつ死んでもおかしくない状況に生きるなかで、死や死後の世界について考えざるをえないのである。その結果、多くのラッパーが死について描いた曲を発表するようになったと考えられる。そのような世界観をもっとも端的に表しているのが、1994 年に発表され 400 万枚以上を売り上げた Notorious B.I.G. のアルバムのタイトルの *Ready to Die*（死ぬ覚悟はできている）である。

　ヒップホップでは、教会という体制への批判が見られる一方で、宗教的、

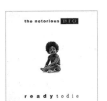

Notorious B.I.G., *Ready to Die* (Bad Boy, 1994)

ひいてはキリスト教的な表現を用いて救済の問題に切り込んでいる。その
なかには、天国への希望を語る者もあれば、現世の出来事を正直に見
つめる視点によって生きることそのものに救いを見ようとする者もいる。つ
まり、天国での救いと現世における過酷な現実からの救いの両方が歌わ
れているのである。そこにこそヒップホップの宗教的側面と、その救済的
機能を見出すことができるだろう。

『黒人霊歌とブルース』における
コーンの議論

　このヒップホップに見られる救済的機能について、アフリカ系アメリカ人
神学者ジェイムズ・コーンの黒人霊歌とブルースについての分析を手がか
りに考察を試みたい。

　1960年代以降に世界各地で起きた社会運動によって、「黒人解放の
神学」や「フェミニスト神学」などさまざまな個別の社会的なコンテキスト
を枠組みとした神学が生まれた。こうした神学的な取り組みは、「コンテ
クスチュアル・セオロジー」（文脈化神学）と呼ばれるようになった。つまり、
神学者らは人種、民族、性別といった自身のアイデンティを形成する固
有の社会的、文化的コンテキストを聖書のコンテキストに重ねることによっ
て、新しい神学を構築するようになったのである。コーンは、その時流の
なかでアフリカ系アメリカ人の視点に立った「黒人解放の神学」を展開さ
せてきた。

　コーンが『黒人霊歌とブルース』において黒人霊歌およびブルースの
神学的な考察を試みたのは、アフリカ系アメリカ人の神学を構築するた
めであった。『黒人霊歌とブルース』を著す以前、コーンはアフリカ系ア
メリカ人の自決権を獲得するためには武力による抵抗も辞さないとするブ
ラック・パワー運動について神学的に応答するために、『イエスと黒人革
命』（*Black Theology and Black Power*, 1969［1971］）と『解放の神学
──黒人神学の展開』（*A Black Theology of Liberation*, 1970［1973］）
を著した。ブラック・パワーの思想を「解放の神学」の枠組みのなかで捉

え、それまでの白人中心の抽象的神学を批判した内容は、画期的なもので あった。そして、「黒人解放の神学」(以下、特にことわりがなければ、「解放の神学」は黒人解放の神学をさすものとする)の礎を築いた神学者として注目を浴びていた。しかし、コーンの研究は白人中心の神学を批判し、アフリカ系アメリカ人の歴史経験を神学的に考察するものでありながら、議論において用いられたのが白人神学者の理論であったことについて、他のアフリカ系アメリカ人神学者から批判が起きた[7]。その批判を受けて、コーンはアフリカ系アメリカ人の歴史的経験を解放の神学の土台とするために、『黒人霊歌とブルース』において、霊歌を宗教的な音楽としブルースを世俗音楽とする単純な二元論を排して、黒人霊歌とブルースの神学的考察を試みた。

　コーンは『黒人霊歌とブルース』において、黒人が生き残っていくための闘いのなかで発揮される歌の力が霊歌とブルースの本質であると述べている[8]。言い換えれば、奴隷制やその廃止以降も続いた人種差別にもとづく社会制度のなかで生きるアフリカ系アメリカ人にとって、音楽は社会的抑圧に抵抗するために生み出された文化的手段なのである。奴隷制のなかで生きたアフリカ人にとって、隷属状態にあるということは人間としての価値を否定されるということであった。そのような状態から物理的あるいは精神的に自由を獲得し、自分の人間性を肯定するために、アフリカ人はさまざまな手段で抵抗を行った。

　それは前章で紹介したように、反乱や逃亡といった直接的な抵抗だけでなく、支配者側が強制する倫理的規範の転換による、非人間的な制度のなかで生き残るための新たな秩序の創成でもあった。倫理的規範の逆転の背景にあったのは、アフリカ人が生み出した宗教的諸形式である。奴隷制を支持した白人たちは、彼らに従順に仕えることで奴隷たちは天国において報われるというキリスト教理解を示した。それに対して、アフリカ人がキリスト教との出会いから生み出した理解には、「拘束からの自由」と「拘束における自由」の両方が徹底して主張されていた[9]。彼らにとって天国は二重の意味をもっており、「拘束からの自由」としての現実的な

7—ジェイムズ・コーン『黒人霊歌とブルース』新教出版社、1998年、3頁。

8—同上、12頁。

9—同上、56頁。

109

第1節　　世俗的霊歌としてのブルース

意味での天国は、逃亡奴隷の自由が保証されていた北部の自由州やカナダを意味していた。もうひとつの「拘束における自由」とは、精神的な意味での自由な状態をさしていた。つまり、神から選ばれた民であると信じることによって、彼らは自分たちの存在への自由を確信することができたのである[10]。その確信のゆえに、奴隷所有者のいかなる抑圧によっても、彼らの自由や人間の尊厳が限定・否定されることはないと信じることができた。コーンは、そうした宗教的価値観の本質が霊歌に示されていると述べている。

10―同上、153頁。

彼らの「存在は歌にすべてがかかっていた。歌をとおして彼らは異国における新しい存在構造を築き上げたのである。霊歌は黒人がアメリカ的奴隷制の直中に生きながらも、人間的奴隷状態に抵抗できる実体とリズムを提供する一定のアフリカ人としての自己同一性を保持することを可能」にしたのである[11]。

11―同上、59頁。

コーンはアフリカ音楽の機能的特性に由来する黒人霊歌のアフリカ性について以下のように述べている。

アフリカにおいてもアメリカにおいても、黒人音楽は自己目的的な芸術創作ではなかった。[…]アフリカ人は音楽によって彼らの歴史を記録し、若者の成人式をし、彼らの宗教的信条を言い表した。彼らは、アメリカにおいて奴隷化されたときに、音楽によって規定された彼らの文化をたずさえてきた。アフリカ文化は、黒人奴隷がアフリカ的遺産によって規定された彼らの存在を否定するような宗教を承認することができないような形式を提供した。黒人霊歌において、黒人奴隷は彼らの父祖たちの記憶をキリストの福音と結びつけ、地上的奴隷状態からの解放に参与する実存様式をつくり出した[12]。

12―同上。

アフリカ人にとって音楽は日常生活と切り離せるものではなく、日常のさまざまな現実を映し出す機能をもっていた。その特性を有している音楽によって、アフリカ人たちは奴隷制下において、白人から強制された文化

を逆に自分たちの文化のなかに取り込むことができた。そして、自分たち
のアイデンティティを維持し、物理的・精神的両面において自由を求め抑
圧者に抵抗した。

そのような特性を背景にした抵抗の形のひとつとして生まれたのが黒人
霊歌だった。霊歌は「自由を求めてたたかっている人々の霊魂」であり、
そして「彼らの宗教、すなわち悩みの時の力の源泉」となった[13]。したがっ
て、苦悩はアフリカ系の人々の宗教経験の重要な部分であり、霊歌はそ
の苦悩への応答である[14]。

しかし、霊歌は苦悩への対応以上のものであると、コーンは次のように
述べている。

> それは歓喜の経験、すなわち適切な美学的形式における生の震
> 撼的肯定およびその諸可能性である。霊歌は生の躍動に合わせてス
> イングする、リズムの中にある共同体自身である。[…] この歌の意味
> は、単なる表面上の言葉の中にあるのではなく、それをつくり出した
> 黒人の歴史の中にあるのである[15]。

奴隷制下にあったアフリカ人は、霊歌をとおして心理的な抑圧から自
由を獲得し、そして奴隷所有者たちによって否定された自分たちの人間
性を回復することができた。それを可能にしたのは、日常の現実を映し出
すアフリカ音楽の機能的特性であった。そのような霊歌には、アフリカ人
のアメリカでの苦難の歴史が反映されている。

こうしたことから、奴隷制下のアフリカ人は霊歌をとおして隷属状態か
らの神による解放のメッセージを歌い続け、その解放は天国に見出され
た。奴隷制下のアフリカ人にとって、霊歌は自由への希望を天国に見出
させ、自己の人間性を肯定することを可能にするものだった。そして彼ら
は、神によって自由と人間的価値を保証されていることへの確信をとおし
て、自己の存在を肯定し、生きることの意味を見出すことができたのである。
つまり、霊歌は奴隷制下のアフリカ人が経験する苦難や不条理に対し、

13 ― 同上。

14 ― 同上、60頁。

15 ― 同上。

神は必ず解放をもたらし、愛と正義によって、地上においても天上において
ても救いを実現してくださるという信仰にもとづく希望の歌であった。

世俗的霊歌としての
ブルース

　以上のように、奴隷制下のアフリカ人の歴史的経験から生まれた霊歌
が、非人間的な奴隷制のなかにあって自己の存在価値の肯定と抑圧か
らの解放を可能にしてきたと、コーンは霊歌の救済的な機能について考
察している。一方、奴隷制廃止以降に誕生したブルースもアフリカ系ア
メリカ人の歴史的経験から生まれた音楽であり、激しい人種差別のなか
にあって救済的機能を有していたとして、コーンはブルースを「世俗的霊
歌」と位置づけている。

　しかし、霊歌とブルースはそれぞれに南北戦争以前と以後に生まれた
音楽であり、その時代状況の違いが両者の音楽の担い手の意識を異なる
ものにしているとコーンは述べている[16]。霊歌は、アフリカ系の人々が奴
隷制という非人間的な制度のなかで生きなければならない時代の現実を
反映しているのに対して、ブルースは、奴隷制からの解放、南部の再建、
そして人種隔離法の時代のアフリカ系アメリカ人の歴史的経験を反映し
ている。

16－同上、186頁。

　そうした歴史的経験のなかから生まれてきたブルースも、その点におい
て、霊歌と同様にアフリカ音楽の機能的特性を受け継いでいる。ブルー
スの正確な起源についてはさまざまな議論があるが、奴隷俗歌との密接
な関係があると考えられている。奴隷俗歌（slave seculars）も霊歌と同じ
く、奴隷制を生きるアフリカ系の人々の苦難のなかから生まれてきた音楽
であるが、その内容が非宗教的あるいは反宗教的であったために、宗教
的な人々から批判を受けることがあった。しかし、それは、俗歌を歌った
人々にとって、白人のキリスト教的価値観が受け入れられないものだから
であった[17]。つまり、黒人はこの世で従順に白人に仕えることによって天
国で報われるという救済概念に俗歌をとおして反発したのである。ブルー

17－同上、182頁。

スには、そうした奴隷俗歌の精神が見られる。つまり、ブルースには、「実存的問題を超え出てあの世的解答をもって代替することへの強烈な拒絶の精神」が存在しているのである[18]。

18—同上、183頁。

しかし、ブルースは決して神を拒絶しているわけではない。霊歌もブルースもアフリカ系アメリカ人の歴史的経験から生まれたものであり、両者が内包する性質は近似している[19]。ただ、霊歌が宗教的な事柄に拠ったのに対して、ブルースは神をとおして彼らの抱える苦難を解決するよりも、生における喜びや悲しみをそのままに表現することによって、不条理に満ちた世界で自分たちが生きる意味を見出そうとする試みであった。

19—同上、184頁。

コーンは「世俗的霊歌」としてのブルースについて以下のように述べている。

> ブルースはその関心をもっぱら直接的なものに限定し、黒人の魂の、性的表現をも含む身体的表現を肯定しているという意味において「世俗的」である。そして、それは黒人的経験の真実性に対する同一の探究心によって促されているという意味において「霊歌」である[20]。

20—同上、185-186頁。

つまり、ブルースで歌われる内容は非宗教的／世俗的であるが、アフリカ系アメリカ人の経験から真実や生きる意味を見出そうとしている点で霊歌と同じであるということである。

そもそも、ブルースが世俗的である理由には、霊歌とは生まれた時代が異なるということがあげられる。霊歌が生まれたのはアフリカ系の人々の自由がいっさい否定された時代であったのに対し、ブルースが生まれたのは彼らが奴隷制から解放されて以降の時代である。奴隷制からの解放は、彼らがいままで体験したことのない自由を意味した。白人の許可なしで、町から町へ移動し、愛する人と結婚できるようになり、そして愛する子どもたちから無情に引き離されることはなくなったのである。しかし、前章で紹介したように、南部再建政策の失敗によって人種隔離政策が敷

113

第1節　世俗的霊歌としてのブルース

かれ、経済的搾取が行われたことによって、アフリカ系アメリカ人の自由が制限され、権利が奪われていった。

　この新しい時代は、アフリカ系アメリカ人にとって、差別や困窮といった奴隷制時代に共通する不条理や苦難だけでなく、恋愛や失恋、失業といった奴隷制時代とは異なる生の現実をもたらした。ただ、以前の奴隷制時代とは異なり、奴隷制の廃止によってアフリカ系アメリカ人の社会的流動性が一気に増大すると、彼らが自らの実存的問題について表現する場が教会以外にも現れた。つまり、それまで共同体の「祭司」であった説教者の他に、ブルースを歌う者が新たな「祭司」としての役割を担うようになったのである [21]。そして、「教会における説教者と同じように、彼らは黒人的実存の『ことば』を布告し、その喜びと悲しみ、愛と憎しみ、そして人が黒人である場合に人種主義社会において『自由』であることの恐るべき重荷を描写した」 [22]。

　自由の身分となったにもかかわらず自由が制限された状況のなかから生まれたブルースは、「生の不調和についての黒人的視点と、矛盾に満ちた状況のなかで意味を見出そうとする試み」であった [23]。ブルースは、アフリカ系アメリカ人が生きるなかで直面する試練や艱難についての歌である。その歌をとおして、厳しい現実に打ちのめされた彼らの魂を再起させるもので、そこには困難を耐え抜こうとする意志が表現されている [24]。そして、人種差別的な社会のなかで、「黒人的人間性の本質的価値を肯定しようとする心の状態」を表している [25]。

　以上に見られるように、ブルースと霊歌は歌の力によって、困難な状況のなかで生きる意味を見出し、アフリカ系アメリカ人の人間としての価値を維持している点において同じである。しかし、繰り返し述べているように、霊歌が宗教的にそれを試みたのに対し、ブルースは世俗的な事柄をとおして、アフリカ系アメリカ人の実存の問題に言及している。だからこそ、ブルースは宗教に見られる抽象的な概念ではなく、アフリカ系アメリカ人の歴史的経験、そして日常生活の現実に直接応えるのである [26]。

　ブルースには、人種差別的社会で生きなければならない苦悩だけでな

21 ― 同上、188頁。

22 ― 同上、188-189頁。

23 ― 同上、191頁。

24 ― 同上、193頁。

25 ― 同上。

26 ― 同上、199頁。

114

第3章
Nuthin' But The Spiritual Thang ── 世俗音楽の宗教性と宗教音楽の限界

く、男女のあいだに生まれる愛憎の感情、そして絶望のなかにありながらも日々の生活を生き抜くための希望が描かれている。ブルースは苦難のなかで生きる意味を見出そうとするが、その希望は霊歌のように天国に求められてはいない。むしろ、生きること自体のなかにある現実を拒絶することなく受け止め、人間性の本質的価値に希望を置いたのである。

ブルースの
宗教性

聖俗二元論的な価値観に立つ黒人教会は道徳的優位性を強調し、世俗文化について厳格な態度を示して、ブルースを「悪魔の音楽」であると批判してきた。しかし、ブルースに見られるのは西洋的な聖俗二元論とは異なるアフリカ的な宗教観である。奴隷制時代に誕生した霊歌と奴隷制廃止後に誕生したブルースのアフリカ性は、アフリカ系アメリカ人の起源である西アフリカに求めることができるとコーンは論じている[27]。西アフリカの諸宗教は西洋的な聖俗二元論的な見方をせず、聖なるものとそうでないもののあいだの明確な区別はないという考え方がその根底にある[28]。このことから、ブルースも霊歌と同様に宗教的機能を有しているのである。

そして、世俗音楽であるヒップホップにおいて宗教的な表現や聖書からの引用があるように、ブルースにも同じような表現が見られる。しかし、ブルースの宗教的な表現について、これまであまり注目されてこなかったのは、その世俗的な側面ばかりが強調され、批判されてきたからである[29]。たとえば、聖書に描かれる出来事をモチーフにしたものとして、ブルースには「ノアの鳩」（Noah's Dove）のイメージが多用されている。旧約聖書の創世記に描かれる洪水物語では、洪水の水が引いたかどうかを確認するためにノアが箱舟から鳩を放つが、止まることのできる場所がなかったために船に戻ってくる。それから7日後に再び鳩を放つと、オリーブを咥えて帰ってきたことで水が地上から引いたことをノアたちは知らされる。そして、それからまた7日後に鳩を放つと、もうその鳩は帰ってくるこ

27―同上、181頁。

28―A・M・ルギラ『アフリカの宗教』青土社、2004年、22頁。

29― Teresa L. Reed, *The Holy Profane*, p. 39.

とがなく、地面が乾き切ったことを知らされる。

　ブルース歌手がノアの鳩のイメージを利用したのは、ブルース歌手や聴衆がノアの箱舟物語を知っていたからであり、そして、その鳩の姿に彼ら自身の個人的な体験を重ねることができたからである。つまり、奴隷制から解放されて自由の身となったにもかかわらず貧困や差別のなかで苦しむ人々にとって、舟から放たれて自由になっても留まるところがなくて戻ってきた鳩は自分たち自身の姿として映った。そしてその歌詞には、再び放たれて二度と帰ってこなかった鳩のように、自分たちの場所を確保したいという願いが込められているのである[30]。

　一方、ヒップホップの歌詞にも見られるように、ブルースの歌詞では教会や牧師への厳しい批判が行われている。Hi Henry Brown（ハイ・ヘンリー・ブラウン）の *Preacher Blues* では、牧師が自分の権威をかさに女性信徒を口説き落としているという批判がされ、Frank Stokes（フランク・ストークス）の *You Shall* では、牧師の金銭的な強欲さを聖書的なモチーフを用いて揶揄している[31]。

　ブルースで聖書的な事柄が歌われるようになったことには、いくつかの要因が考えられる。ひとつは聖書に記される内容がアフリカ系アメリカ人にとってなじみのあるものであり、創作活動における表現の源泉になったということである。しかし、それ以上に、苦境に置かれるブルース歌手らが求める真実や不変の真理について、教会が答えを示せなかったことへの不満が大きな要因だった[32]。だからこそ、教会や牧師が自らの考えや行動の根拠としている聖書の言葉やモチーフを用いることで、ブルース歌手たちは厳しい現実のなかで苦悩を抱えながら生きている人々を代弁し、教会への不満をぶつけようとしたのだ。

　ブルースは苦難のなかで生きる意味を見出そうとするが、その希望は霊歌のように天国に求められてはいない。むしろ、生きること自体のなかにある現実を拒絶せず受け止めることで、人間性の本質的価値に希望を置き、そこに救いを見出した。つまり、キリスト教を信仰する者にとって霊歌が救済的な機能を果たしたように、キリスト教を受け入れることができ

30 — Ibid, p. 45.

31 — Ibid, pp. 51-54. Stokes の歌詞は "Our Father who art in heaven"（天にまします我らの父よ）という主の祈りの最初の言葉から始まり、牧師に10ドルの貸しがある男を描いて、牧師批判を行っている。曲中には "eleven"（11）という数字を用いて、イエスの弟子の12人からイエスを裏切ったユダを差し引いた数を想起させ、10ドルの借金があるのに7ドルしか返済しなかった牧師を表そうとしていると考えられる。

32 — Ibld, p. 60.

なかった人々にとってはブルースが異なる形で救済的な役割を果たしたのである。ブルースは世俗的な音楽でありながらも、救済的機能を果たした点で、世俗的な霊歌だった。

　また、「ノアの鳩」という聖書に由来するモチーフをはじめ、ブルースに用いられる宗教的表現は、出エジプト記の出来事に自分たちの姿を重ねた奴隷制下の黒人教会の聖書解釈に通じるものである。つまり、ブルース歌手にとっても、聖書に描かれる物語やそれについての解釈は慣れ親しんだものであり、そこから語ることによってより多くの同胞に訴えることができるのである。

　一方、上述のように、ブルースには教会を批判する歌詞が多く見られる。このような批判がありながらもキリスト教的なモチーフを用いた曲が生み出された状況は、後のヒップホップ世代と教会との関係に重なるものである。これは、19世紀末から20世紀にかけてアフリカ系アメリカ人が自由を得るなかにあっても、厳しい人種差別や日常生活における葛藤に晒されていた庶民の現実に十分に応えることができなかった黒人教会の限界を反映している。第2章で紹介したように、南部での厳しい人種差別を逃れて北部に移り住んだ人々が移住先に形成されていた黒人教会に受容されることは困難であった。あるいは、素人牧師 (jack-legged preacher) や白人の脅迫に怯える牧師、生計を立てるためだけに牧師となった者のメッセージからは、厳しい現実からの救いを見出すことができなかったといえるだろう。

　そのような状況のなかで、教会に救いを見出せなかった人々が世俗音楽であるブルースをとおして、教会への批判を行う一方で、教会から見捨てられた、あるいは、距離を置いた人々の救いを歌い上げるようになったと考えられる。しかし、それは天国での救いといったものではなく、コーンが指摘するように、個人の現実をありのままに受け止めるなかで生に意味を見出そうとするものである。

　この点において、コーンが指摘するようにブルース歌手は説教者に類似する「祭司」としての社会的機能を有しているといえるだろう。ブルース

117

第
1
節　　　世俗的霊歌としてのブルース

は奴隷制の廃止後に生まれた音楽であるがゆえに、奴隷制時代に誕生した音楽とは異なる性質をもっている。奴隷制時代の音楽は集団的な音楽であり、歌が歌われる状況においては歌い手と聴衆という区分も存在しなかった。一方で、奴隷制廃止後、個人が自由に生きることができるようになり、個人のさまざまな経験や感情が音楽によって表現され、その様式が集団から個人のものへと変化するなかでブルースが誕生した。つまり、ブルース歌手が自分の感情を集団に表現し打ち明ける状況は聴衆の存在を前提としており、同様の関係が教会における説教者と聴衆のあいだにも存在する。そして、表面上は宗教と世俗という相反するものでありながら、実際には、説教とブルースの構造や伝え方には即興や話法などの類似点のほうが格段に多く、両者が聴衆から引き出す感情的な反応は同じものであった[33]。

　奴隷制時代、聖俗二元論の価値観をもたないアフリカ人奴隷たちは、音楽に境界線を引いて考えることはなかった。それは、奴隷制下の過酷な労働による疲労や退屈さを緩和するために生み出された労働歌（work song）という土壌とキリスト教信仰との出会いから霊歌が生まれたことに示されている。それゆえに、労働歌と霊歌は類似した曲調のなかで発展し、霊歌にはユーモアが、そして、労働歌には宗教的言及が見られる[34]。たとえば、Harry Belafonte（ハリー・ベラフォンテ）が歌ったことでも知られる Michael Row The Boat Ashore は、労働歌とも霊歌とも受け取れる内容である。コール・アンド・レスポンスで構成されるこの歌では "Hallelujah"（ハレルヤ、ヘブライ語で「神をほめたたえよ」を意味する）という言葉が繰り返される。また、"Jordan's river is deep and wide, Hallelujah / Meet my mother on the other side, Hallelujah"（ヨルダン川は深くて、広い、ハレルヤ／でも、向こう岸にいる母に会いにいく、ハレルヤ）という歌詞がある。これは、神がヨルダン川の向こう岸にある約束の地カナンをイスラエルの民に与えたという旧約聖書の物語に重ねて、オハイオ川を越えて自由州であるオハイオ州に逃げる希望を歌っている。その他にも、Long John という労働歌は刑務所から脱走した男について歌っている

33 ― Michael W. Harris, *The Rise of Gospel Blues: The Music of Thomas Dorsey in the Urban Church* (New York: Oxford University Press, 1992). p. 154.

34―ワイヤット・T・ウォーカー『だれかが私の名を呼んでいる――黒人宗教音楽の社会史』新教出版社、1991年、52頁。

が、その二節目の歌詞にはイエスが十字架刑の後に復活したことを引き合いに出して、脱走犯が生き延びたことを示している。

　これらの労働歌の歌詞が示すように、奴隷制時代の音楽には聖俗の境界線が見られなかったことは明らかである。しかし、奴隷制廃止によって「見えざる教会」が「見える教会」へと変化したため、聖俗の価値規範が転換されることとなった。教会が世俗から切り離された場として整備されたからである。南北戦争直後に北部諸教派によって始まった南部を中心にしたアフリカ系アメリカ人への教育は、宣教活動的な性格をもっており、奴隷制から解放された人々の白人社会への同一化を促進させる目的があった[35]。その結果、白人の支援で黒人のために設立された学校での神学教育においても、西洋的な聖俗二元論が植えつけられていったと考えられる。そして、教会では奴隷制時代にアフリカ的なものと結びついた礼拝様式に変化が起こり、白人が編纂した讃美歌が導入された。ただし、それは礼拝形式の白人化を意味するのではない。むしろ黒人教会では、それらの音楽に即興演奏やシンコペーションを用いるなど、アフリカ的味つけがなされた[36]。一方で、すでに考察したように、奴隷制後に教会の外で民俗歌から進化したブルースにおいて、聖俗の混在する価値観が受け継がれていった。

　「見える教会」化によって、聖俗の境界線の線引きは明確にされていった。奴隷制時代のアフリカ系アメリカ人にとって、宗教的慣習は家族や労働、あるいは、農園からの逃亡といった日常生活のさまざまな側面と切り離せるものではなかった。生活面においても、アフリカ的な宗教観が維持されていたということである。しかし、奴隷制廃止後、アフリカ系アメリカ人の聖と俗の混在した宗教性は徐々に失われ、教会にとって代わられるようになった。つまり、宗教的な歌は、制度化された宗教的空間に封じ込められるようになっていった[37]。そして、音楽で歌われる事柄にも変化が見られるようになり、20世紀初頭に霊歌から誕生したゴスペルは、この世ではなく天国をもっとも重要視した。霊歌が奴隷制という厳しい状況を出エジプトの出来事に重ねてこの世での解放や自由の希望を歌った

35 ― William A. Daniel, *The Education of Negro Ministers* (New York, NY: George H. Doran Company, 1925), p. 27.

36 ― ワイヤット・T・ウォーカー『だれかが私の名を呼んでいる』、133頁。

37 ― Angela Y. Davis, *Blues Legacies and Black Feminism: Gertrude "Ma" Rainey, Bessie Smith, and Billie Holiday* (New York, NY: Vintage Books, 1999), p. 5.

のに対して、ゴスペルは天国における平安と報いを約束するイエスの慈悲を歌うものとなっていった[38]。

一方で、奴隷制廃止後の社会の変化によって聖俗の境界線が明確にされていったことは、アフリカ系アメリカ人の音楽に聖俗の線引きがなされたことを意味する。その結果として、霊歌・ゴスペルは聖なる事柄、天国や救いについて歌うもの、当時のアフリカ系アメリカ人音楽のなかで突出していたブルースは世俗の事柄を歌うものと規定されていった。それは、奴隷制廃止による社会変化がもたらしたアフリカ系アメリカ人の新しい意識の構築であり、神 (God) の対極が悪魔 (Devil) であるという価値観の誕生である。しかし、奴隷制時代には、神と悪魔は共生するというアフリカ的な宗教観・宇宙観が維持されていた。神と悪魔は対極に位置するのではなく、互いに平等な関係性にあり、異なる能力をもって人間と関わるものと考えられていた[39]。

宗教的領域に明確な人種の境界線があった奴隷制時代、アフリカ人奴隷たちは西洋的な聖俗二元論に立つ宗教観の影響を受けることなく、それとは全く異なるアフリカ的な聖俗混在の宗教観のなかでキリスト教信仰を養っていた。しかし、南北戦争後に白人メインライン教派の宣教の一環としてアフリカ系アメリカ人聖職者の養成が行われるようになるなかで、西洋的な聖俗二元論的価値観が南部のアフリカ系アメリカ人社会においても影響をもつようになった。さらに、そのような教育を受け、アメリカ主流社会への参入をめざした牧師たちは、ブルースに色濃く残るアフリカ的な表現を俗なるものであり悪と捉えたとも考えられる。つまり、奴隷制廃止以後の社会的な変化が、アフリカ系アメリカ人の宗教観を変化させ、ブルースをはじめとする世俗音楽に対する批判的な態度を生み出したのである。

ブルースはこの世的な、つまり、性的な事柄を含む非道徳的な内容を歌うものとして教会によって批判されたが、ブルースを歌う人々のなかから神や救いへの視点が排除されたわけではなかった。霊歌が天国への希望を歌い上げたのに対し、ブルースは徹底的にこの世の現実を見つめ

38 ― Lawrence Levine, *Black Culture and Black Consciousness*, p. 175.

39 ―ヘンリー・ルイス・ゲイツ・ジュニア『シグニファイング・モンキー――もの騙る猿／アフロ・アメリカン文学批評論』南雲堂フェニックス、2009年、第1章。奴隷制時代にはブレア・ラビットやアナンシといった伝承文学が誕生したが、その背景にあるのは中間航路を生き延びたアフリカの宗教観である。これらは聖と俗を仲介する存在として、神の意志を人間に伝える霊的存在をモチーフにしたものだった。

40 — ジェイムズ・コーン『黒人霊歌とブルース』、208 頁。

41 — 同上、183-184 頁。

42 — 同上、192 頁。

た。ブルースはアメリカ社会においてアフリカ系アメリカ人の直面する不条理に哲学的な答えを出そうとするのではなく、「単純に黒人的苦難の現実を叙述」したのである[40]。

　そして、ブルースは、人種差別によるテロの脅威に翻弄される黒人教会や、その事実を黙認したり正当化したりする白人聖職者らの描き出す神のあり方や、「宗教的関心事」を無視してきた[41]。ブルースは聖書のモチーフを用いることはあるが、そこに宗教的意味、つまり、アフリカ系アメリカ人の生の意味や人間性の価値を証しし、魂を癒すものを見出してはいない。むしろ、ブルースは宗教的表現を用いて教会の示す抽象的な事柄に向き合うのではなく、目の前の生における諸々の葛藤やアメリカ社会の矛盾を正直に語り、その現実によって征服されるのを拒絶することでアフリカ系アメリカ人の本質的価値を肯定した。つまり、不条理のなかにあって、苦しみや悲しみ、また、喜びによって彩られる生をブルースが描き出すことで、アフリカ系アメリカ人は「それでもまだ自分は生きている」という事実に救いを見出したのである。アフリカ系アメリカ人の人間性を奴隷制廃止後も否定し続ける社会において、ブルースは彼らの人間としての本質的価値を肯定し、その「霊魂を生き返らせ」たことにおいて宗教的機能を果たした[42]。

121

第
1
節　　　　　世俗的霊歌としてのブルース

第2節
Nuthin' But The Spiritual Thang
ヒップホップの宗教性

世俗的霊歌としてのヒップホップ

　ヒップホップは、自分たちを取り巻く現実である世俗的な事柄、ひいては社会的あるいは宗教的に悪とみなされる事柄を取り上げている。つまり、世俗的な事柄をラップすることによって、不条理な世界で生きることの意味を問いかけ、それを見出そうとするブルースがもっていた世俗的な霊歌としての機能を果たしている。一方で、ヒップホップとブルースの大きな違いは、前者が世俗的音楽でありながら、霊歌と同様の宗教的概念を用いることによって生きる意味を見出しているという点である。第一節で紹介したように、聖書に描かれる物語に自分たちの置かれた状況を重ねるキリスト教的な表現がブルースにも見られるが、それはあくまでこの世での生について徹底的に論じるために、なじみのある聖書のモチーフを用いたからである。しかし、ブルースには来世や見えない世界についてのキリスト教的な価値観への疑いが見られる [1]。

　そのようなブルースとは対照的に、ヒップホップに見られるのはこの世での生についての徹底的に正直な視点だけではない。聖と俗の両面から救済へのアプローチをもつヒップホップは、徹底的な生への眼差しに立ちながら神との対話を図ろうとする。そのために、ラッパーたちは「祈り」をとおして神を求め、現世での苦しみの意味を尋ねるのである。たとえば、DMX（ディー・エム・エックス）は、1998年のメジャーデビューから2012年までに発表した7枚のアルバムすべてに、*Prayer* と題して自身の祈りを収録している。たとえば、ファーストアルバム *It's Dark And Hell Is*

1 ― Teresa L. Reed, *The Holy Profane*, pp. 58-60.

**DMX, *It's Dark And Hell Is Hot*
(Ruff Ryders, 1998)**

Hot 収録の *Prayer* では、"Lord, why is it that I go through so much pain?"（神よ、なぜ俺はこれほどまでに苦しみを受けないといけないんだ）と問いながら、しかし、祈りの最後の部分では、

> And I almost lost faith when you took my man, Monty, Paso, and Jay's brother Dan. And I fear that what I'm saying won't be heard until I'm gone. But it's all good, 'cause I really didn't expect to live long. So if it takes for me to suffer, for my brother to see the light, give me pain 'til I die, but please, Lord, treat him right.

> あんたが、モンティ、パソ、ジェイの兄弟のダンの命を取り上げたとき、俺はあんたへの信仰を失いかけた。そして、俺があんたに訴えることは俺が死ぬまで聞かれないんじゃないかって不安になった。でも、それでいい。なぜなら、俺はそんなに長生きする気がしないからな。だから、俺が苦しむことで俺の兄弟が光を見ることができるなら、俺が死ぬまで苦しみを与えてくれ。でも、神様、ちゃんと俺の兄弟にいいようにしてやってくれよな

2 — **DMX, *Prayer* in *It's Dark And Hell Is Hot*
(Ruff Ryders, 1998).**

と、神と向き合うなかで自身の苦しみを他者のためのものと理解して受け止めている[2]。

DMXと同様に多くのラッパーがpray（祈る）という言葉を歌詞に用いたり、アルバムのカバーやミュージックビデオにおいて神に祈る自分の姿を見せたりしている。それはDMXが祈りのなかで問いかけているように、それぞれのラッパーが自身や兄弟、友人、あるいは、アフリカ系アメリカ人の若者たちの不条理な苦しみについて尋ねているものである。T.I.（ティー・アイ）は *Prayin' for Help* の冒頭で「主の祈り」を捧げ、自分がこれまでに行ってきた反社会的な行為について悔い改めをもって振り返りながら、同じ境遇にある若者を助けるために手を貸してくれと同世代

の聴衆に呼びかけている。

> Be a father or a football coach, a role model of symbol of hope. Take another approach instead of testifying against them in court. Handcuffin'em and closing door, so they can be worse than before. Can't you see they only do what they know.

> 父親とかフットボールのコーチとか、こいつらの希望のシンボルになるような模範になってくれよ。こいつらに不利な証言を裁判所でするよりも、別のやり方があるだろ。こいつらに手錠をかけて、ドアを閉じてしまったら、いままでよりも状況は悪くなってしまう。こいつら、自分の目の前にあることしか知らないっていうのがわからないのか。

とラップし、貧困という厳しい環境に置かれた少年たちは絶望や無気力さのなかで育ち、犯罪に手を染めること以外の生き方を想像できないことに気づくように社会に訴えている[3]。そして、自分のリスナーに向けて、犯罪に手を染める道を選ぶ少年たちに必要なのは法的な裁きではなく、自分の人生に希望をもてるように一緒に生きてやることだということを祈りのなかから導き出している。

3 — T. I., *Prayin' for Help* in *Urban Legend* (Grand Hustle, 2004).

また、ヒップホップにはブルースのようにキリスト教的なモチーフが見られる。Nas の *Hate Me Now* のミュージックビデオや 2Pac の Makaveli(マキャベリ)名義のアルバム *The Don Killuminati* のカバーでは、ラッパーがイエス・キリストに自身を模して十字架に架けられるイメージが映し出されている。*Hate Me Now* の歌詞はヒップホップで成功し、大金を得た自分に嫉妬して憎む人々に向けた内容となっている。この歌詞は一方では拝金主義的な内容となっているが、自分のことを誰も理解せずにただ憎むということに、人々の無理解がイエスを十字架にかけたことを重ねているとも解釈できる。

2Pac, *The Don Killuminati: The 7 Day Theory* (Death Row, 1996)

また、Ja Rule(ジャ・ルール)は父に捨てられた自身の経験とその苦し

みを歌った曲に *Only Begotten Son*（神の独り子）というタイトルをつけている。それは、十字架で「わが神、わが神、なぜわたしをお見捨てになったのですか」と叫んだイエスの苦しみに自身の苦しみを重ねるものである。Ja Rule はヨハネによる福音書 3 章 18 節を冒頭で引用し、それに続いて 3 章 16 節を読み替えて "The father so feared the world that he left his only begotten son to shed his blood, in order to show that pain is love"（父はその独り子が血を流したままで去るほどにこの世を恐れた。苦しみは愛であることを示すためである）とフックでラップしている [4]。

以上のように、ヒップホップにおけるキリスト教的なモチーフを用いた表現は、ブルースのそれとは異なるものである。ブルースは歌手自身や聴衆がなじんでいたモチーフとして聖書の物語を歌の題材としたのに対して、ヒップホップは神との関係のなかから生の現実を徹底的に見ている。そして、伝統的な宗教のシンボルやモチーフを新しく解釈して用いることは、伝統的な教義をインナーシティの現実に合わせて再構築する神学的行為である [5]。ブルースは聖書の物語を現実に伝えるための喩えの手段としたのに対し、ヒップホップは聖書の物語に生の意味を見出そうとした。それは、教会の救いから排除された者が自らの経験や現実を聖書の言葉に重ねることをとおして、教会の権威を否定し挑戦する行為だといえる。

ブルースとヒップホップの違いは、両者が誕生した時代背景の違いからも説明できる。ブルースが誕生した奴隷制廃止後から 20 世紀初頭の南部において、白人の脅威に晒されていた黒人教会は奴隷制廃止後も続く厳しい現実に対して答えを示すことができなかった。そればかりか、教会に聖俗二元論が浸透したため、生の葛藤をありのままに歌うブルースを批判することしかしなかった。その結果、ブルースは教会に懐疑的にならざるをえず、聖書の言葉に生の現実に対する答えを見出そうとしなかったのだろう。一方で、ヒップホップが誕生したのは、ネイション・オブ・イスラームをはじめとするブラック・ナショナリズム的聖書解釈の伝統がすでに構築されていた時代である。つまり、教会の伝統的解釈とは異なる聖書解釈がアフリカ系アメリカ人社会に継承されてきたことによって、ヒッ

4 ― Ja Rule, *Only Begotten Son* in *Venni Vetti Vecci* (Def Jam, 1994).

5 ― Ralph C. Watkins, "Rap, Religion, and New Realities: The Emergence of a Religious Discourse in Rap Music" in *Noise and Spirit: The Religious and Spiritual Sensibilities of Rap Music* ed. by Anthony B. Pinn (New York, NY: New York University Press, 2003), pp. 188.

プホップはその歌詞のなかに神や天国への視点を取り入れることができたのだ。

また、以降に述べるが、ヒップホップはこの世の現実を歌うだけでなく、宗教的な歌の領域とされた天国に見出される希望をも描いている。この点において、ヒップホップはまさに、霊歌と同様の役割を果たしているといえるだろう。つまり、現世での生を徹底的に見る視点と天国への希望とを共にラップするヒップホップは、二元論によって切り離された聖と俗を結びつけるものであり、ブルースのような世俗的な霊歌としての救済的機能と霊歌のような宗教的概念による救済的機能の両方を兼ね備えているのである。

聖と俗の再会
—— Styles P の歌詞を中心に

このヒップホップにおける聖と俗の混在について、イマニ・ペリーは re-union（再会）と表現している [6]。つまり、ヒップホップは聖と俗が再び出会う空間だということである。ペリーは音楽における聖と俗の明確な境界線の背景には、アフリカ系アメリカ人の公民権運動の指導者が人種差別に対抗する手段として、自分たちの道徳的優越性を強調するために、戦略的に聖のイメージを取り入れようとしたことがあると指摘している [7]。差別と闘い、一級市民としての地位を求めるために、アフリカ系アメリカ人は道徳的優位性を示すことを戦略としてきた。そして、その道徳的優位性の根拠として立ち続けてきたのが教会であった。しかし、道徳性を重視する戦略の固定化は教会による世俗的音楽への批判を生み出すこととなった。道徳性の高さを黒人教会が担保する戦略が歴史のなかで形成されたことによって、音楽においても聖俗の境界線が強調されるようになり、世俗音楽に対して厳しい批判がされてきたのである。

しかし、アフリカ系アメリカ人の音楽にあった聖と俗の境界は、ヒップホップ世代においては見られなくなった。ヒップホップが誕生する直前の1960年代後期において、公民権運動の指導者のように聖のイメージを

6 — Imani Perry, *Prophets of the Hood: Politics and Poetics in Hip Hop* (Durham, NC: Duke University Press, 2004), p. 5.

7 — Ibid, p. 5.

8 ― Ibid. この時期に、アフリカ系アメリカ人の社会運動の中心が教会からブラック・ナショナリスト組織に移行していったことも、おもな要因と考えられる。

9 ― Styles は、The LOX のメンバーとして、1995 年に Bad Boy Records と契約し、*Money, Power, Respect*（1998）というアルバムでデビューした。2002 年には *A Gangster and a Gentleman* で ソロデビューも果たしている。Styles はこれまでに、銃による暴力やドラッグの売買といったストリートの厳しい現実、またそうした現実のなかから成り上がることについてラップしてきた。

10 ― The LOX のセカンドアルバム *We Are The Streets*（2000）収録の *Felony Niggas*、*Recognize*、*You Told Me* などでも、暴力的な事柄や犯罪について歌われている。

11 ― The LOX, *Living The Life* in *Money, Power, Respect*（Bad Boy, 1998）.

戦略的に取り入れようとする動きがなくなったことが、ヒップホップ世代の価値観の下地をつくり上げた[8]。その結果、その世代の音楽であるヒップホップは聖と俗が再び結合（reunion）する場となった。

　この聖と俗の再会について、The LOX（ザ・ロックス）というグループのメンバーでもあり、ギャングスタ・ラップあるいはハードコア・ラップにジャンル分けされるラッパーの Styles P（以下、Styles）を中心に何人かのラッパーを取り上げてみたい[9]。以下に紹介するラッパーは、ギャングスタ・ラップあるいはハードコア・ラップというジャンルに分類され、ドラッグや銃といった反社会的な事柄の誇大化や女性蔑視をしていると批判されることがある。そのような世俗的、ひいては反社会的な事柄を歌うラッパーの作品における宗教的な表現を示し、救済との関連について分析を行おう。

　Styles は *Living the Life* という曲で、ストリートでの生活は生きるか死ぬか、やるかやられるか、金持になるか貧乏のままかという、厳しい現実のなかで犯罪に手を染めることを余儀なくされた貧困層の若者の価値観を描き出している[10]。

　　Livin' the life, either you rise or fall / It's a two-way street be large or small

　　Livin' the life, either you die or ball / It's a two-way street be rich or poor[11]

　　生きる、それは成り上がるか、破綻するか／二車線道路みたいなもんだ。大きくなるか、小さくなるか／生きる、それは死ぬか、豪勢にやるか／二車線道路みたいなもんだ。金持ちになるか、貧乏になるか

　アフリカ系アメリカ人社会において貧困はいまだに大きな問題である。最低限以下の生活を強いられるアフリカ系アメリカ人の若者にとって、富

を得るためには犯罪以外の選択肢は限られているといってもいいだろう。最低限の生活を抜け出し、いわゆるアメリカン・ドリームが提示するような理想的な生活を手に入れるために、犯罪に手を染める貧困層の若者が後を絶たない。ラッパーがそのような若者のライフスタイルを描き出すことに対して、黒人教会から大きな批判が起きている。

The LOX, *Money, Power & Respect* (Bad Boy, 1998)

しかし、多くのラッパーは社会規範に反するような歌詞を描く一方で、宗教的な問いや救済についてラップしている。Styles も、デビュー前後から宗教的な内容の曲を発表している。1997 年 3 月、当時 Styles の所属していた Bad Boy Records のラッパーである The Notorious B.I.G. が暗殺される事件が起きた。その後、The LOX は、彼を追悼する曲 *We'll Always Love Big Poppa* を発表した。この曲に、Styles の救済観が描かれている。

> I look in the clouds, hope you passed the sun / Hope you right next to God and he calling you Son / Taking you in, Angels breaking you in / This is heaven and no longer do you have to sin[12]

12 — The LOX, *We'll Always Love Big Poppa* in *Money, Power, Respect* (Bad Boy, 1998); 曲名にある Big Poppa は The Notorious B.I.G. の愛称。

> 俺は雲を見上げて、こう思う。あんたが、もう太陽を越えて天国に着いているといいなって／神様の真横に座って、神様があんたを「我が息子よ」って呼んでくれてるといいなって／そして、天使もそこに迎え入れてくれている／ここは天国だから、これ以上罪を犯さなくてもいい

24 歳の若さでこの世を去った B.I.G. も、貧困から生じる犯罪や暴力、貧困層からの成り上がりについてラップしてきたラッパーである。彼自身、ニューヨーク市のブルックリン区にあるベッドフォード・スタイヴァサントという厳しい地区で育ち、12 歳のころからドラッグの売買に手を染めるようになり、17 歳のときには銃の不法所持と違法薬物売買で逮捕された経

歴をもっている。

　そのような人生を歩んだ B.I.G. への追悼曲で、Styles は、ヒップホップ世代にとって天国がどのような場所であるのかということを描いている。ラッパーが描くヤクザ者のように犯罪に手を染める者は、社会規範に照らせば法律によって制裁を加えられて当然の存在と見なされる。しかし、貧困層のヒップホップ世代にしてみると、貧困を生み出すのは社会であり、富を得るためには犯罪以外の選択肢は限られている。犯罪の道を選んで社会規範から逸脱した者は、ヤクザ者として社会や教会に蔑まれるが、その罪を赦されて存在できるのが天国なのである。また、天国は、生活のために犯罪に手を染めることから生じる葛藤や苦難から解放される場所としても認識される。

　このような天国観は、The LOX の *Recognize* での Styles の歌詞からもうかがえる。

> If I knew heaven had a ghetto that was sweeter than here / You know P would pack his bag and just leave next year / but I got a son to raise So I'ma stay in this hell [13]

13 — The LOX, *Recognize* in *We Are the Streets* (Ruff Ryders, 1998).

> もし天国にゲットーがあるなら、ここよりも居心地がいいはずだ／俺なら荷物をまとめて、来年にでもそっちに行く／でも、息子を育てないといけないから、この地獄にとどまるのさ

　この歌詞は、ヒップホップ世代にとって地上の社会は地獄のようなものであると Styles が考えていることを示している。貧困層のアフリカ系アメリカ人にとって、現世は最低限以下の生活を送るにせよ、命の危険を冒して富を手に入れようとするにせよ、地獄のようなところである。また、差別や偏見による警察からの暴力や社会的な構造からの抑圧という現実も、ヒップホップ世代にとっては地獄である。それに対して、天国はこの世の苦しみから解放され、社会的規範に反する行いをした者が赦されるとこ

129

第
2
節　　　　　　　　　　　　ヒップホップの宗教性

ろである。

　このような天国観は他のラッパーにも見られる。1996 年 9 月に何者か
の銃撃によって殺された 2Pac の未発表曲を集めたアルバム *Better Dayz*
に収録されている *Thugz Mansion* では、天国にあげられた者の視点が
描かれている。

　　Dear momma don't cry, your baby boy's doin good / Tell
　　the homies I'm in heaven and they ain't got hoods / […] / Just
　　think of all the people that you knew in the past that passed on
　　/ they in heaven, found peace at last / Picture a place that they
　　exist, together / There has to be a place better than this in heav-
　　en [14]

14 ― 2Pac, *Thugz Man-*
sion in *Better Dayz*
(Interscope, 2002).

　　オフクロ、泣かないで。あんたの息子はしっかりやってるよ／友達
　　には、俺はいま天国にいて、ここにゲットーはないって伝えてくれ／
　　[…] ／この世にいない知人の顔を思い浮かべてみて／その人たち
　　は天国にいて、やっと平安を手に入れた／その人たちが一緒にいる
　　場所を想像してみて／こんな場所 (現世) よりももっと良い場所が天
　　国にはあるはずさ

　2Pac は自身が天国に行ったという想定でこの曲の歌詞を書いているが、
曲中では Sam Cooke (サム・クック) や Marvin Gaye (マーヴィン・ゲイ)
といったすでに他界した昔の R&B のアーティストたちと交流する様子が
天の楽園というイメージと共に映し出される。そして、それらのアーティス
ト以外にも、自分たちと同じように苦しい生活を強いられてきた人々が苦
難から解放され平安に過ごす場所として、天国が描かれている。
　さらに、暴力や薬物など現世での反社会的な行いをしてきた者の死後
の世界での報いに対する疑問も、神や天国といった宗教的な表現の背
景にある。多くのラッパーが家族や友人といった近親者を若くして失った

体験をもとにした曲を書いているが、なかでも Bone Thugs-n-Harmony（ボーン・サグス・アンド・ハーモニー）の *Crossroad* はその代表的な曲である。この曲は 1996 年に発表されたグループの 2 枚目のアルバム *E. 1999 Eternal* に収録されており、Bone Thugs-n-Harmony と師弟関係にあり 1995 年にエイズで亡くなった Eazy E（イージー・イー）をはじめ、グループのメンバーの家族や友人を追悼するために書かれた曲である。

　曲の冒頭での "Now, tell me what you gonna do / when it ain't nowhere to hide / when judgment comes for you"（神による裁きの時が来たらどうする？　逃げ隠れはできないんだぜ）という歌詞や、曲中で "Now, follow me roll stroll whether it's hell or it's heaven. Come let's go take a visit to people that's long gone"（さあ、俺についてきてくれ。行き先は地獄か天国かわからないけど、あの世にいってしまって久しいやつらに会いに行こう）とラップしていることから [15]、交差路や岐路を意味する *Crossroad* という曲名は天国と地獄、あるいは現世と来世の分岐点を表していると解釈できる。

　もともとこの曲はメンバーの親友の Wally という人物の死を追悼するために書かれた曲である。原曲では、親友の死を聞いたメンバーの Wish Bone（ウィッシュ・ボーン）が、天国と地獄、現世と来世、反社会的な Thug（悪党）の救いの問題について神に尋ねる言葉を以下のような歌詞に綴っている。

15 ― Bone Thugs-n-Harmony, *Crossroad* in *E. 1999 Eternal* (Ruthless, 1996).

16 ― Bone Thugs-n-Harmony, *Crossroad (Original Mix)* in *The Collection Volume One* (Ruthless, 1998).

　　Can a nigga tell me why so many my niggas had to die, so much pain / ［…］ / And a nigga gettin' high, thinkin', back in the days when we did some fucked-up thangs / Now, I gotta ask God if that's the reason my homie's gone away [16]

　　誰か教えてくれ。なぜ俺のツレが苦しみのなかで死なないといけないんだ／［…］／ハイになって考えてみたら、俺たち昔はめちゃくちゃ悪いことをしてたよな／それが理由でツレがこの世からいなくなってし

ここでは、自分の家族や友人が若くして死を迎えたことは反社会的な生き方に起因するのか、ということが問われている。このことを神にわざわざ問うているのは、そうではないという答えを求めているからである。それは、倫理的に悪いことであるとわかっていながら反社会的な生き方を選ばざるをえなかった状況への、神の憐みを求める言葉だといえるだろう。あるいは、Crossroad を死と命が交差する場所と考えるなら、ストリートの現実のなかでこそ神に出会い、天国に近づけるというヒップホップ世代の宗教観を描いているともいえる[17]。

ヒップホップでは薬物や銃器の違法売買といった反社会的行為が誇大化されて描き出されるが、そこでは、そうした現世の倫理観にそぐわない暮らしをしているヒップホップ世代の人間も天国に行けるのかが問われている。換言するならば、厳しい現実のなかで反社会的生活を余儀なくされる貧困層の若者は、神に受け入れられるのかということが問われているのだ。ヒップホップでは、天国を苦難から解放される場所というだけでなく、反社会的存在として見られるヒップホップ世代が受け入れられる場所とすることで、生への希望を見出そうとするのである。

一方で、Raekwon の Heaven or Hell のように、天国を否定する曲もある。曲中において、"Do you believe in heaven or hell? / You don't believe in heaven cuz we livin' in hell"（天国か地獄を信じてるか？／天国なんか信じられるわけがないだろうな。なぜなら、俺たちは地獄のなかを生きているんだから）と、天国を信じることができないほどに現実が過酷なものであることを表現している[18]。この歌詞は、ヒップホップ世代にとって、既存の宗教が示す「天国」の概念が限定的なものであることを伝えている。つまり、過酷な現実を生き、反社会的な方法でしか生きることができない者にとって、ヒップホップ世代を断罪する教会の提示する「天国」とは自分たちには閉ざされた、限定された者しか許されない場所である。ゆえに、自分たちとは遠く離れたところにある「天国」に希望を見出すより

17— Ralph C. Watkins, "Rap, Religion, and New Realities," pp. 190-191. Master P（マスター・ピー）の I Miss My Homies in Ghetto D（No Limit, 1997）においても、"I Keep smilin', knowin' I'mma see you in the crossroad"（俺は笑い続けるぜ、crossroad でお前に会えるってわかっているからな）とフックで歌われている。

18— Raekwon, Heaven or Hell in Only Built 4 Cuban Linx（Loud, 1995）.

Prodigy, *Return of the Mac*（Koch, 2007）

19 — Prodigy, *Legends* in *Return of the Mac* (Koch, 2007).

も、目の前にある過酷な現実をいかなる手段を用いても生存しようとすることそのものに意味を見出そうとするのである。

さらに、Mobb Deep の Prodigy（プロディジー）はソロ作の *Legends* で "Gangsters don't die, we just turn to legends / All we go through is hell, what the fuck is a heaven? "（悪党は死なねえ、伝説になるだけさ／俺たちが味わうのは地獄だけ、天国っていったいなんの意味がある）と、Raekwon 同様に天国を否定している[19]。そして、地獄を生き抜いた悪党はその反社会性ゆえに「天国」での救いに与ることができなくても、その生き様が語り継がれて伝説となることによって永遠の命を与えられるという考え方が示されている。

ヒップホップにおいて、天国は、反社会的生活を送ってきた者が赦される場所であるだけでなく、犯罪の道を選んだ者の内面的な葛藤、貧困や差別的な社会の抑圧から生じるさまざまな苦難から解放される場所として描き出される。そうした天国像が想像されるのは、教会側の示す救いが限定的であり、個人主義化した教会においては、反社会的な生活を送る者は地獄に行くとして批判されるからだろう。ヒップホップ世代は、そのような教えを説く教会に救いを求めることができなかったために、ヒップホップをとおして新しい天国像を描き出し、そこに自分たちの救いを求めたのである。

このヒップホップ世代の天国像に関連して、彼らの経験する痛み、苦難がヒップホップの歌詞において宗教的に言及されている。ヒップホップ世代の直面する問題のなかでも、「死」が身近なものであることについては前述のとおりである。この問題について、多くのラッパーが言及してきた。とりわけ、友人の死を経験した者の悲しみがヒップホップにおいて共有されている。DMX は神との対話を模した *Angels* という曲で、友を亡くしながらも、その悲しみのなかで厳しい現実と向き合わなければいけない苦難と、神に支えられながらそれを乗り越え、生きる希望を見出すさまを描いている。

さらに、ヒップホップはそうした個人的な苦難だけでなく、貧困のなか

にあるヒップホップ世代が生活のなかで経験、あるいは目にするさまざまな苦しみを描いている。Styles は *Black Magic* という曲で、そうした苦しみについて次のように描いている。

> My heart goes out to the homeless and poor / and my niggas in the bin that didn't go to the board / Wit a 25 to L on your back the shit is too cold / And for the kids that didn't get they school clothes[20]

20 — **Styles P,** *Black Magic* in *A Gangster and a Gentleman* (Ruff Ryders, 2002).

> ホームレスや貧しい人に心が痛む／それから刑務所に入ってる俺の友達も／終身刑なんて酷い話だ／それから、学校に着ていく服もない子供たちにも心が痛むよ

続けて、ドラッグ中毒者とドラッグの売人の両者の痛みについて、次のように描いている。

> Ask God when he stoppin the pain / A fiend got a shoelace on his arm and he poppin his vein / and the needle look dirty but I'm close to reaching thirty / And the only thing I know it's a profit to gain / I might cry but I'm still cold / I might be cold but I still cry[21]

21 — **Ibid.**

> いつになったら、この苦しみが終わるのか神に尋ねる／ヤク中が靴ひもで腕を縛って、クスリを注射してる／注射針が汚いけど、俺ももう 30 歳に近い／なんとかして金を儲けないとやっていけない／泣くかもしれないけど、俺は冷酷な奴だ／俺は冷酷な奴だけど、それでも泣くこともある

ドラッグ中毒者はその中毒による苦しみから抜け出すために、さらにド

ラッグを取り込まなければならないという負のサイクルの苦痛のなかにある。また、ドラッグの売人は、生活のためにドラッグを売り続けなければならず、良心の呵責のなかにあるという現実がここで歌われている。

　Styles はそのような現実を描き出すだけでなく、その現実のなかにある苦しみがいつ終わるのかと神に尋ねている。さらに、"I'm dropping pain on the beat"（この苦しみを音にぶつける）と歌うことで、ヒップホップ世代の抱える苦しみを共有し、その問題を提示するだけでなく、救済という次元にまで高めている。この点において、この歌詞にブルースと霊歌の両方の救済的機能が見出せるだろう。

　先に紹介した 2Pac の *Thugz Mansion* の歌詞は Nas の同名曲にも加えられているが、その曲の Nas の視点はヒップホップ世代の親の苦難にも向けられている。この曲が収録されたアルバム *God's Son* は Nas の母の他界をへて制作され、彼は自身の痛みを、2Pac の母であり息子を失ったアフェニ・シャクールに重ねている。

　　　This whole year's been crazy, asked the Holy Spirit to save me / […] / Cause I feel like my eyes saw too much suffering / I'm just twenty-some-odd years, I done lost my mother / And I cried tears of joy, I know she smiles on her boy / I dream of you more, my love goes to Afeni Shakur / Cause like Ann Jones, she raised a ghetto king in a war / […] / Cause one day we'll all be together, sippin heavenly champagne [22]

22 — Nas, *Thugz Mansion* in *God's Son* (Columbia, 2003).

　　　今年1年は大変だった。聖霊に助けを求めもした／［…］／色んな苦難を味わった気がしたから／20代で母を失って／そして、喜びの涙を流した。彼女も息子のために笑ってくれているって知っている／いままでよりもっとあなたのことを夢見る／アフェニ・シャクールに敬意を表すよ／だって、彼女もアン・ジョーンズ（Nas の母）のようにゲットーのキングを戦いのなかで育てたから／［…］／だって、

いつの日か、俺たちはみんなで一緒に天国のシャンパンを飲むんだ
から

　ヒップホップではこのように苦難が描かれているが、そうした苦難を生
み出す社会に生きるアフリカ系アメリカ人の若者の神義論についても歌わ
れている。Styles は Listen という曲で、貧困の苦しみや差別的な司法制
度といった不条理を描き、神にその理由を尋ねている。

　　I gotta few things I wanna ask the Lord / Why my people
　　gotta be so poor, feel me / And why's it so rough when you're
　　young and black / They say you go to jail or get strung on crack

　　神様に聞きたいことがある／なぜ、黒人はこんなにも貧しいのか／
　　それから、若い黒人であることが、なぜこんなにも大変なことなのか
　　／あいつらは、「お前なんか、どうせ刑務所に入るかクラック漬けに
　　なるかどっちかだ」なんて言う

　　Ask the state why the cell's gotta be so cold / And why these
　　niggas here with so many years / Whole family in court crying
　　so many tears / Can you picture us living with hope [hell no]
　　/ when the same ones hanging us is giving us dope / Shit, it's
　　hard to get by / I pray to God it's still hard to get by

　　なぜ刑務所暮らしがこんなに酷いのか、政府に聞いてみろ／なぜ、
　　こいつらは何年も服役しないといけないのか／裁判所にいる家族全
　　員が涙を流している／俺たちが希望をもって生きているところを想像
　　できるか？［無理な話だ］／俺たちを吊るすやつらが、俺たちのコミュ
　　ニティーにドラッグをもち込んでいるっていうのに／なんとか生活して
　　いくってことは本当に大変だ／神に祈っても、それでも大変だ

第 3 章
Nuthin' But The Spiritual Thang ── 世俗音楽の宗教性と宗教音楽の限界

I pray for a better living / Even though I think I'm better dying / Why, cuz I'd rather hear the angels singing / Why, and I don't wanna hear my people crying, feel me black / […] / 'fore the devil get more time I'd rather see the world cease / Hit the afterlife of world peace where black men don't die, the women don't cry / and the little kids get provided for and play in the sky [23]

23 — Styles P, *Listen* in *A Gangster and a Gentleman* (Ruff Ryders, 2002)

より良い生活ができるように祈ってる／死んだほうがマシだと考えているけど／なぜかって? 天使の歌声を聴いてるほうがいいからさ／なぜって、俺の家族や友人が泣いてるのを聞きたくないからだ、わかってくれるだろ／［…］／悪魔が支配する時間が増えるくらいなら、この世の終わりを見たい／黒人の男が死なず、黒人女性が泣かないような、平和な死後の世界に行きたいよ／それにそこでは、黒人の子どもは飢えることもないし、空で自由に遊び回れるから

この歌で Styles は、現世の腐敗への失望から生じる終末への待望を描いているといえるだろう。アフリカ系アメリカ人にとって、現世での生は貧困だけでなく、薬物の蔓延や銃による暴力、人種差別やそれにもとづく不当な制度、そして「死」という困難に取り囲まれている。この歌では、その現世の対極にあるものとして天国が想定され、そこではそうしたすべての困難から解放されるのである。現世とあの世という対比をとおして天国に希望を見出しているという点で、この曲はもはや世俗的な霊歌というよりも本来の霊歌そのものといえよう。

「徹底した正直」

Styles とその他大勢のラッパーの歌詞に見られるように、ヒップホップは聖と俗についてのさまざまな考えが同時に存在する空間である。そして、

ラッパーひとりひとりがいくつもの役を演じることで道徳的あるいは精神的なジレンマを描き出せる[24]。あるいは、Styles の *Black Magic* に見られるように、悪を行わなければならない者が内に秘める聖に対する思いが描かれる。つまり、人間のなかにもとから存在する、聖と俗という切り離すことができないものが、ヒップホップでは表現されるのである。

このことについて、ペリーはヒップホップとメディアが示す道徳規範を比較している。ヒップホップとは対照的に、主流メディアは得てして善と悪という二分法による道徳規範を提示するが、それは支配的な価値観によって思想の多様性を検閲する作用しかしていない。しかし、ヒップホップはそうした二項対立的な図式を批判し、アフリカ系アメリカ人の生や共同体における複雑な事象に対して「徹底した正直」(radical honesty) によって語るものである[25]。メディアに見られるような二項対立的図式は、組織化された宗教においても起こりうる。宗教組織が権威主義的になればなるほど、聖と俗の境界線が明確にされ、思想の多様性が制限されるということは、これまでの歴史において幾度も起きてきたし、本書で検証したように黒人教会にも見られる。

それに対し、ヒップホップにおいて、ラッパーが示すひとつの価値観は固定した信条によってその善悪が判断されるのではなく、共同体に存在する多様な考えのひとつとして理解され、その共同体のコンテクストが明らかにされる[26]。ヒップホップ世代は複雑に絡み合うさまざまな事象から影響を受け、そこで生じる諸問題についてヒップホップという空間で対話を行ってきた。それは、不条理な社会におけるジレンマのなかから意味を見出すための作業であるといえるだろう。ヒップホップ世代以前の世代では、教会やそこで歌われる音楽がそのような役割を担ってきた。しかし、現在を生きるヒップホップ世代にとって霊歌やゴスペルは、そのような機能を果たせなくなってきている。それは、ヒップホップ世代のなかには公民権運動以降保守化した教会に対して不信感を抱いている者が少なからず存在していることからも明らかである。言い換えるなら、ヒップホップそのものが、アフリカ系アメリカ人社会において権威主義的になってしまっ

24 ― Imani Perry, *Prophets of the Hood*, p. 6.

25 ― Ibid.

26 ― Ibid.

た黒人教会の二項対立的な見方のなかで切り捨てられてきたということである。一方で、「徹底した正直」は徹底した生への眼差しによってアフリカ系アメリカ人の現実を歌うブルースにも見られるものである。時代は異なれど、ブルースとヒップホップが聖俗二元論にもとづく価値観の浸透した社会において誕生し、共に「徹底した正直」に立つ音楽であることは、聖俗二元論という二項対立的図式の問題点を明らかにするものである。

　つまり、教会と社会の関係の保守化を経験してきたヒップホップ世代は、それまで教会が提示してきた「聖」のイメージに失望するようになった。あるいはそれを実体の伴わないものとして捉えるようになった。そして、権威主義にもとづく二項対立的図式のなかで自分たちを切り捨ててきた教会に対して、ラッパーは祭司や預言者を演じることによって、あるいは天国における希望を描き出すことで、教会のもつ限界を批判しながら、教会という組織の枠組みの外で、自分たちの宗教的な表現をとおして救済に言及している。

　一方、ヒップホップでは、ラッパーたちが自らの悪をも晒け出すことによって、不条理に満ちた社会のなかで生きることのジレンマについての「徹底した正直」による対話が行われてきた。つまり、自らの選択のなかで受ける苦しみ、貧困や薬物といったインナーシティの現実が生み出す苦しみ、他者との関係のなかでの葛藤など、ヒップホップ世代の多様な苦難の文脈が、ヒップホップにおいて描き出されるのである[27]。

27 ― Daniel White Hodge, *The Soul of Hip Hop: Rims, Timbs and a Cultural Theology* (Downers Grove, IL: IVP Books, 2010), pp. 77-83.

　そうしたインナーシティの現実のなかで、反社会的生活を選択せざるをえなかったヒップホップ世代の若者たちは、自分たちを社会悪として批判する教会に救済を求めることはできなかった。自分たちの行いが反社会的であることを理解しつつも、生き残るためにその道を選んだヒップホップ世代の若者たちの内面的な葛藤に対して、教会は彼らに応えるよりも、むしろ拒絶したからである。その結果、ラッパーは同世代を代弁して、そうした葛藤をめぐる語りをとおして自分たちの実存的問題について考え、救済への希望を見出したのである。

　以上のように、ヒップホップはヒップホップ世代の抱える苦難や教会と

第2節　　　　　　　　ヒップホップの宗教性

の関係から、世俗的霊歌としての機能を果たすようになった。Styles や
他のラッパーの例に見られるように、ヒップホップには宗教的概念が多
用されていることがわかる。宗教的概念のなかでも、特に天国での解放
やそこに託される自由への希望という点において、ヒップホップはまさに、
霊歌と同様の救済的機能を果たしているといえるだろう。同時に、ブルー
スのように、ヒップホップではヒップホップ世代の直面する厳しい現実に
見られる、悪とみなされる事柄についても歌われている。つまり、反社会
的な事柄を徹底的に描き出すことで、不条理な世界で生きることの意味
を問いかけ、それを見出そうとする点で、ブルースの世俗的霊歌としての
機能も果たしている。この点においても、ヒップホップには聖と俗が混在
していることが明らかである。一方で、ブルースがキリスト教に対する懐
疑から神をあえて無視し、聖書の言葉に意味を見出さなかったのに対し、
ヒップホップは神と徹底的に向き合った。そして、ヒップホップ世代の置
かれた現実についての神学的対話から、教会が聖書をとおして描く救い
に対するオルタナティブを生み出した。

　以上のことを踏まえるなら、ヒップホップの宗教的な表現には以下のよ
うな類型が見られる。ひとつは、ヒップホップ世代の現実にもとづく聖書
やキリスト教的イメージの再解釈である。ヒップホップには神の独り子や
十字架など、イエス・キリストにまつわるモチーフについての表現が見られ
る。それは、聖書的イメージをとおしてヒップホップ世代の置かれた現実
を再解釈しようとする試みである。それは、奴隷制時代の南部のアフリカ
人たちが出エジプトの出来事に自らを重ねたことや、ネイション・オブ・イ
スラームにおいて旧約聖書に新たな解釈を加えてアフリカ系アメリカ人の
窮状を説明しようとした聖書解釈の伝統に通じるものである。このことは、
ブルースが聖書に対して懐疑的になり、そこに記される言葉や物語に意
味を見出さなかったのとは対照的である。

　二つ目の類型として、天国への言及があげられる。ヒップホップにおい
て、悪党、ヤクザ者が救われる唯一の場所として天国が描かれる。つま
り、ストリートでの苦難によって死を迎えた者の救済が実現する場所とし

て描き出されるのである。しかし、死後の世界や彼岸といった現世と切り離された世界だけが想定されているわけではない。ヒップホップは、現世に、とりわけアフリカ系アメリカ人の若者の苦難が反映されるストリートに天国を見出しているのである。先述の "Crossroad" や "Heaven for Gangsta" という言葉は多くのラッパーに用いられているが、それは天国についての神学的議論がヒップホップという言説空間において継承されていることを示している。

　三つ目の類型としてあげられるのは、アフリカ系アメリカ人の苦難についての神義論である。インナーシティの貧困、それに起因する犯罪の多発や暴力の連鎖、警察による不当な扱いなど、平等を理念として掲げるアメリカ社会における正反対の現実は、アフリカ系アメリカ人の若者にとって不条理でしかない。その不条理から生まれる神の存在への懐疑のなかで、生に意味を見出そうと目の前の現実について「徹底した正直」をもってラップするのである。ヒップホップにおける神義論は、教会がお題目的に示す救いに挑戦するものであり、神不在に見える現実のどこに救いを見出すのかという問いかけを提示している。そして、その問いへの答えを求めるべく、神との徹底した対話が生み出される。

　四つ目の類型としてあげられるのは、生きることそのものへの言及である。これは、三つ目にあげた神義論における問いへの応答として位置づけることができるだろう。神を信じることができないほどの不条理な現実では、与えられている生の意味は生のなかにおいてしか見出されないということである。先述の Raekwon の *Heaven or Hell* や Prodigy の *Legends* に見られるように、生きながらにして地獄のような悲惨な現実を前にして、それを生き抜こうとすることに意味が見出されるのである。厳しい現実を生きることに救いを見出すことはブルースにも通じるものであるが、そこを生き抜くことはヒップホップ世代の窮状を生み出した社会構造への抵抗という意味もある。一方で、Styles の *Black Magic* のように、その現実を生き抜こうとするなかでの葛藤が徹底的に正直に歌われるのは、善悪二元論では計ることのできない生の意味を示すためである。

第2節　ヒップホップの宗教性

五つ目の類型としてあげられるのは、生者と死者を結びつける視点である。ヒップホップはインナーシティにおける「死」の身近さの現実を伝えるが、死を迎えた者を悼むなかに神の存在や天国が確認される。つまり、インナーシティにおいて犠牲となった者がその過酷な現実のなかに死んでもなお共に生きていると信じられ、生きる者たちのあいだで覚えられ続けることは、その現実のなかにこそ神が共にいるという確信があることを示している。そして、ラッパーが無名の友の名をあげてその死を悼むなかに、聴衆は同様にインナーシティで死んでいった家族や友を重ねて慰めを得るのである。また、生者と死者を結びつける視点は、プロテスタント教会において希薄になった感覚を回復するものである。その視点の重要性を想起させている点に、ヒップホップの独自性がある。

　以上のように類型化される宗教的な表現によって、ヒップホップ世代は、不条理な社会のジレンマについてヒップホップをとおして徹底的に語り合い、共同体を維持し、生き残ってきた。不条理な社会制度や世代間の分裂、さらには教会の保守化といった厳しい現実のなかにありながらも、ヒップホップは生の本質を求めてきたのだ。このことから、ヒップホップは世俗的な音楽でありながら、ヒップホップ世代の生の意味を見出す霊歌としての宗教的な機能を果たしているといえるだろう。

第 3 章
Nuthin' But The Spiritual Thang ——世俗音楽の宗教性と宗教音楽の限界

Chapter 3
Nuthin' But The Spiritual Thang

第3節

ゴスペル・ラップの
形成と限界

　これまで、黒人教会の歴史を中心にアフリカ系アメリカ人の宗教史を
紐解きながら、ヒップホップに見られるヒップホップ世代の宗教観につい
て論じてきた。公民権運動以降の教会の変化は、公民権運動世代とヒッ
プホップ世代のあいだに断絶を起こし、ヒップホップ世代の救済観の形
成に大きな影響を与えた。その結果、ヒップホップ世代の若者たちは、
教会の外側で生まれた世俗的な音楽であるヒップホップという空間におい
て、「救い」について語り論じ合うようになった。教会が批判してきたギャ
ングスタ・ラップにおいて「救い」に関する宗教的な表現が多く見られるの
はそのためである。

　しかし、教会がギャングスタ・ラッパーたちへの批判を行ってきた一方
で、キリスト教徒の若い世代にヒップホップが浸透していった。その結果、
1970年代以降、ロックが福音派の若者らに受け入れられたことによって
コンテンポラリー・クリスチャン・ミュージック（Contemporary Christian
Music, CCM）が誕生したように、若いキリスト教徒のなかからゴスペル・
ラップやホーリー・ヒップホップと呼ばれる音楽が誕生した。初期のゴス
ペル・ラップは、キリスト教専門ラジオやテレビ局でしか放送されなかっ
た。しかし、ゴスペル・ラップは徐々にリスナー層を拡大し、2013年に
は Lecrae（ルクレイ）がゴスペル・ラッパーとして初めてグラミー賞のベス
ト・ゴスペル・アルバムを受賞した。

　本節では、ゴスペル・ラップの歴史を簡潔にたどりつつ、その拡大の
背景にはどのような要因があったのかを分析する。そして、世俗のヒップ
ホップの歌詞と比較しつつ、ゴスペル・ラップの歌詞に影響を与えている

黒人教会の変化について考察する。

ゴスペル・ラップの歴史
──CCM の流れのなかで

1979 年から 80 年にかけて、Sugarhill Gang の *Rapper's Delight* が大ヒットし、Kurtis Blow（カーティス・ブロウ）の *The Breaks* が 500 万枚を売り上げヒップホップのレコードとして最初のゴールドディスクとなったのをきっかけに、ヒップホップの市場は拡大していった。そして、ヒップホップがアメリカのポピュラー音楽のなかに浸透するなかで、ゴスペル・ラップが誕生し、ひとつのジャンルとして確立されていくこととなった。

初めて商業的にリリースされたゴスペル・ラップの曲は、1982 年にリリースされた MC Sweet（MC スウィート）の *Jesus Christ (The Gospel Beat)* という曲である。この曲は、大手の Polygram（ポリグラム）傘下に設立された Lection Records（レクション・レコーズ）というゴスペル専門のレーベルから発表された。それから 3 年後の 1985 年に Stephen Wiley（スティーブン・ワイリー）の *Bible Break* という曲が Brentwood Records（ブレントウッド・レコーズ）から発表され、キリスト教徒向けのラジオ局でヒットした。その後、CCM のレーベルから続けざまにアフリカ系アメリカ人のラッパーや牧師らによってゴスペル・ラップの曲がリリースされた [1]。

そして、1989 年に ForeFront Records（フォアフロント・レコーズ）から D.C.Talk（ディー・シー・トーク）のデビューアルバム *D.C.Talk* が出され、ゴスペル・ラップの曲として初めてビルボードのチャート 40 位以内にランクインした。さらに、彼らの 2 枚目のアルバム *Nu Thang*（1990）は、ビルボードチャートの 10 位以内にランクインし、6 ヵ月にわたって 12 位以内に留まり続けた。D.C.Talk は 3 枚目のアルバム *Free At Last*（1992）のころからポップ路線へと転向していったが、ゴスペル音楽協会（Gospel Music Association）主催のダヴ・アワード（Dove Awards）にヒップホップ部門が設けられた 1991 年から 1995 年までのあいだ、毎年ベスト・ソ

1 ──オハイオ州で牧師をしていたテクスター・ワイズが Rappin' Reverend（ラッピン・レヴァランド）名義でシングル *I Ain't Into That*（1987）をリリースし、Michael Peace（マイケル・ピース）が 3 枚のアルバム *RRRock it Right*（1987）、*Rappin' Bald*（1988）、*Vigilante of Hope*（1989）を Reunion Records（リユニオン・レコーズ）から発表した。また、P.I.D.（ピー・アイ・ディー。Preacher in Disguise の略）が、1988 年に Star Song Records（スター・ソング・レコーズ）からデビューアルバム *Here We Are* を発表した。

144

第 3 章
Nuthin' But The Spiritual Thang ──世俗音楽の宗教性と宗教音楽の限界

ング賞、ベスト・アルバム賞のいずれか、あるいは両方を受賞し続けた。

　以上のように、1980年代初頭に生まれたゴスペル・ラップは、80年代の終わりごろから90年代にかけてアメリカのキリスト教音楽市場において広がりを見せていった。その経緯はCCMの歴史から説明することができるだろう。CCMは1960年代後半から1970年代にかけて、アメリカの西海岸から始まったジーザス・ムーブメントのなかから生まれた音楽である。当時、西海岸ではベトナム戦争反対運動を契機に、愛と自由と平和を訴える若者たちがヒッピーと呼ばれるようになり、彼らの価値観や生活スタイルが世界各地に広がるようになった。それらは伝統や体制、またその制度や価値観を否定するカウンター・カルチャーとして展開していった。宗教面においては、伝統的なキリスト教価値観が否定され、The Beatles（ザ・ビートルズ）がインドを訪れたり、マリファナやLSDといった薬物を使用したりしたことから、東洋宗教に傾倒する者や、覚醒剤による精神解放を求める者が多く現れた。しかし、ベトナム戦争の終結と薬物の取り締まりの強化により、ヒッピー文化は70年代中ごろから衰退の道をたどった。

　ヒッピーたちは伝統や制度などの既成の価値観に抵抗していたことから、伝統的なキリスト教の価値観をも否定していた。しかし、1965年にカリフォルニア州コスタメサにあった信徒数25名のカルヴァリー・チャペルに赴任したチャック・スミス牧師によって、ヒッピーの若者への積極的な伝道が始められた[2]。スミス牧師はロニー・フリスビーというヒッピーでありクリスチャンの白人の若者と出会い、彼を伝道のリーダーとした。フリスビーの積極的な伝道によって多くの若者が洗礼を受け、その規模の大きさからジーザス・ムーブメントと称されるほどだった。そして、ヒッピーのなかでジーザス・ムーブメントに加わった人々はジーザス・ピープルと呼ばれ、ジーザス・ムーブメントからCCMが誕生することとなった。もともとヒッピーのあいだでは音楽をとおして愛や平和が歌われていたが、それらがキリスト教における神の愛に読み替えられていったのである。

　きっかけとなったのは、1969年に大手のCapitol Records（キャピト

2—現在、カルヴァリー・チャペルは世界各地に1000を超える支部教会をもつ。

ル・レコーズ）からリリースされた Larry Norman（ラリー・ノーマン）の *Upon This Rock* といわれている。ノーマンはそれまでもプロのロックバンド People!（ピープル!）のメンバーとして一時期活動していたが、バンドを脱退後に宗教的な体験をし、西海岸で音楽活動と並行して宣教活動を行っていた。そのなかで *Upon This Rock* がリリースされたが、テレビ伝道家らを中心にキリスト教界で世俗的なスタイルへの批判が起こり、レコード会社側も商業的失敗とみなしてノーマンとの契約を打ち切った。しかし、ジーザス・ムーブメントのなかにいた若者を中心に大きな支持を得るようになり、多くのキリスト教徒のアーティストがロックやフォークを用いてキリスト教的価値観にもとづくメッセージを歌うようになった。彼らの音楽は、ジーザス・ミュージック（Jesus Music）やジーザス・ロック（Jesus Rock）と呼ばれるようになった。そして、ビリー・グラハムら福音派の牧師たちによって、若者への宣教の手段として教会に取り入れられていった。

　それに伴い、彼らの音楽を流通させるために、若者のキリスト教音楽を専門に扱うレーベルが誕生した[3]。彼らの音楽はキリスト教専門のラジオ局で流され、地元のキリスト教書店を中心に販売されるなかで、徐々に商業的に安定していくようになった。そして、1978 年に『コンテンポラリー・クリスチャン・ミュージック』（*Contemporary Christian Music*）という雑誌が創刊されたことにより、若者による新しいキリスト教音楽が CCM として認識されていった。

　CCM が音楽産業として大きく展開されていったなかで、若者の音楽を取り入れようとする CCM の姿勢から、上述の MC Sweet や Stephen Wiley の曲が制作されたと考えられる。『ビルボード』（*Billboard*）の 1982 年 10 月号ではゴスペル特集が組まれ、そのなかで MC Sweet の *Jesus Christ* をリリースした Lection Records についても触れており、大手の音楽会社が傘下にゴスペル専門のレーベルを立ち上げて市場を拡大しているということが述べられている[4]。こうした背景から、Sugarhill Gang や Kurtis Blow らをはじめ、ヒップホップというジャンルへの認知度が上昇するのに伴って、ヒップホップをベースにした楽曲が CCM においても用

3 ― 1950 年代からキリスト教音楽を販売していた Word Records（ワード・レコーズ）の傘下のレーベルとして、1972 年に Myrrh Records（ミルラ・レコーズ）が創設された。また、1976 年には Myrrh Records の A ＆ R を務めていたビリー・ハーンによって Sparrow Records（スパロウ・レコーズ）が設立された。

4 ― *Billboard Newspaper* Oct 2. 1982.

いられるようになっていったと推測される。

　1980年代後半から1990年代にかけて、多くのゴスペル・ラッパーが現れたが、彼らの曲をリリースしてきたのはCCMの専門レーベル、あるいはゴスペル専門のレーベルであり、その多くはEMIやWARNERといった大手のレコード会社の傘下にある[5]。これらのレーベルから楽曲をリリースしたラッパーの出身地に違いはあるが、ゴスペル・ラップを市場のなかで広げようとしてきたのは、CCMの音楽産業だった。

　黒人教会がどのようにヒップホップを用いているのかについて調査したサンドラ・バーンズは、ゴスペル・ラップをCCMのなかに位置づけている[6]。MTVなどの音楽専門チャンネルで映し出される世俗音楽の世界観になじめない福音派の若者にとって、CCMは世俗音楽と同じような音楽スタイルのなかで福音派的価値観を共有できる音楽だった[7]。ヒップホップとCCMが結びつくなかで誕生したゴスペル・ラップの背景には、このようなCCMの需要があったといえるだろう。そして、ゴスペル・ラップの楽曲では、ヒップホップの音楽形式に乗せて、キリスト教的、ひいては福音派の価値観にもとづくメッセージが歌われている[8]。つまり、ゴスペル・ラッパーにとって、ヒップホップはキリスト教のメッセージをこの時代に生きる人々に伝えるための手段なのである。

ゴスペル・ラップにおける
人種の境界線

　ゴスペル・ラップはCCMという音楽産業のなかのひとつのジャンルとして確立されていったが、その歌詞の内容は人種間の境界線を明確に示している。ゴスペル・ラップが徐々に広がりを見せた1980年代後半から1990年代初頭は、福音派・宗教右派に支持されたレーガン、ブッシュ・シニアが政権を握った時期である。しかし、富裕層を優遇した政策によって黒人社会は失業や貧困といった問題を抱えるようになり、さらには、「麻薬との戦争」によって、多くの黒人の若者が投獄されることとなった。そのような状況のなかで、公民権運動の指導者のひとりでもあったジェ

[5] — Brentwood Records, Brainstorm Artists International（ブレインストーム・アーティスツ・インターナショナル）、Word Entertainment（ワード・エンターテイメント）、ForeFront Records、Reunion Recordsなどのレーベルがゴスペル・ラップの黎明期からレコードをリリースしてきた。

[6] — Sandra L. Barnes, "Religion and Rap Music: An Analysis of Black Church Usage" in *Review of Religious Research*, vol. 49, No. 3 (Mar., 2008), p. 321.

[7] — Jay Howard and John Streck, *Apostles of Rock: The Splintered World of Contemporary Christian Music* (Lexington, KY: University of Kentucky Press, 1999), p. 5.

[8] — Sandra L. Barnes, "Religion and Rap Music: An Analysis of Black Church Usage," p. 322.

シー・ジャクソンが1984年と1988年の大統領選に出馬している。

　そのような人種の境界線によって政治が大きく分裂した時代の状況が、ゴスペル・ラップにも二つの流れを生み出した。ひとつ目の流れはCCMを受け入れてきたアメリカの福音派を背景とするラッパーたちである。福音派がゴスペル・ラップを取り入れるようになったのは、1980年代後半にはヒップホップが若者のあいだで人種を超えた人気の音楽ジャンルになり、そして、アフリカ系アメリカ人のゴスペル・ラッパーたちが登場していたからだと推測できる。その流れから誕生し、福音派の価値観を象徴していたのが上述のD.C.Talkである。

D.C.Talk, *D.C.Talk*（ForeFront, 1989）

　D.C.Talkは、アフリカ系アメリカ人のMichael Tait（マイケル・テイト）、白人のToby McKeehan（トビー・マッキーハン）とKevin Max（ケヴィン・マックス）の3人で構成されたグループである。彼らは宗教右派団体モラル・マジョリティ（Moral Majority）の創設者のひとりでもあるジェリー・ファルウェルが1967年に設立したリバティー大学で出会い、D.C.Talkを結成した。それぞれに保守的な福音派の家庭に育ったが、なかでもMichael Taitはファルウェルのテレビ番組『オールド・タイム・ゴスペル』で賛美歌を歌い、ファルウェル・シンガーズのメンバーとしてレコーディングにも参加していた[9]。

　1989年のデビューアルバム*D.C.Talk*以降、1990年代後半にいたるまで、彼らの音楽は白人のキリスト教徒向けのラジオのトップチャートに君臨し続けた。また、上述のように、D.C.Talkはダヴ・アワードのヒップホップ／ラップ部門を1991年から1995年にかけて毎年受賞した。さらに、グラミー賞のベスト・ロック・ゴスペル・アルバム賞を、1994年、1997年、1998年、2002年に受賞している。これは、宗教右派が勢力を拡大していた時代のなかにあって、D.C.Talkが白人キリスト教徒の価値観を表していたからだといえるだろう[10]。

　しかし、D.C.Talkの音楽が白人キリスト教徒向けのラジオ放送で流され続けたのに対して、アフリカ系アメリカ人のゴスペル・ラッパーの曲が流されることはほとんどなかった。また、1991年から2018年まで、ダヴ・

9 ― Steve Dougherty, "Rap Finds God – The Group DC Talk Uses 'Devil's Music' to Spread the Lord's Message" in *People Magazine* January 24, 1994, vol. 41, No. 3. http://www.people.com/people/archive/article/0,,20107361,00.html（2015年7月9日アクセス）

10 ― Erika Gaults, "My Soul Knows How to Flow: A Critical Analysis of the History of Urban Black Christian-Themed Rap" in *Urban God Talk: Constructing a Hip Hop Spirituality* ed. by Andre E. Johnson (Lanham, MD: Lexington Books, 2013), p. 175.

アワードにおいてアフリカ系アメリカ人ラッパーがヒップホップ部門で受賞したのは、全体の半分に満たない。アフリカ系アメリカ人のゴスペル・ラッパーが白人キリスト教徒向けのラジオ放送で避けられてきたのは、厳しい現実を見つめる彼らの曲の内容が白人福音派の価値観に疑問を投げかけるものだったからだといえるだろう[11]。逆の言い方をすれば、ヒップホップ世代のヒップホップへのアプローチは、D.C.Talk のそれとはまったく異なる価値観を示すものだったということである。

個人的な魂の救いを強調し、福音派の価値観をもとに歌う彼らの音楽は、郊外に住む福音派を背景とする白人の若者たちに受け入れられていったが、アフリカ系アメリカ人の若者たちを捉えることはなかった。D.C.Talk をはじめとする白人ゴスペル・ラップは福音主義的価値観を歌うばかりで、人種間格差などの問題に言及してこなかったからである[12]。D.C.Talk の Michael Tait はアフリカ系アメリカ人であり、*Gah Tah Be* という曲では "No matter what race, creed, color, or sex"（人種、信念、肌の色、性別に関係なく）とラップしているが、それはキリストを救い主として受け入れることのみに向けられている[13]。世俗のラッパーが社会問題について歌い、ギャングスタ・ラッパーが貧困層の厳しい現実を生々しく歌うなかで、ヒップホップ世代の価値観を表していたからこそ若者の支持を得たのとは対照的である。

D.C.Talk に代表されるような白人の福音派を背景とするゴスペル・ラップに対する、もうひとつのゴスペル・ラップの流れは、アフリカ系アメリカ人によるゴスペル・ラップである。彼らも白人のゴスペル・ラッパーたちのように、福音派的な聖書の読み方を厳格に守り、イエスを救い主として受け入れることをラップしている[14]。しかし、同じ福音派のキリスト教価値観を抱きながらも、そこに反映されているのは白人とは異なる社会状況である。

アフリカ系アメリカ人のゴスペル・ラッパーのなかには、元ギャングのメンバーだった者、あるいは薬物の売買といった反社会的行為によって生活していた者が多くいる。彼らは以前の反社会的な生活から回心した者

---

11 — Ibid.

12 — Ibid, pp.175-176.

13 — D.C. Talk, *Gah Tah Be* in *D.C. Talk* (Fore Front, 1989).

14 — http://www.new-calvinist.com/christian-rap-music-of-the-new-calvinists/（2016年7月21日アクセス）。ラッパーたちも教派は異なるが福音派的背景をもつ教会と関係がある。このネット記事では、ラッパーのみだけでなく、南部バプテスト派や新カルヴァン派（neo-Calvinist、2000年代に登場した福音派のグループ）といった福音派の背景をもつ牧師たちがゴスペル・ラップを支持していることが書かれている。

であり、彼らにとって救済とはイエスを救い主として受け入れるだけでなく、反社会的な生活と訣別してキリストと共に新たな生き方を歩むことなのである。その点において、彼らが音楽をとおして福音を伝えるという行為は、白人の福音派が展開してきた CCM とは別次元のものである。

　したがって、彼らの音楽の目的は、自分自身の個人的な回心体験を歌詞に綴ることで、昔の自分と同じような境遇のなかにいる若者に向けてメッセージを伝えることである。たとえば、ロサンゼルスで対立する二大ギャングのブラッズ（Bloods）とクリップス（Crips）の元メンバーの 3 人によって構成される Gospel Gangstaz（ゴスペル・ギャングスタズ）の一員の Mr. Solo（ミスター・ソロ）はインタビューのなかで次のように述べている。「Gospel Gangstaz は人を助けるための位置にいるんだ。なぜなら、俺たちはキリストの福音が本当のものだっていうのを見たからな。キリストのおかげで、俺たちの人生はクラックを売ったり、車から銃撃したり、車を盗んだり、不純なセックスをしたりすることから、平和と喜びと幸せの人生へと変わったんだ。だからこそ、俺たちは地元（'hood）に戻って俺たちの光を照らしたいんだ」[15]

　彼らの回心体験の背景にあるのは、ギャングスタ・ラップにおいても描かれる「死」の身近さである。Gospel Gangstaz の *Before Redemption* という曲では、Mr. Solo が "I'm headed for an early grave, G / Death is trying to phase me / I need to make a 180" （おい兄弟、俺は早死にするみたいだ／死ぬこと考えたら、心がひるむぜ／生き方を 180 度変えなきゃいけないみたいだな）とラップし、反社会的な生活において死を身近に感じるなかで、神や新しい生き方への変化を求めてもがく者の姿が描かれている[16]。

　また、B.B.Jay（ビー・ビー・ジェイ）は *Po' No Mo* という曲のなかで、貧困や失業率の高さに苦しむアフリカ系アメリカ人の若者の苦しみを日常的なものとして描き出している。

They see you struggling job juggling / laugh while you won-

Gospel Gangstaz, *Gang Affiliated* (Frontline, 1994)

[15] — http://www.christianmusic.com/gospel_gangstaz/gospel_gangstaz.htm（2016 年 7 月 21 日アクセス）。フッド（'hood）とは neighborhood を省略したスラングで、地元、あるいはスラムのような低所得者層の住む地域の意味で用いられ、そこには貧困に起因する治安の悪さが暗示されている。

[16] — Gospel Gangstaz, *Before Redemption* in *Gang Affiliated* (Frontline, 1994).

dering will I ever overcome suffering / Lord please deliver from this lifestyle / I'm crying cuz it hurts / I have no revenue G / tell me how a brother supposed to make ends meet in debt, I'm in deep [17]

17 — B.B.Jay, *Po' No Mo* in *Universal Concussion* (Jive, 2000).

　みんな、お前が苦労してるし、仕事をいくつも掛け持ちしてるのを知っている／でも、お前がこの苦しい状況から本当に抜け出せるかと苦悶しているのを笑っている／神よ、どうかこの生活から解放してください／本当につらくて、俺は泣いている／なあ、俺には収入はいっさいないんだ／大きな借金も抱えて、どうやって生活をやりくりすればいいか、兄弟、教えてくれ

　B.B.Jayはこのようにラップし、続けて詩編30編5節を引用しながら、"Joy cometh in the morning but I need to know when! "（「朝と共に喜びが来る」、しかし、それがいつなのか教えてくれ）と神の義を求めるような言葉をラップしている[18]。そのような状況に対して、"We need the Lord out here in this troubled land / Putting all my trust in the Lord because you can / You got the whole world in your hand! "（この荒れた場所に、俺たちは神を必要としている／神よ、あなたに全幅の信頼を置きます。あなたにできないことはないから／「この世のものはみな、すべてあなたの御手のなかにある」）と黒人霊歌 *He's Got The Whole World In His Hand* の歌詞を引用してラップしている。

18 — Ibid. なお、英語に沿って訳すために、この箇所は新共同訳聖書ではなく、口語聖書訳に依った。

19 — Garth Kasimu Baker-Fletcher, "African American Christian Rap: Facing 'Truth' and Resisting It" in *Noise and Spirit: The Religious and Spiritual Sensibilities of Rap Music*, ed. by Anthony B. Pinn (New York, NY: New York University Press, 2003), pp. 36-37.

　ゴスペル・ラッパーたちは、貧困やそれによって起こる犯罪などの諸問題について歌うよりも、そこから生じる反社会的行為からの悔い改めを強調している。彼らは自分自身の過去と回心してキリスト教徒となった現在とを照らし合わせるなかで、憎悪、恨み、妬み、情欲、殺人、窃盗などの行為や感情の背景に「悪」がいると捉えており、そこに福音派的価値観が大きく結びついている[19]。彼らは、貧困のなかで反社会的あるいは反道徳的な行動をとらせてしまう人間の弱さを「悪」とするが、そのような行

為の源泉となる環境や状況を生み出す社会の構造に目を向けていない。これは、前章で紹介したように、Styles が Listen という曲のなかで、そのような社会的状況を生み出し弱者を支配する力を「悪魔」と呼ぶのとは異なる視点である。

このように、アフリカ系アメリカ人のゴスペル・ラップには、福音派のキリスト教理解と貧困層の厳しい現実という二つの次元があり、それらはそれぞれに白人のゴスペル・ラップと世俗のヒップホップに重なる部分である。アフリカ系アメリカ人のヒップホップ世代として、そして貧困から生じる厳しい現実を実際に生きてきた者としてラップしている面は、世俗のヒップホップに通じるものである。彼らは自問しながらも反社会的な行為を繰り返していたことや友を失う悲しみを歌い、同じ境遇にいる若者のもがきや苦しみを共有しようとしている。一方で、彼らの多くは、困難な状況から抜け出せたのは、神と出会い、イエス・キリストを救い主と受け入れたことによって、新しく生まれ変わることができたからだという回心体験を語り、同じ境遇にいる若者たちにも「救い」に与るようにと奨励している。ギャングスタ・ラッパーたちが、貧困ゆえに反社会的な生き方を続ける者は天国に入れるのかと問いながらも、不条理な現世の対極にあるものとして天国を捉え、そこに救いを見出してきたのとは対照的である。

ゴスペル・ラップは反社会的な生活をしてきた者たちの回心体験の「証し」となる表現を可能にし、また、過去の彼らと同じ境遇にある若者にイエス・キリストのメッセージを解釈する方法を示してきた[20]。しかし、キリストを受け入れ、反社会的な生活を悔い改めよというゴスペル・ラップのメッセージは、アフリカ系アメリカ人社会の直面する諸問題の本質から目を逸らせるものになりかねない。個人の反社会的な行いを悔い改めるべき「悪」とする視点だけでは、反社会的な行為や犯罪の原因となる貧困を生み出している社会の全体的な構造を批判的に見ることが困難になるからである。

20 — Ibid, p. 44.

ゴスペル・ラップと
黒人教会

　そのようなゴスペル・ラッパーの視点は、CCM を積極的に取り入れて
きた福音派の教会の価値観に立っているといえるだろう。彼らは回心体
験をへてキリスト教徒になり、過去の自分と同じ境遇の若者へと伝道する
ために、ヒップホップ世代の共通言語であるヒップホップを取り入れた。
それは、世代間の価値観の違いや若者の置かれている現実に目を向けよ
うとしない伝統的な黒人教会の従来の伝道に反発を抱いていたからだ。
それに対して、教会はそのようなゴスペル・ラッパーを世俗のラッパーと
同一視し、否定的な立場を示してきた。Gospel Gangstaz の Mr. Solo
はインタビューで教会からの否定的な反応について、「なんらかの理由で、
教会の人々はヒップホップに偏見をもっている。彼らは俺たちの格好を見
て、ラップを何か悪いことのように考えているみたいなんだ。下品な歌手
なんていくらでもいるのに、教会の人たちは彼らのことをそういうふうには
見ない」と述べ、若者の側に立ったアプローチを試みるゴスペル・ラップ
に対する教会の無理解を嘆いている [21]。

　ゴスペル・ラッパーの多くは、反社会的な生活をしている若者たちへの
理解を示しながらキリスト教のメッセージを伝えようとするために、若者た
ちが親近感をもてるような格好をし、また、人気のあるラッパーにスタイ
ルや声色を似せてラップしている [22]。しかし、Mr. Solo が言及している
教会が黒人教会であるとするなら、高い道徳性を重視する伝統的な黒人
教会にとってみれば、ゴスペル・ラップは世俗のヒップホップと見かけから
して同じものであり、彼らの価値観や道徳的規範から大きく外れた排除
すべきものということになる。

　21 世紀に入り、教会を中心的に担う世代が公民権運動世代からヒッ
プホップ世代へと移り変わっていくなかで、ヒップホップを教会の伝道や
宣教の手段として取り入れる牧師が現れている。しかし、1800 以上の
黒人教会を調査したサンドラ・バーンズの研究によれば、黒人教会の牧
師や長老、信徒のなかには、礼拝などに取り入れるにはヒップホップは

---

21 — http://www.gos-
pelflava.com/articles/
gangstaz.html（2016
年 7 月 21 日アクセス）

22 — Garth Kasimu
Baker-Fletcher, "Afri-
can American Chris-
tian Rap: Facing 'Truth'
and Resisting It," p. 42.
たとえば、B. B. Jay は No-
torious B.I.G.、Gospel
Gangstaz は Bone Thugs
-n-Harmony、Easop（イ
ソップ）は 2Pac に似た声と
スタイルでラップしている。

あまりにも世俗的であると考える者が多かれ少なかれ存在している[23]。また、ヒップホップに積極的な理解を示す牧師らによって書かれた *Gospel Remix: Reaching the Hip Hop Generation*（2007）において、ラルフ・ワトキンスは、黒人教会の福音の本質は、黒人を罪からだけでなく、身体的、政治的、社会的抑圧から解放することであるとし、ヒップホップ世代への福音伝道を行うために黒人教会の変革の必要性を訴えている[24]。しかし、実際にはその多くは伝統に固執し、霊的にも教勢的にも成長できておらず、「死にかけ」ていると批判している[25]。

　ワトキンスの訴えの背景にあるのは、第1章で論じた価値観の違いによるヒップホップ世代と黒人教会との断絶である。そして、ヒップホップ世代の尊厳の回復や抑圧からの解放が、黒人教会にとって最重要の課題とされるべきであるというワトキンスの考えがうかがえる。ワトキンスが黒人教会の宣教の変革を訴えるのは、アフリカ系アメリカ人が伝統的な教派を離れて、福音派の教会、特にペンテコステ派を背景とする教会に移行していることへの懸念があるからだといえる。この現象が起きている要因として、1990年代以降に登場したペンテコステ派を背景とするクレフロ・ダラー、T.D. ジェイクス、エディー・ロングといったアフリカ系アメリカ人のテレビ伝道家でもあるメガ・チャーチの牧師たちの台頭に見られる、黒人教会の新しい動きがあげられるだろう[26]。

　たとえば、ダラーやロングはもともとバプテスト派の教会で育ったが、彼らの信仰理解や説教の内容にはペンテコステ派の影響が大きく現れている。そして、彼らのメッセージの中核にあるのが、ペンテコステ派から生まれた「繁栄の神学」である[27]。「繁栄の神学」は、「十分の一献金」を忠実に実行することを求め、そのようにする信仰の篤い者に神は富を約束されると説いている[28]。「繁栄の神学」を説くアフリカ系アメリカ人のテレビ伝道家によって、アフリカ系アメリカ人キリスト教徒は1980年代から90年代にかけてアフリカ系アメリカ人社会の窮状を招いた政権を支持した福音派の教会に徐々に移行していくこととなった。そして、伝統的な黒人教会や「解放の神学」が伝えてきた支配からの解放や抵抗のメッセージ、自

23 ― Sandra L. Barnes, "Religion and Rap Music: An Analysis of Black Church Usage," p. 333.

24 ― Ralph Watkins, "A Charge to Keep I Have: Institutional Barriers to Reaching the Hip Hop Generation" in *Gospel Remix: Reaching the Hip Hop Generation* ed. by Ralph C. Watkins (Valley Forge, PA: Judson Press, 2007), p. 46.

25 ― Ibid, p. 47.

26 ― Erika Gaults, "My Soul Knows How to Flow," pp.177-178.

27 ― 英語では、prosperity theology や prosperity gospel と呼ばれる。また、success theology（成功の神学）と呼ばれることもある。

28 ― 彼らはペンテコステ派の背景をもっていることから福音派の価値観や聖書理解を有しているが、過剰な献金の呼びかけや経済的な豊かさの

追求、「繁栄の神学」を説く牧師のスキャンダルなどに対して、福音派やペンテコステ派そのものからの批判が起こっている。福音派の牧師ビリー・グラハムによって始められたローザンヌ運動も、2014年に「アチバイア声明」をとおして「繁栄の神学」を批判している。

29 ― Ibid.

由を求める取り組みは、自己利益の追求へと矮小化されていった[29]。

「解放の神学」は、アフリカ系アメリカ人を政治的、経済的な抑圧から解放するために、社会構造の変革や価値観の転換により自らのルーツの尊厳の回復をめざすものである。そのような「解放の神学」がアフリカ系アメリカ人社会の全体的な解放を目的としているのに対し、「繁栄の神学」は経済的繁栄という個人的な成功の実現を説いている点で正反対のものである。一方、社会全体よりも個人のあり方に重点を置く「繁栄の神学」の視点は、悔い改めによる個人の救済を強調するゴスペル・ラップに通じるものである。

たとえば、先述のB.B.Jayは *Po' No Mo* においてアフリカ系アメリカ人社会の貧困問題を訴えていたが、*Don't Be Mad* という曲には「繁栄の神学」の影響が見られる。B.B.Jayは、"When you see me flossin, whippin somethin awesome / Don't be mad at fat dad cuz you walking / When you had a job shoulda paid yo' tithes"（俺が高価なものを身に着けて、高級車を乗りまわしてるのを見ても／お前は車がなくて歩くしかないからって、俺に嫉妬しないでくれよ／仕事があったときに、ちゃんと十分の一献金しとくべきだったな）とラップし、彼の経済的な繁栄は十分の一献金を忠実に行うという信仰深さに由来するものだと説いている。

Mase, *Harlem World*
(Bad Boy, 1997)

30 ― "Ex-Rap Star Mase Starts Ministry in Atlanta" in *Jet* December 11, 2000, p. 56.

「繁栄の神学」とヒップホップの関連でもっとも話題になったのは、Mase（メイス）の宣教活動である。Maseは前節で紹介したStyles Pと同じ時期にBad Boy Recordsに在籍し、1997年にデビューアルバム *Harlem World* をリリースし、一躍トップスターとなった。そして、1999年に2枚目のアルバム *Double Up* をリリースしたが、その直後に、神からの召命を受けたとして引退を表明した。自分の音楽によって間違った道へと導いた多くの人々のために、神から与えられた言葉を語ることを決意したと述べている[30]。

牧師となったMaseは2000年にアトランタを拠点に宣教活動を開始した。「十分の一献金をできるように、しっかりといろんなことを整えましょう。

155

第3節　ゴスペル・ラップの形成と限界

神様がやってきますからね」と礼拝で語る Mase の言葉には、「繁栄の神学」の影響が色濃く表れている[31]。これは「繁栄の神学」が若い世代に浸透していった結果だと考えることができる。また、アフリカ系アメリカ人のテレビ伝道家らがヒップホップ文化における消費主義のエートスを、中産階層に許容できるように具体化させていったからだとも考えられる[32]。伝統的な黒人教会が世俗音楽への批判的な立場からヒップホップの救済的側面を取り入れることをしなかったのとは対照的に、「繁栄の神学」を打ち出す新鋭の黒人教会や牧師によってヒップホップの消費主義の側面が取り入れられてしまったということである。

一方で、「繁栄の神学」に対する批判はゴスペル・ラップにおいても見られる。グラミー賞を受賞した Lecrae は *Church Clothes* という曲で次のようにラップしている。

> I ain't tryna hate on my own kind / But Al and Jesse don't speak for me / I'm probably gon' catch some flak man / Some of these folks won't tell the truth / Too busy tryna get them racks man / Church tryna rob my paycheck / Pastor manipulatin / I wonder what he's gon' say next [33]

> 自分と同じ人種の人たちのことを悪く言いたくないけど／アルもジェシーも俺のことを代弁してくれない／こんなこと言ったら、批判の的にされるよな／でも、大抵の人は真実を言おうとはしない／それに、自分の金儲けに必死だからな／教会だって俺の給料小切手を奪おうとしてくる／牧師は人々を操作しているのさ／そんな牧師が次になんて言うか見ものだな

この歌詞は、アル・シャープトンやジェシー・ジャクソンといった公民権運動の指導者だった牧師だけでなく、教会で金儲けをしようとする者として「繁栄の神学」を掲げる牧師たちを批判している。つまり、「繁栄の神

31 — https://www.youtube.com/watch?v=z7AQ6tSf8w4&index=14&list=PL44BF-0177C4E4C3ED（2016年7月21日アクセス）

32 — Erika Gaults, "My Soul Knows How to Flow," p. 180.

Lecrae, *Church Clothes* (Reach, 2012)

33 — Lecrae, *Church Clothes* in *Church Clothes* (Reach, 2012).

学」は若者を救済するふりをして金を騙し取っているという、ヒップホップ
世代の不満を Lecrae は描いている。

　Lecrae らゴスペル・ラッパーたちは、これまでのラッパーたちのように、
アフリカ系アメリカ人の若者が直面する問題に言及しており、反社会的
行為という個人的な罪から抜け出して新しい一歩を踏み出すためにイエス
を救い主として受け入れることをラップしている。一方で、そのように歌う
近年のゴスペル・ラッパーたちのことを懸念する声が、ヒップホップを教
会に取り入れる牧師たちからあがっている。シカゴでヒップホップを取り入
れながら教会形成を進めてきたエフレム・スミス牧師は、ゴスペル・ラッ
パーたちに向けて、「解放の神学」や「和解の神学」、また、キング牧師
やジェイムズ・コーンの神学思想に学ぶべきだと訴えている [34]。

34 ─ http://www.
efremsmith.com/cate-
gory/blog/2011/05/ho-
ly-hip-hop-and-calvin-
ism-an-odd-marriage-
indeed/（2015 年 7 月
29 日アクセス）

ゴスペル・ラップの
多様性と限界

　ゴスペル・ラップは、ヒップホップ市場の黎明期である 1980 年代初頭
に伝道の手段として取り入れられる形で誕生し、ヒップホップの音楽形式
に乗せ、単純な押韻によって福音派の教義や価値観をラップしていた。
そして、CCM の市場拡大に伴って、ゴスペル・ラップは人種の境界を
越えて福音派に広がっていったが、ゴスペル・ラップに対する教会の姿勢
も一枚岩ではなかった。ゴスペル・ロックなどの CCM が誕生したときに
白人の福音派教会から反発を受けたように、ゴスペル・ラップに対する反
応もさまざまであった。その多様な反応の背景にあるのは、それぞれの教
会や教派の聖書理解や価値観、宣教方針の違いである。黒人教会にお
いては、第 2 章で考察した伝統的な教派の価値観が、ゴスペル・ラップ
への否定的な反応にも見られる。それは、次章で触れるが、ブルースの
旋律をもとにしたゴスペルが当初黒人教会で受け入れられなかった状況
と類似している。一方で、アフリカ系アメリカ人の伝統的な教派のなかで
もヒップホップ世代の若い牧師を中心に、世俗のヒップホップやゴスペル・
ラップに理解を示す牧師が現れるようになってきた。

しかし、ヒップホップ世代の牧師の福音理解も多様であるがゆえに、世俗のヒップホップやゴスペル・ラップの受容も一様ではない。リベラルな神学的立場の牧師は世俗のヒップホップにヒップホップ世代の嘆きの声を聞き、それに対する応答を模索している。そして、保守的な立場の牧師も世俗のヒップホップの若者に対する影響力を認め、ヒップホップを伝道の手段として用いようとしているが、その一方で、世俗のヒップホップをその反社会的な表現において厳しく批判し、救いは教会にあると考えている。つまり、教会の神学的・信仰的立場が、世俗のヒップホップとゴスペル・ラップに対する姿勢と密接に結びついているのである。

　ゴスペル・ラッパーに共通しているのは福音派的な信仰理解だといえるだろう。ゴスペル・ラップは初期のころから白人主流の CCM の流れにも取り込まれ、D.C.Talk のようなグループがいくつも現れた。しかし、ゴスペル・ラップでは、その初期のころから人種間における社会問題への感覚の違いが歌詞に色濃く反映されていた。白人主流の CCM に位置づけられるラッパーが、貧困や差別といったアフリカ系アメリカ人の困難に特化したメッセージを歌うことはなかった。むしろ、貧困や差別といった問題は相対化され、青少年の非行や児童虐待、薬物依存などといった他の社会問題と同列に扱われる。それに対して、アフリカ系アメリカ人のゴスペル・ラッパーは、都市部における貧困に端を発する諸問題のなかで反社会的な行為に手を染める若者たちに向けて、キリスト教の教義と合わせて自分の回心体験を歌うようになっていった。彼らは昔の自分と同じ境遇にある若者たちを反社会的な生活から救済することをゴスペル・ラップの使命としていたからである。彼らはヒップホップ世代の窮状に目を向けながらも、そこから抜け出すための唯一の道はイエスを救い主として受け入れることであるとラップしている。しかし、反社会的な生活から抜け出すことを救いとして描く彼らのメッセージは、問題の所在を個人のあり方に限定させてしまい、ヒップホップ世代の抱える諸問題を生み出す社会構造への視点を欠いている。

　とりわけ、福音派のなかでも「繁栄の神学」は個人的な救済を経済的

な問題に置き換えるものであり、アフリカ系アメリカ人社会全体の苦難から目を背けるものだとして懸念する声が先述のワトキンスの訴えには表れている。また、ヒップホップを積極的に受け入れる牧師たちのなかには、エフレム・スミスのように、ゴスペル・ラップのメッセージには「解放の神学」の視点を取り入れる余地があると指摘する者もいる。

　20世紀末から21世紀にかけて福音派が台頭し、伝統的な教会の勢力が減退していくなかで、アフリカ系アメリカ人を取り巻く環境はあまり改善されていないのが現状である。一方で、1990年代以降にはアフリカ系アメリカ人キリスト教徒が伝統的な黒人教会から離れて福音派の教会に移行するようになり、教会における人種間の関係に変化が生じることとなった。福音派のメガ・チャーチにおけるアフリカ系アメリカ人牧師の台頭によって、信仰の私事化したアフリカ系アメリカ人中産階層は、人種差別や経済格差といった問題を他の社会問題と同列とみなして相対化する福音派の信仰を、違和感なく受け止めた。しかし、アメリカのキリスト教における人種の境界線が消えつつあるように見えても、人種間の経済格差は解消されたわけではない。福音派が人種間の境界線を超えて勢力を拡大するなかで、経済格差が問題にされてこなかったのは、個人の救済を強調する福音派の価値観によるものだと考えられる。

　そうした福音派の価値観が、ゴスペル・ラップにおいて表されている。彼らも世俗のラッパーと同様に、ヒップホップ世代を取り巻く状況を取り上げているが、そこにはアフリカ系アメリカ人社会全体の解放という視点はあまり見られない。ゴスペル・ラップはその初期から、救済とはイエスを救い主として受け入れることだと限定してきたからである。この点こそが世俗のヒップホップとの大きな違いである。ゴスペル・ラップは固定化された信条や教義のみを伝える手段として誕生したものであるがゆえに、解放の神学のような救済論を展開することができなかった。そこにゴスペル・ラップの限界があるといえるだろう。

159

第3節　ゴスペル・ラップの形成と限界

コラム 2

ヒップホップ
——ローカルが示す生から聖へ

　高校の交換留学のときに過ごしたモンゴメリーでの1年(1999年夏～2000年夏)とアトランタで過ごした期間(2001年～2006年)は、ヒップホップの歴史のなかで南部のアーティストが勢力を拡大した時代と重なっている。アラバマ州モンゴメリーに住み始めた1999年の夏は、『ラップ・シティ』(Rap City)だけでなくMTVといったテレビの音楽番組でもJuvenile(ジュビナイル)の *Back That Azz Up* のミュージックビデオが毎日流れていた。それまで東海岸や西海岸のヒップホップしか聴いてこなかったために、南部のローカルなヒップホップ文化との出会いは衝撃的だった。

　というのも、南部では、Jay-Z(ジェイ・ズィー)やNasあたりのメジャーなアーティストならみんな知っているわけだが、それ以外のアーティストの名前はあまり知られていないのである。たとえば、モンゴメリーの高校でクラスメイトからどのアーティストが好きかと尋ねられ、ニューヨーク出身のプエルトリカンのデュオThe Beatnuts(ザ・ビートナッツ)

**Juvenile, *400 Degreez*
(Cash Money, 1998)**

が好きだと答えたときのことである。私は日本を出発する前に彼らが1997年にリリースした *Stone Crazy* というアルバムをよく聴いていたし、モンゴメリーにホームステイを始めたころにはアルバム *A Musical Massacre* からシングル・リリースされた *Watch Out Now* のミュージック・ビデオがテレビでも頻繁にプレイされていた。それなのに、クラスメイトはこのグループのことを知らなかった。さらに、Beatnutsというグループ名は"beat"(音)と"nuts"("crazy"と同意で使われるが、転じて「最高」「めちゃくちゃヤバい」のような意味のスラング)に由来するのだろうが、その名前を"beat nuts"("nuts"は「金玉」を意味するスラングであり、"beat nuts"で「金玉を打つ」つまり自慰するという意味になる。また、"nut"そのものも「射精する」を意味するスラングでもある)と理解して、大笑いされたのは強烈な思い出だ。

　一方で、ニューヨークからモンゴメリーのような南部の田舎に引っ越してきた学生がいたが、彼とはMos Defのことで会話が盛り上

がり、仲良くなれたということもあった。私は1997年に高校に入学したころから弁当代を浮かせたお金でレコードを買うようになったのだが、当時は Rawkus Records（ロウカス・レコーズ）というレーベルがニューヨークのアンダーグラウンド・ヒップホップの気鋭のアーティストの作品をリリースしていた時期で、私も Mos Def が Rawkus から初めてリリースした12インチシングル Universal Magnetic を買って愛聴していた。その Mos Def を通じてニューヨークから転校してきた学生と仲良くなったわけだが、彼はいつもつまらなさそうにふてくされた顔をしていて、それを不思議に思っていた。先述の Beatnuts 同様、地元の南部出身の学生たちに Mos Def の話が通じなかったことを考えると、ニューヨークのヒップホップを誰も知らず、モンゴメリーの地元のラジオでも聴けなかったことが、彼がいつもつまらなさそうにしていた理由かもしれない。そんななかで、遠い日本から来たアジア人が Mos Def という当時はまだローカルのアングラなアーティストを知っているわけだから、向こうも驚いたのだと思う。

モンゴメリーにホームステイしていた時期に、その Mos Def が『ラップ・シティ』にゲスト出演した回を観て印象に残っていることがある。それは、1999年秋ごろに『ラップ・シティ』でよく流されていたテキサス州ヒューストン出身のラッパー Lil' Troy（リル・トロイ）の Wanna Be A Baller という曲がお気に入りだと Mos Def が言っていたことである。留学する直前に日本の音楽雑誌のインタビュー

The Beatnuts, *Stone Crazy*
(Relativity, 1997)

Mos Def, *Universal Magnetic*
(Rawkus, 1997)

Lil' Troy, *Sittin' Fat Down South*
(Universal, 1998)

で Mos Def のアフリカ文化への造詣の深さや政治的なコメントを見ていたことから、コンシャスなアーティストであると受け止めていた。それゆえに、拝金主義、物質主義的な歌詞が並べられた Wanna Be A Baller をお気に入りだという Mos Def の言葉はにわかには信じられなかった。しかし、それがコンシャスと物質主義という二元論でヒップホップを語れないということが示された瞬間だった。

さて、南部での経験はヒップホップがいかにローカルなものであるかを身をもって知らされるものであった。それは、上記のように、南部の高校生がニューヨークのアーティストを知らないということにも通じている。逆に、地元での人気がヒップホップで成功するために重要であることは、いくつものアーティストの経歴にも出てくる。車のトランクに自主制作したCDを積み込んで、それを地道に売り歩くなかで、徐々に地元で火がついて人気となり、成功していったという話である。私もそのような夢を追いかけているアーティストからCDをもらったことが何度もあった。モール・ウェスト・エンドの向かいにあるファストフードの中華料理店で食事をしていると、「ヘイ、チャイナマン」と呼びかけてきた若者が「お前、ヒップホップ好きそうだな。俺の音楽聞いてくれ」とCDを渡してくれたり、といった具合だ。それは、アトランタだけに限ったことではなく、ニューヨークやニューオリンズなどを訪れると、まだ日の目を見ない若いアーティストがハッスルする姿に出会った。

そんな日の目を見ないアーティストのハッス

ルする姿に着目するようになったきっかけがある。スペルマン大学の北門から延びるジェイムズ・P・ブロウリー通りは、クラーク・アトランタ大学のキャンパスを突き抜ける形で、ウッドラフ図書館、クラーク・アトランタの学生寮へと通じている。その区間はAUCの学生たちの間ではストリップ(街路という意味)という名称で親しまれていた。そして、金曜日の午後になるとストリップのウッドラフ図書館前あたりでは、週末を迎える学生がごった返していて人いきれだった。

2001年の4月ごろだったと思うが、モアハウスでの一学期目をなんとか終えようとしていた時期に、期末テストの勉強のためにウッドラフ図書館に向かうと、細身の若い兄ちゃんがこっちにやってきて「俺、今度デビューするんやけど、このCD買わへんか。いま、流れてる曲やねんけどな」としゃべりかけてきた。少し向こうの方では、車から爆音でその曲が流れてきている。あまり興味がわかなかったので、「また今度買うわ。頑張ってな」みたいなことを言って、私は図書館に入っていった。しかし、後になってから気づいたのだが、それはデビューシングル *I'm Serious* をリリースする直前のT.I.だったのだ。おそらく、そのCDシングルを学生たちに直接手渡しながら、プロモーションをしていたのだろう。いま、思い返せばめちゃくちゃ惜しいことをした。そんなこともあって、街角でハッスルするアーティストに一目置くようになった。余談になるが、T.I.のライブDJを務めるDJ Drama(ディージェイ・ドラマ)もクラーク・アトランタ

の卒業生であり、ときどきストリップで見かけることもあった。

街角でCDをハッスルしているのは、夢を見るアーティストだけではなかった。インナーシティの街角で出会うのは、いわゆるブートレッガーである。レコードでDJをしている人ならブート盤という言葉を聞いたことがあると思うが、この「ブート」とは海賊版を意味するブートレッグのことである。そもそも、ブートレッグは「密造酒」を意味する言葉で、その語源は禁酒法時代に遡る。つまり、ブーツのなかに密造酒を隠して運んだことに由来する。そして、その運び屋がブートレッガーというわけだ。ブートレッグといえば、私がアトランタ時代の最後に住んでいた2階建てアパートにもブートレッグの酒を売っていたジェイムズというおじさんがいた。禁酒法の時代でもないのになぜブートレッグと思うかもしれないが、それは、アメリカの多くの州では土曜日の夜12時から翌日の日曜日の夜12時まで、酒類の販売が法律で禁じられているからだ。また、酒類を購入するときには、どれだけ老けて見えても運転免許証や州が発行する身分証明書の提示を求められる。つまり、ジェイムズが平日に酒を仕入れておいて、日曜日にお酒を切らしてしまった人や身分証明書をもたない人がやってきて買っていくのである。

そんなジェイムズ自身は足が少し不自由なところがあり、仕事に就くことができなかったからか、生活保護を受けながら生活していた。おそらく、サイドビジネス的にブートレッガーをしていたのだろう。ジェイムズは、よ

**T.I., *I'm Serious*
(Arista, 2001)**

く1階にある自分の部屋の外に椅子を出して座り、近所の人や「顧客」との談笑を楽しんでいた。その姿は、「働かざる者、食うべからず」と教え、何かを「生産」すること、何かを達成することを絶対視する社会のあり方にクエスチョンマークをつけるものだったといまになって思う。今日という与えられた一日を思いっきり楽しみ、大事な仲間とその喜びを分かち合うという生き方があってもいいのではないか。それに、アフリカ系アメリカ人のなかには、さんざん自分たちを搾取してきた国家のためにこれ以上まだ何かを生産しなければならないのかという思いもあるのではないか。奴隷制への賠償をしない国のために生産することを拒絶し、自分の人生を自分のために楽しむというのもひとつの抵抗ではないかと思うが、それは間違った生き方なのだろうか。

暑い日になると、ジェイムズは上半身裸になってくつろいでいたのだが、昔に手術をしたからか、その大きなビール腹を縦に真ん中で分けるように傷跡が残っていたのが見えた。そんなお腹の見た目から、周囲の人たちからは「お尻」を意味するブーティーという愛称で呼ばれていた。ある日、午前5時過ぎごろに目が覚めたので自分の住んでいた2階の部屋からふと外を見てみた。そこからは1階にあるジェイムズの部屋の玄関先が見えるのだが、朝早くの誰もいない時間にジェイムズが外に出てきて、いつもの玄関先の椅子に座った。すると、ジェイムズは手を組んで、目を閉じ、やがて、少ししてからまた部屋に

入っていった。ジェイムズは朝のお祈りをしていたのだ。いまでもこの場面をふと思い出すが、そのたびに、神様は人間が引いた聖と俗の境界線を飛び越えて、この世の困難をたくましく生きようとする者の生のなかに共にいるということが私の心に刻みつけられる。そんなジェイムズも数年前に亡くなったそうで、いまは天国で神様と談笑しているのだろう。

閑話休題、ブートレッグとは酒の密売を意味していたが、それが転じて海賊版のCDやレコードを意味する。Jadakiss（ジェイダキス）がWhyのミュージック・ビデオで、海賊版のCDを街中で売るブートレッガーに扮して警察に追いかけられるシーンがあるが、ウェスト・エンドやアトランタのダウンタウンエリアのファイブ・ポインツなどに行くと、ボストンバッグやキャリーバッグにブートレッグのCDを入れて売り歩いてハッスルしているやつらによく出会った。モアハウスと同じAUCにあるモリス・ブラウン大学の学生で仲良くなった友達にウィルというのがいたが、仲良くなったきっかけは彼がAUCのストリップでブートレッグのCDを売り歩いているときに声をかけられたことだった。「1枚やったら5ドルやけど、2枚やったら8ドル、3枚やったら10ドルにまけとくで」と、そんな割引までつけてくれるのである。

そんなこともあって、音楽ソフトの推定販売数を計上したサウンドスキャンによると白人の若者たちがヒップホップの主たる購買層であるという言説は、実際にはそうとは言い切

れないと感じていた。大手レコード会社に属するアーティストたちは、サウンドスキャンにもとづいたマーケティングによって白人のリスナーを意識したような曲を作らされる一方で、ミックステープを通しても楽曲を流通させているからである。

そもそも、ミックステープとはDJたちが自分のスキルや所有するレコードを自慢したりするためのプロモーション手段のひとつとして誕生したものだ。そして、このミックステープもよくよく考えるなら、正規にリリースされた曲を著作権を無視して使用しているという点でブートレッグCDに通じるものがある。そんなミックステープは、日本ではDJのスキルや選曲に重きが置かれているように感じるが、アメリカではDJだけでなくラッパーにとっても重要なプロモーション手段となっていた。ミックステープは、ラッパーがレーベルからリリースする公式のものではなく、それゆえに既存の販売システムとは無関係のものであり、自分の音楽をストリートのリスナーに直接届けることができるというわけである。

ラッパーが未発表の音源やフリースタイルをまとめたもの。人気のDJがホストとなってベテランから新進気鋭のラッパーまでの曲をコンパイルしたもの。ラッパーたちにとって、

ムスリムが経営するインセンス・ショップ

そんなミックステープは自分たちの属する大手レコード会社のマーケティングなどのしがらみから解放されて、好きなことをラップできる手段である。また、メジャーとの契約がない、あるいは、メジャーと契約してもなかなかアルバムがリリースできていないラッパーにとっては、ストリートでの人気を維持するための手段となる。いたるところでビーフ（敵対すること）が勃発していた2000年代、ミックステープはラッパーたちによるマイクの応酬にとって恰好の場となった。

そうしたミックステープは、大手のCDショップではなく地元の服屋などで売られる一方で、ブートレッグ化されて街なかでも売り出される。上述のウィルも、「このミックステープに、JadakissがBeanie Sigelをディスった（こけにした）曲が入ってて、めちゃくちゃヤバいことになっている」というふうに勧めてくれたことがあった。そのようにして、ミックステープがブートレッグとなって、各地のインナーシティの若者たちに届けられる。だから、郊外に住む白人の若者の手の届かないところで、ヒップホップはどんどん展開していくのである。ただ、それも、インターネット上の音楽ストリーミングサービスのサウンドクラウドなどで音源を発表するのが主流になっているいま

は、また状況が変わってきている面があるだろう(このあたりのことは、小林雅明『ミックステープ文化論』(シンコーミュージック、2018年)に詳しく書かれている)。

こうしたブートレッグ市場は、ポジティブな意味でのブラック・マーケットと呼べるかもしれない。私は「ブラック企業」や「ブラック・リスト」のように、ネガティブなことになんでも「ブラック」とつけて表現することは嫌いだ。だが、ウェスト・エンドでの生活をとおして見えてきたブラック・マーケットとは単なる闇市ではなく、アフリカ系アメリカ人の生を支える市場だった。そして、それは生を維持するための知恵を用いながら、自分たちが排除される市場に抵抗し、自分たちのための市場を生み出そうとするものとは考えられないだろうか。ブートレッグは著作権や知的財産権などの法に触れるものである一方で、大手音楽会社によって商品化された音楽は貧困層にとって高価で手の出せないものであるという現実を映し出している。つまり、ブートレッグは、郊外に住む裕福な白人向けにプロデュースされた音楽をインナーシティの若者の手に取り戻すための手段だということである。

そして、ブラック・マーケットで売られ

るのは、CDやDVDだけではない。ウェスト・エンド駅を出たところすぐに、マルコムXやボブ・マーリーなどアフリカ系のリーダーやアーティストの写真をプリントしたTシャツやインセンス(お香)を売っていた露店があった。そのような露店では、コラム①で紹介したシュライン・オブ・ブラック・マドンナに売られているような、街なかの本屋では手に入りにくい本が売られていることもしばしばある。それは、ハーレムやブルックリンの目抜き通りにある露店でも同じである。そして、それらのブラック・マーケットによって提供される知識が、ヒップホップにおける高度な宗教的・哲学的議論を支えてきたともいえる。

そんなことを考えるなら、ブラック・マーケットはインナーシティやアフリカ系アメリカ人のヒップホップ世代に対話を生み出す大きな役割を担っているといえるかもしれない。なぜ差別や貧困、主流社会からの排除という現実のなかで生きなければならないのか。なぜまともな教育が受けられず、警察から嫌がらせを受けなければならないのか。そうした問いやその問いのなかで生じる感情がヒップホップではさまざまな形でラップされる。権力に対して中指を立てて怒りを表す者、

インセンス・ショップの店内

アフリカ系アメリカ人の宗教的伝統や知の財産のなかから答えを見出そうとする者、音楽をとおして厳しい現実から解放されて生の喜びを伝えようとする者。ヒップホップ世代の現実に対するさまざまな応答をヒップホップは示してきた。

　しかし、それは決してラッパーからリスナーへの一方通行で終わるものではない。ラッパーのラップする言葉がリスナーのあいだに対話を生み出すのである。新しいアルバムやミックステープのリリース、ラジオでのフリースタイルのオンエアーのたびに、モアハウスの食堂や寮、AUC のストリップでは、若者たちがその内容について熱い議論を交わしていた。あるいは、授業のなかでも、ヒップホップの歌詞が取り上げられることがあった。モアハウスのアフリカン・アメリカ研究科の主任だったマーセラス・バークスデイル教授は、ジョージア州ゲインズヴィル出身であり、当時すでに 60 代だったにもかかわらず、彼がファンだった T.I. の曲を時折授業で取り上げていた。そして、2004 年からはアフリカン・アメリカン研究科で、「黒人の美学」（Black Aesthetic: Hip Hop）という授業が開講されている。

　また街なかでは、見ず知らずの人同士がバスや地下鉄で「何聴いてる?」というところから出発して、「誰々のあの曲でこんなことがラップされてるで」とか「あの曲で歌われてるのと同じことが、この間にどこどこで起きた」「そういえば、あのラッパーはあそこが地元やったな」と、社会問題やローカルな話題にまでさまざまな広がりを見せる会話を交わしていた。そして、そのようなローカルを生きる人々の対話が、そのローカルに生きるラッパーにも戻ってくるのである。また、ヒップホップそのものが対話空間であるために、他のローカルの出来事が自分のローカルの出来事に重ねられながら、インナーシティの現実におけるさまざまなテーマについての対話が積み重ねられてきた。

　そのようなローカルをめぐるヒップホップのサイクル、また、インナーシティでの生をめぐるさまざまなテーマについての対話の場となるヒップホップは、アフリカ音楽の性質を受け継ぐものだ。つまり、音楽は日常の生活と密接に結びついているということである。そして、それは、アフリカの宗教の特徴にもつながるものである。聖なるものとそうでないものとのあいだにはっきりした区別がないがゆえに、宗教は生活と切り離すことができない。生のさまざまな現実を描き出しながら対話を生み出すヒップホップは、アフリカの宗教の性質そのものを示している。

　そして、そんなヒップホップは、イエスの姿にも通じるのではないだろうか。生活の場を愛し、民衆の生活のなかを共に生き、対話をとおして救いとは何かを問いかけながら、生の現実に共にいる神を知らせたイエスは、シナゴーグで教えながらも、つねにストリートに立ち続けたからだ。救いは宗教のなかにあるのではなく、ローカルな生のなかにある。そんなことを伝えたイエスの姿はヒップホップに受け継がれている。

I'm a praise God and thank God that I'm here

Fame (M.O.P., *Blood Sweat and Tears* in *First Family 4 Life*, Relativity Records, 1998)

第4章

神を讃えて、いまここで生きていることを感謝するぜ

Holy State of Mind

ホーリー・ステイト・オブ・マインド

Chapter 4

聖俗二元論を超えて

前章では、コーンの『黒人霊歌とブルース』における世俗的霊歌の概念をもとに、ヒップホップの宗教的表現の果たす機能を明らかにした。しかし、世俗音楽が宗教的な機能をもつことは、世俗という言葉がその背景とする聖俗二元論の矛盾を明らかにするものである。また、ゴスペル・ラップが誕生したことは、聖俗二元論に立つ教会が、若者のあいだで流行している世俗音楽を選択的に受容したことを意味する。これは、聖俗二元論の境界が実は曖昧なものであるにもかかわらず、もっぱら教会の権威を維持するために利用されてきたことを示している。

　以上のことをふまえ、本章では聖俗二元論の問題を掘り下げ、それをヒップホップがいかに超克してきたのかを論じる。そして、ヒップホップが救いについての多様な議論を展開するなかで果たしてきた宗教的機能を明らかにする。

第 4 章
Holy State of Mind──聖俗二元論を超えて

Chapter 4
Holy State of Mind

第 1 節

聖俗の境界線と
アフリカ系アメリカ人の
二重意識

黒人教会における
聖俗の境界

　これまで、ヒップホップの救済的機能やゴスペル・ラップと教会の関係について考察してきたが、どちらにも影響を与えているのは黒人教会のヒップホップに対する姿勢である。黒人教会が世俗的なラップだけでなく、ゴスペル・ラップをも世俗的な音楽とみなして距離を置こうとするのは、その歴史から生み出された黒人教会の性質によると考えられる。黒人教会は、人種主義に抵抗しアメリカ市民としての社会的地位を獲得するアフリカ系アメリカ人の闘いのなかで、高い道徳性や倫理性を強調する戦略をとってきた。しかし、その戦略によって排除されてしまう者がいた。このことを示す最たる例のひとつが、キング牧師が指導したアメリカ南部のアラバマ州モンゴメリーでのバスボイコット運動の陰に隠されたひとりの少女である。

　バスボイコット運動のきっかけとなったのは、1955 年 12 月 1 日にローザ・パークスというアフリカ系アメリカ人女性がバスの座席を白人乗客に譲ることを拒否して逮捕された事件である。しかし、ローザ・パークスが逮捕される 9 ヵ月前、1955 年 3 月 2 日、クローデット・コルヴィンという当時 15 歳の少女が、バスの座席を白人乗客に譲るのを拒否した者として初めて逮捕された。モンゴメリーのアフリカ系アメリカ人たちは彼女の逮捕をうけて、もともと計画していたバスボイコット運動を実行に移そうとしたが、協議の末に取りやめることとなった。事件直後にコルヴィンが未婚でありながら妊娠しているのが発覚したこと、そして、治安の悪い地域

に住んでいたことから、運動の中心に据えるにはふさわしくないと判断された のである[1]。

　道徳性の高さを示すことによって人種差別に対抗しようとする戦略は、 奴隷制時代に誕生した北部の黒人教会に由来する。この戦略はバス・ボ イコット運動でも用いられた非暴力による抵抗に通じる。つまり、人種主 義者の暴力に対して非暴力で応じることによって、人種主義者を上回る 道徳性を示すと同時に、そのような道徳性をもつ者を攻撃する人種主義 の愚かさを露わにするのである。そうした道徳性の高さを示す戦略は人 種差別との闘いにおいては有効であったが、一方でアフリカ系アメリカ人 社会内部の中産階層と労働者や貧困層のあいだに境界線を生み出すも のとなってしまった。そして、道徳的な優位性という戦略が、黒人教会の 社会問題に対する消極的な姿勢や保守的な価値観に反映されていった。 この問題への懸念は、モンゴメリーでのバスボイコット運動を振り返るキ ング牧師の回顧録にも以下のように綴られている。

　　意識しているにせよいないにせよ、教会は、たったひとつの階級 だけに迎合するときはいつでも「欲するものは何人でも来らしめよ」と いう門戸開放主義のもつ精神的な力を失って、底のあさい見せかけ の信仰しかもたないものになってしまう危険におちいるものだ[2]。

　　彼らのうちの少数の忠実な人たちは、絶えず社会問題に深い関心 を示してきたが、大多数の人たちは、社会的に責任をとらねばなら ぬような領域からは遠ざかっていたのだ。[…] 牧師というものは、「福 音を説き」人々の魂をひたすら「天上のもの」に集中させておかねば ならないのだ。だが、どんなに誠実であろうと、宗教についてのこう した考えはあまりにも偏狭だ、とぼくは感じた[3]。

キング牧師の率いた運動は、教会の保守的な体質とのせめぎ合いのな かで、人種隔離政策の撤廃をなし遂げるために必要なアフリカ系アメリカ

1 ― http://www.bi-ography.com/news/ black-history-un-sung-heroes-clau-dette-colvin（2015 年 12 月 4 日アクセス）

2 ― M・L・キング『自由へ の大いなる歩み』、15 頁。

3 ― 同上、29-30 頁。

人社会の階層の違いを超えた団結を生み出した。しかし、公民権運動以降、教会は再び保守化の道をたどった。その結果、公民権運動世代とヒップホップ世代のあいだに境界線が生じてしまった。

それを象徴するのが、第1章でも取り上げたハーレムのアビシニアン・バプテスト教会のカルヴィン・バッツ三世牧師によるヒップホップへの反対運動である。そもそも、バッツはキング牧師の母校であるモアハウス・カレッジを卒業し、ユニオン神学校で修士号を取得した解放の神学の立場に立つ牧師である。そして、公民権運動が公民権だけでなく、教育、住宅、雇用、福祉の改善など、社会的権利や人権を求めて闘ったことを受け継いで、劣悪な環境にあるハーレムの地域改善のために尽力してきた。アビシニアン教会の主任牧師になってからは1989年に「アビシニアン開発」(Abyssinian Development Corporation)という法人団体を発足させている。しかし、そのようなバッツであっても、メディアに投影されるラッパーのイメージや彼らの反社会的、反倫理的な歌詞を表面的にしか受け止めることができなかった。バッツはギャングスタ・ラップを流通させる大手音楽会社を非難したが、ラッパーの反社会的な歌詞に描かれる厳しい現実を生み出す社会の構造を批判する視点はもてなかったのである。

黒人教会と
ポピュラー音楽

黒人教会は、道徳的優位性を戦略的な手段として用いてきた。しかし、いつの間にかその手段が目的となってしまい、反社会的な事柄だけでなく、世俗的な文化にも厳しい姿勢が取られるようになっていった。その姿勢の背景にあるのは、黒人教会の聖俗二元論的な価値観である。反社会的な事柄を歌うラッパーは道徳的には許しがたいものであり、アフリカ系アメリカ人社会の向上やそれをめざす運動を邪魔するものでしかないとされる。あるいは、社会的な問題に関心のない教会においては、教会的なものを聖とし、それ以外のものを俗とする二元論のなかで、ヒップホッ

プに否定的な姿勢が取られたともいえる。

　黒人教会が否定的な姿勢を取ってきたのは、ヒップホップに対してだけではない。前章で考察したブルースについても、黒人教会は「悪魔の音楽」として非難してきた。さらに、いまではキリスト教の音楽として幅広く知られるようになったゴスペル音楽に対しても、当初多くの教会で否定的な態度が取られた[4]。ゴスペル音楽はブルースの旋律を取り入れて、キリスト教のメッセージを歌うものだったからである。しかし、ゴスペルの父と呼ばれる Thomas Dorsey（トーマス・ドーシー）によって、ブルースの音楽的特徴とキリスト教的なメッセージを結び合わせた「ゴスペル・ブルース」というジャンルが生み出され、キリスト教徒たちのあいだで流行するようになると、多くの黒人教会でゴスペルが受け入れられていった。

　また、ドーシーのように世俗音楽のスタイルを教会に見合う形でアレンジして受け入れる手法は、R&B アーティストたちにも楽曲を提供した Andraé Crouch（アンドレ・クラウチ）やヒップホップの要素をゴスペルに取り入れた Kirk Franklin（カーク・フランクリン）に継承されていった。そして、ゴスペル・ラップもその流れに位置づけられる。黒人教会は世俗音楽に批判的な姿勢を見せてきたにもかかわらず、そこに集う人々は世俗音楽の様式を取り入れて宗教的表現を試みてきたということである。

　この点について、ブルースをはじめ、アフリカ系アメリカ人のポピュラー音楽の宗教的側面について研究したテレサ・リードは、ペンテコステ派／ホーリネスとアフリカ系アメリカ人の世俗音楽の関係を指摘している。19世紀末から 20 世紀初頭にかけて、チャーチ・オブ・ゴッド・イン・クライスト（COGIC）をはじめ、アフリカ系アメリカ人のペンテコステ派／ホーリネス教団がいくつも誕生した。そして、ペンテコステ派／ホーリネス教団が台頭した世紀の転換期は、アフリカ系アメリカ人のポピュラー音楽が誕生した時期でもある。シンコペーションを多用したアフリカ的な特徴をもつラグタイムが南部のニューオリンズで 1890 年代に誕生し、1910 年代まで全米で大流行した。このラグタイムを原型にして、1910 年代終わりごろにジャズが発生したといわれている。そして、南部から北部への大移動

4 ― William L. Banks, *The Black Church in the U.S.: Its Origin, Growth, Contribution, and Outlook*（Chicago, IL: Moody Press, 1972), p. 110.

に伴って、ジャズ音楽家たちも演奏の機会を求めて北部の大都市に移住した結果、全米へと広がっていった。

このジャズと同時期に生まれたのがブルースである。ブルースの背景にあるのは、奴隷制廃止後の社会において自由となったときに生じた諸問題である。それは、いまだに立ちはだかる差別や貧困であり、また、自由になったからこそ可能となった男女間の恋愛関係から生じる葛藤や性的な事柄である。ブルースはそれらの生の現実を正直に歌うものであったばかりに、教会から「悪魔の音楽」として非難された。

しかし、生の現実を扱うブルースの誕生は、アフリカ系アメリカ人の意識の変化を反映している。つまり、奴隷制下における関心は天国とそこで得られる救いや魂の安息にあったのに対し、奴隷制廃止後は厳しい現実をどう生きるのかという生に直結した問題にあったということである[5]。その結果、歌われる事柄が「聖なるもの」から世俗的な事柄へと変化していった。そして、この変化が表れたブルースの誕生は、南北戦争直後の南部での黒人教会の発展期と重なっていたために、「教会に適切な音楽とそうでない音楽という明確に異なる二つのカテゴリー」への認識をより確実なものにした[6]。

一方で、ブルース歌手の多くは教会音楽から大きな影響を受けたことを認めている。彼らは、幼少期に通っていた教会で歌を歌った経験をとおして、うめくような歌声や震え声といった技術や音楽的素養を培っていた[7]。なかには、生涯をとおして教会との接点をもち続けたブルース歌手もいる。また、当時、ブルース歌手と同じ宗教的背景から、ギターを手に町から町へと旅をしながら、改宗を目的に宗教的な歌を歌う「ギター・エヴァンジェリスト」と呼ばれた人々がいた。彼らは通りに立って、ブルース歌手と同じようにスライド奏法を用いながら、自作の歌や定番の賛美歌に手を加えたものを歌って生計を立てていた。奴隷制廃止後の南部には、世俗音楽であるブルースと宗教的な歌を歌うギター・エヴァンジェリストが現れたが、どちらも教会から大きな影響を受けたのである。

19世紀末に録音技術の誕生に伴って音楽産業が開花し、1920年に

5 ― Teresa L. Reed, *The Holy Profane*, pp. 8-9.

6 ― Ibid, p. 9.

7 ― Alan Young, *Woke Me Up This Morning: Black Gospel Singers and the Gospel Life* (Jackson, MS: University Press of Mississippi, 1997), pp. 3-4.

ラジオ放送が始まったことで、アフリカ系アメリカ人の世俗音楽がアメリカ全土に広まっていくこととなり、アフリカ系アメリカ人の音楽における聖と俗の境界にもその影響がおよんだ。史上初めて録音されたブルースといわれる Mamie Smith（メイミー・スミス）の *Crazy Blues* が 1920 年に発売され、爆発的にヒットしたことをきっかけに、レコード会社はアフリカ系アメリカ人購買層の存在に気づいた。そして、1923 年までには各社が彼らに向けてブルースやジャズ、ゴスペルの制作を開始し、それらの音楽を売るためにレイス・レコード（Race Record）という音楽ジャンルをつくった [8]。

　すると、聖と俗の境界線を超えて音楽をレコーディングするブルース歌手が現れるようになった。ブルースの歌手のなかから、偽名を使って宗教的な歌を録音して発売する者が何人も出てきたのだ [9]。彼らが偽名を使ったのは、ブルース歌手として知られた自分の名前で楽曲を売り出しても、教会勢力からの反発を受けて売れなくなると考えたからである [10]。しかし、なかには本名・芸名を問わず、名前を変えることなく、宗教的な曲を録音したアーティストもいた。ブルースを聴きに来た客の前で宗教的な歌を演奏することは滅多になかったが、上述のように、ブルース歌手の多くはもともと教会で音楽的素養を培っていたために、持ち歌のなかには宗教的な歌もあったわけである [11]。そして、ブルース歌手として経歴を積んできた者のなかには、後にギター・エヴァンジェリストに転向する者も現れた [12]。

　このように、教会はポピュラー音楽の台頭に対して音楽に聖俗の線引きを行った。しかし、それが歌手や聴衆の意識と必ずしも一致するものではなかったことは、聖と俗が混在する現象から見て取れる。その聖俗混在の典型ともいえるのが、先述の Thomas Dorsey である。Dorsey は敬虔なキリスト教徒の家庭に生まれたが、思春期に大衆劇場に出入りするようになり、ブルース歌手 Georgia Tom（ジョージア・トム）として、名を成していった。一方で、若かりしころには自身にとって最初の宗教的な歌である *If I don't get there* を作曲している。そして、1920 年代のほと

8 ― 大和田俊之『アメリカ音楽史 ―― ミンストレル・ショウ、ブルースからヒップ ホップまで』講談社、2011 年、39 頁。

9 ― Alan Young, *Woke Me Up This Morning*, p. 9.

10 ― Reed, *The Holy Profane*, p. 10.

11 ― Alan Young, *Woke Me Up This Morning*, p. 10.

12 ― Ibid, p. 11.

んどはジャズやブルースの奏者として活躍していたが、家庭の危機や鬱病などの理由からキリスト教徒としての信仰に戻り、シカゴに落ち着いた。そして、Dorsey は 1932 年までブルース歌手として録音を続けながら、ブルースの音楽的特徴とキリスト教的なメッセージを結び合わせた「ゴスペル・ブルース」というジャンルを生み出した。Dorsey にとって聖俗の違いは重要ではなく、ゴスペルもブルースも感情を伝達する媒介として同等に有効なものだったからである[13]。

ブルース歌手としても有名だった Dorsey のゴスペル・ブルースについては、受容と反発の両極端な反応があった。COGIC はゴスペル・ブルースを受け入れたが、それは、世俗音楽の様式に対して寛容な教派だったからである。COGIC は神学的には保守的であり、「悪魔の音楽」と評されるブルースを拒絶していた一方で、COGIC 創設者のメイソンは、「なぜ悪魔だけがいいメロディを独り占めするのか」という救世軍の創設者ウィリアム・ブースの哲学を取り入れて、教会の賛美において音楽を用いることを是とした[14]。奴隷制時代の教会において、フィドルやバンジョーといった弦楽器やそれらを用いた歌でさえ悪魔のものとされていたことや[15]、当時バプテスト派の教会が礼拝での楽器による演奏に反対していたのとは対照的である。

メイソンが音楽に対して寛容な判断を下したのは、ひとつには、アフリカ的な礼拝スタイルが保持された COGIC において、アフリカ性の継承されたブルースの旋律が受け入れやすいものだったからだといえるだろう。そして、もうひとつの理由としては、COGIC が新生の教団であり、他の伝統的な教団のように受け継いできた賛美歌がなかったからだと考えられる[16]。実際、1926 年にゴスペルの曲を録音したギター・エヴァンジェリストの Arizona Dranes（アリゾナ・ドレインズ）は COGIC の教会員であり、ラグタイムを取り入れた彼女のピアノの奏法は教団の音楽スタイルを体現するものであった[17]。そして、彼女の制作した *I Shall Wear My Crown* や *My Soul's a Witness for the Lord* といった曲は教団内の定番曲となっていった。また、Rosetta Tharpe（ロゼッタ・サープ）や Clara Ward（ク

13 — Michael W. Harris, *The Rise of Gospel Blues*, p. 97.

14 — Ibid; Young, *Woke Me Up This Morning*, p.9.

15 — LeRoi Jones, *Blues People: Negro Music in White America* (New York, NY: Harper Perenial, 2002 [1963]), p. 48.

16 — Teresa L. Reed, *The Holy Profane*, p. 34.

17 — Alan Young, *Woke Me Up This Morning*, p. 106.

ララ・ウォード）といった次世代のゴスペル歌手にも大きな影響を与えた[18]。

　一方で、ゴスペル・ブルースは北部の伝統的な教会では反発されることが多かった。Dorsey といくつもの曲を生み出し、「ゴスペルの女王」と呼ばれた Mahalia Jackson（マヘリア・ジャクソン）は、南部からの大移動によって 16 歳でニューオリンズからシカゴに移り住み、3 人の兄弟と共にコーラスグループを結成し、シカゴの諸教会を回って宗教的な曲を演奏していた。そのスタイルが南部独特のものだったために、シカゴの伝統的な黒人教会において嫌悪感を示されたり、追い出されたりすることがあった一方で、彼女らと同様に南部からの移住者が多く集まっていた店先教会では、以前の宗教性を保つことに貢献し、大歓迎された[19]。

　同様に、Dorsey 自身も北部の教会で受け入れられなかった経験をしている。もともとブルース歌手としての名声があった Dorsey の曲はブルースそのものであり、道徳的な高さを前提にする教会としては避けるべきものだったからである。しかし、Dorsey に対する反発は、教会の世俗音楽への批判によるものだけではなかった。それは、音楽をとおして会衆の感情が引き起こされることを牧師たちが恐れたからでもある[20]。特に、南部からの移住者にとって Dorsey のスタイルは、第 3 章で示した説教者／ブルース歌手の類似性を思い起こさせ、北部の牧師は南部のスタイルをまねていると思わせかねないものであり、牧師たちにとっての脅威となったのである。

　しかし、Dorsey は 1930 年に全国バプテスト協議会の年次大会で自作のゴスペル・ブルースを 2 曲演奏する機会を与えられ、参加者から大好評を得た。さらに、1931 年と翌年にかけて、シカゴの二つの大きなバプテスト教会の聖歌隊の指揮者に任命され、以後 40 年にわたってゴスペル・クワイア（聖歌隊）の楽曲を制作し、さまざまな可能性を試みた。そして、多くの歌手と共にアメリカ各地をツアーしながら、教会のなかでのゴスペル普及のために奮闘した[21]。

　世俗音楽であるブルースを取り入れたゴスペルが黒人教会の音楽とし

18 ― Ibid, pp. 107-108.

19 ― Michael W. Harris, *The Rise of Gospel Blues*. p. 258.

20 ― Ibid, pp. 185-186.

21 ― Joe Clark, "Thomas Dorsey" in *Encyclopedia of American Gospel Music*, ed. by W. K. McNeil (New York, NY: Routledge, 2015), p. 107.

て定着するようになると、次の世代では、教会のなかで進化したゴスペルがポピュラー音楽に影響を与えるようになっていった。1936 年から始まったビルボードのヒットチャートでは、1942 年からアフリカ系アメリカ人音楽のランキングが発表されるようになり、レイス・レコードと呼ばれた音楽は 1949 年に R&B（リズム・アンド・ブルース）と呼ばれるようになった。R&B についてはさまざまな定義がなされるが、1920 年代から 30 年代に花開いたジャズやブルースの音楽的要素を土台にして生まれた音楽だといえるだろう。その後、ビルボードのチャートでは、R&B と名づけられたアフリカ系アメリカ人の音楽部門は、1969 年に「ソウル」、1982 年に「ブラック」、1992 年には「R&B」に戻り、1999 年には「R&B ／ヒップホップ」と名称を変えている[22]。また、1950 年代に入ると、白人中産階層向けの「ポピュラー」、南部の白人労働者階層向けの「カントリー＆ウェスタン」、そしてアフリカ系アメリカ人向けの R&B の 3 つの部門に重複して登場する曲が現れるようになった。このクロスオーバー現象が意味するのは、白人音楽市場において、アフリカ系アメリカ人の音楽が人気を博すようになっていったということである。そのような現象が顕著になった 1955 年は「ロックンロール誕生の年」ともいわれている[23]。さらに、R&B はそのサブジャンル的な音楽としてソウルやファンク、ディスコを生み出し、さまざまな広がりを見せていった。

　R&B のアーティストの多くは、音楽的素養や聴衆とのやり取り、ステージでの存在感など一流の歌手として必要な才能を教会のなかで吸収、獲得していった。とりわけ、これらのアフリカ系アメリカ人のポピュラー歌手の多くはペンテコステ派教会の出身であり、彼らの音楽にはその教派的な伝統が見られる[24]。たとえば、Tina Turner（ティナ・ターナー）がライブの舞台で見せる踊りはペンテコステ派の礼拝で見られる聖霊を受けた会衆の踊りを彷彿とさせるものであり、Little Richard（リトル・リチャード）や James Brown（ジェイムズ・ブラウン）のエネルギッシュな歌い方はペンテコステ派の牧師の説教での語り口を思い起こさせる。また、Isley Brothers（アイズレー・ブラザーズ）の *Shout* という曲は女性の愛おしさ

22―大和田俊之『アメリカ音楽史』、192 頁。

23―同上、150-151 頁。

24― Teresa L. Reed, *The Holy Profane*, p. 28.

179

第
1
節　　聖俗の境界線とアフリカ系アメリカ人の二重意識

ゆえに叫んでしまう男性の感情を表現した曲だが、リードシンガーとコーラスのやり取りは、ペンテコステ派での礼拝における説教者と会衆のコール・アンド・レスポンスに見られる表現と同じである [25]。

25 — ibid, pp. 28-31.

また、ヒップホップにおいて何度もサンプリングされている Lyn Collins（リン・コリンズ）の *Think（About It）*の冒頭部分には、Collins の語りかけと聴衆の拍手やかけ声が録音されていて、会衆に力強く語りかける説教者の姿を思い起こさせる。さらに、その歌詞は、自分たちを軽視する男性に対して女性の自立を宣言しながら、二人で一緒にならなければ何事もうまくはいかないのだからと、女性との関係のあり方を熟考することを男性に迫るという内容である。女性の解放と同時に、男女が平等に手を携えて共生をめざすメッセージは、公民権運動とブラック・パワー運動、女性の解放運動をとおして生まれた解放の神学にも通じるものがある。

コール・アンド・レスポンスという点では、多くのゴスペル曲のタイトルにもなっている "Can I get a witness?"（誰か私の証人になってくれ）というフレーズが、R&B 歌手の聴衆とのやり取りのなかで多用されている。また、このフレーズをそのままタイトルにした Marvin Gaye の *Can I get a witness?* という曲のなかでは、男女の恋愛の難しさが歌われ、コーラス部分で "Can I get a witness?" と繰り返し聴衆に同意を求めている。"Can I get a witness?" というフレーズは、黒人教会に特有の言い回しであり、説教中の牧師と聴衆のやり取り、礼拝中に行われる信徒の証しのなかでよく使われるものであった。それは、日々の生活に介入してくる神について語り、神が聴衆自身の生にも関わっていることを確認するという共同体的な信仰の告白だといえるだろう。それゆえに、礼拝において "Can I get a witness?" との言葉に対して、"Amen!"（アーメン！）や "Alright!"（そのとおりだ！）との応答が聴衆から返ってくるのである。

このやり取りが教会の枠組みを越えて R&B のなかに見出されることは、歌手だけでなく、聴衆にとっても、「聖」である教会と「俗」である世俗音楽のあいだの境界線が曖昧なものであることを示している。つまり、黒人教会の音楽スタイルを受け継いだ歌手によって歌われる R&B では、俗な

100

第 4 章
Holy State of Mind ── 聖俗二元論を超えて

るものとして切り離された現実世界における葛藤に、聴衆が自分自身の生を重ねることで、生きることの意味が見出されているということである。

　また、先に名前の出た Tina Turner は前夫である Ike Turner（アイク・ターナー）と活動していたときに、Ike & Tina Turner 名義で *Gospel According to Ike*（訳せば「アイクによる福音書」となり、新約聖書にある「〜による福音書」を聴き手にイメージさせる）というゴスペル歌曲集を発表している。これは、Ike の父がバプテスト派の牧師であり、Tina を預かって育てていた祖父母が教会の執事を務めるほど熱心な信徒だったということによると考えられる。

　1950 年代を境に、黒人教会で育った若者が世俗のポピュラー音楽業界に進出するようになったのには、いくつかの要因がある。そのひとつとして、先述の Thomas Dorsey によって、ゴスペル音楽が教会という枠組みを超えるようになっていったことがあげられる。Dorsey は作曲家としてだけでなく、企業家の精神ももっていたようで、1930 年代中ごろから入場料を取ってゴスペルのコンテストを開催するようになった。その結果、ゴスペルは地域での催事や劇場、そして、1940 年代以降発展していったアフリカ系アメリカ人向けラジオ局で放送されるようになり、レコードの需要も増加していった[26]。

26 — Ibid, pp. 94-95.

　Ray Charles（レイ・チャールズ）や James Brown の自伝的映画などを見れば一目瞭然ではあるが、R&B 市場の拡大に貢献したのは若いアフリカ系アメリカ人の才能を発掘し育てたレコード会社の白人マネージャーやプロデューサーたちである。彼らはゴスペルの分野を新しい R&B 歌手を発掘するための最良の場所だと認識するようになっていた。そして、彼らはゴスペル歌手として売り出しながら、ポピュラー音楽へのクロスオーバーを進めていった[27]。一方、教会でゴスペルを歌っていたアフリカ系アメリカ人の若者にとって、世俗の音楽で成功することはアメリカン・ドリームを達成することを意味していた。そして、先述のように、1950 年代に入ると白人の若者にも R&B は受容されるようになり、そこにクロスオーバーできれば、より大きな成功を掴むことができたのである。

27 — Ibid, pp. 108.

181

第
1
節　　聖俗の境界線とアフリカ系アメリカ人の二重意識

そのために、1950 年代に教会でゴスペルを歌っていた若い歌手たちは、世俗のポピュラー音楽に移行する際、黒人教会を意識させる要素をなるべく排除しようとした。南部の教会に受け継がれてきた礼拝におけるアフリカ的な要素は、白人からの嘲笑の対象であり、また第 2 章でも記したように、アメリカ社会への統合をめざす北部の黒人教会では忌避されてきたからである。そして、ゴスペルからポピュラー音楽へ移行した若い歌手も、白人の購買層を取り込むために、アフリカ性を想起させる南部の教会的な要素を排除した[28]。

28 — Ibid, pp. 98-102.

1950 年代に入り、教会で音楽的素養を培った若者がゴスペル歌手からポピュラー音楽歌手に転向して活躍する一方で、依然として教会はポピュラー音楽に対する批判を緩めることはなかった。それ以前からゴスペル歌手として活躍していた先述の Rosetta Tharpe が 1953 年にブルースの作品を発表すると、教会やキリスト教徒のファンからの批判を受けてしまい、人気ゴスペル歌手としての地位を失うこととなった[29]。

29 — Alan Young, *Woke Me Up This Morning*, p. 108.

1950 年代には若い歌手が聖から俗へ、黒人音楽から黒人的要素をなるべく排したポピュラー音楽へとクロスオーバーしていく動きを見せたが、その傾向は 1960 年代に目まぐるしく変化する社会の流れのなかで新たな転換を見せた。成功したかに見えた公民権運動の陰で、アメリカ社会への統合や参与への希望は厳しい現実によって打ち砕かれていき、それを感じ取ったアフリカ系アメリカ人の若者の意識に変化が芽生えた。彼らのあいだにアメリカ社会への不信が募り、若いアフリカ系アメリカ人のアーティストたちは自分たちのアイデンティティを意識するようになっていった。そして、彼らは自分たちの音楽に、黒人教会の独特の音使いや節回しといった特徴を再び取り入れていった[30]。

30 — Teresa L. Reed, p. 111.

アフリカ系アメリカ人の
二重意識と聖俗二元論

以上のように、20 世紀初頭に花開いた音楽産業の発展とともに、アフリカ系アメリカ人の宗教的な音楽と世俗的な音楽は、明確な差異と緊

張関係のなかにありながらも、お互いに影響を与えながら歴史を築いて
きた。それは、ひとつには奴隷制廃止以降のアフリカ系アメリカ人のア
イデンティティの問題と深く関係していると考えられる。この問題につい
て、W.E.B. デュボイスは 1903 年に出版された『黒人の魂』の「我々の霊
の戦い」(Of our spiritual strivings) と題された章のなかで、「二重意
識」(double-consciousness) という概念を用いて以下のように言及して
いる。

> アメリカの世界——それは、黒人に真の自我意識をすこしもあたえ
> てはくれず、自己をもう一つの世界 (白人世界) の啓示を通してのみ
> 見ることを許してくれる世界である。この二重意識、このたえず自己
> を他者の目によってみるという感覚、軽蔑と憐びんをたのしみながら
> 傍観者として眺めているもう一つの世界の巻尺で自己の魂をはかって
> いる感覚、このような感覚は、一種独特なものである。彼はいつでも
> 自己の二重性を感じている。——アメリカ人であることと黒人であるこ
> と。二つの魂、二つの思想、二つの調和することのなき向上への努
> 力、そして一つの黒い身体のなかでたたかっている二つの理想。しか
> も、その身体を解体から防いでいるものは、頑健な体力だけなのであ
> る[31]。

31 — W.E.B. デュボイス『黒
人の魂』岩波書店、1992年、
15-16 頁。

アフリカ系アメリカ人の教会と世俗音楽の関係は、この二重意識に影
響されてきたといえるだろう。アフリカ系アメリカ人のアメリカ社会との関
係は時代によって変化してきた。アメリカ社会と対峙するときには、アフリ
カ性は自分のアイデンティティを形成するものとして強く意識され、アメリ
カ社会への統合の希望が高まるときには、「アフリカ系アメリカ人」ではなく
「アメリカ人」としての意識が強まるのである。

32 — Lincoln and
Mamiya, The Black
Church in the African
American Experience,
pp. 16.

黒人教会を体系的に分析したリンカーンとマミヤは、その歴史的な歩
みは「弁証法的緊張状態」のなかで捉えられるとし、そこに二重意識が反
映されるとしている[32]。つまり、アメリカ社会に対する二重意識が、信仰

103

第
1
節　聖俗の境界線とアフリカ系アメリカ人の二重意識

理解や説教の内容、さらには政治に対する姿勢などについて、黒人教会のあいだに二つの立場を生み出してきたということである。そして、この二重意識が、黒人教会に内包されてきた西洋的な聖俗二元論と複雑に交差していったと考えられる。

　二重意識による「弁証法的緊張状態」は、奴隷制時代から黒人教会の議論の根底にあった。たとえば、AME 教会の創始者であるリチャード・アレンとヘンリー・ハイランド・ガーネットの意見の違いに、「弁証法的緊張状態」が見られる。アレンは奴隷制に反対する立場を取るものの、キリスト教徒として奴隷所有者を愛し、道徳的戦略によって自由を勝ち得ることを訴えた。それに対し、ガーネットは、奴隷制の廃止のためには神の介入を待つだけでなく、武力による決起も辞さないという立場を取っていた。

　また、「弁証法的緊張状態」は、ダニエルが 1937 年から 1939 年にかけて調査したシカゴのアフリカ系アメリカ人の各社会階層と黒人教会の関係に示されるように、アフリカ系アメリカ人の社会階層化に伴う教会の多様化にも見られる[33]。この調査によると、アフリカ系アメリカ人の上流階層は長老派、会衆派、聖公会といったアメリカのメインライン教会、つまり、白人が多数を占める教派の教会に、そして、上流中産階層はこれらの三教派やバプテスト派とメソジスト派の教会に通っている。上流および上流中産階層の人々が通うこれらの教会では典礼や儀式が重視され、礼拝が粛々と進められるのが特徴である。一方で、下流中産階層は上流中産階層とは異なる教派の教会に出席する者が多い。上流中産階層の出席するような大きな教会では自分と他の教会員の経済格差が気になることから、同じバプテスト派やメソジスト派であっても比較的規模の小さな教会に通う傾向も見られる。礼拝も厳粛なものではなく、説教に対する会衆の応答が見られる感情的なものである。貧困層はその熱狂的な信仰のゆえに、どの社会階層よりも礼拝出席を重視している。そして、出席教会は下流中産階層のような小規模なバプテスト教会に加えて、ペンテコステ派やそこから派生した教会であり、その多くは店先教会のような小規模な

33 ― Vattel Elbert Daniel, "Ritual and Stratification in Chicago Negro Churches" in *The Black Church in America* ed. by Hart M. Nelsen, Raytha L. Yokley, and Anne K. Nelsen (New York, NY: Basic Books, Inc., Publishers, 1971).

ものである。

　ここに見られる違いは、それぞれの社会階層のアメリカ社会への姿勢を表しているといえるだろう。北部のアフリカ系アメリカ人上流階層は、より「洗練された」典礼的な礼拝をする、白人が教派内の多数を占めるメインラインの教会に集まった。このことは、アメリカ社会の一員として経済的な地位を築いて維持することが、彼らにとって重要な課題だったことを意味する。それはこれまでに見てきたように、自分たちの道徳性の高さを示しながら社会問題に真正面から立ち向かうためであり、そこにはアメリカへの同化意識が強く表れている。

　一方で、下流中産階層や貧困層は南部から移住してきた人々であり、彼らが感情的、熱狂的な礼拝をする小規模な教会に集まったのは、大規模な教会にはない人間的な交わりのなかで日常の緊張感から自由になり、都会での生活の厳しさや劣等感から解放されて、慰めや励まし、教会の外での厳しい現実に立ち向かっていく力を得るためである。それを可能にしたのが奴隷制時代から南部で受け継がれてきた叫びや踊りのある自由な礼拝であったという点に、二重意識のアフリカ性が強く表れているといえるだろう。しかし、踊りや叫び、憑依など南部の教会に継承されたアフリカ的な要素をもつ礼拝は、上流中産階層以上の人々にとっては奴隷制時代を思い起こさせると同時に、白人からの偏見を助長し、自分たちの劣等感につながるものだった。こうした感情も上流中産階層以上の人々が、メインラインの教会のなかで自分たちの教会を形成してきた要因のひとつである。

　そして、音楽に対する受容の教派間の差も、この教会内の二重意識に関係している。伝統的な教派に属する教会と異なり、COGICはあえてアフリカ的な要素を礼拝に継承し、さらに、ブルースの旋律をもとにしたゴスペル・ブルースを教会音楽として受け入れた。COGICの創設者であるメイソンがそのような方針を取ったのは、宣教の対象を北部の中産階層ではなく、南部から北部へと移住した貧困層、労働者層のアフリカ系アメリカ人としたからであり、彼らになじみのある旋律を取り入れること

で教会を魅力的なものにしようとしたからである[34]。

しかし、メイソンはもともと信仰していたホーリネスの影響によって、ゴスペルを教会の音楽、ブルースを悪魔の音楽と規定し、両者のあいだに明確な線引きをしている。メイソンは両者の音楽的起源はアフリカや霊歌にあり、ブルースやジャズの音楽家のルーツは教会にあると認め、また楽器を演奏することは罪にはならないとしながらも、世俗音楽は教会にふさわしくないものとして避けた[35]。世俗音楽の内容には否定的であったものの、その旋律を良しとしたのは、南部の労働者階級を中心に教勢の拡大をめざしていたからであり、南部出身の牧師たちにとってもなじみのある旋律だったからである。

さて、1950年代に入ると、次は教会ではなく世俗音楽のほうに変化が起こるようになっていった。1954年に「ブラウン対教育委員会裁判」によってカンザス州での公立学校での人種隔離が違憲であるとの最高裁判決が下されたことにより、アフリカ系アメリカ人はアメリカに希望を見出すようになり、各地で公民権運動への熱が高まっていった。この時期のアフリカ系アメリカ人の意識は、上述のようなアフリカ性をいっさい排除した音楽制作に見ることができる。これに対する教会側の反応はさまざまであり、若者が社会的に成功することを願い、ゴスペルから世俗音楽にクロスオーバーしていくことをむしろ応援した場合もあれば[36]、先述のCOGICの教会員だったRosetta Tharpeがブルースを歌って失墜したようにポピュラー音楽に移行することに拒絶反応を示す場合もあった。

しかし、1964年に公民権法が制定されても、人種差別や貧困の問題がなかなか解消されない現実に対して、ポピュラー音楽を歌うアフリカ系アメリカ人歌手はアメリカに対峙する姿勢を取り、音楽のなかにアフリカ的な要素を取り戻すようになっていった。そして、教会においても、解放の神学が誕生し、その試みのなかでアフリカ性に目が向けられるようになっていった。「弁証法的緊張状態」という言葉で説明されるアフリカ系アメリカ人の二重の意識のあいだで揺れ動いてきた教会の姿が浮かび上がってくる。

---

34 ― Alan Young, *Woke Me Up This Morning*, p. 223.

35 ― Ibid, pp. 223-224.

36 ― Teresa L. Reed, *The Holy Profane*, p. 104. C.L. フランクリン牧師、チャールズ・クック牧師らは、自分の子どもであるアレサ・フランクリン、サム・クックの世俗音楽への移行を勧め、応援した。

37 — Lincoln and Mamiya, *The Black Church in the African American Experience*, pp. 11-12.

　この「弁証法的緊張状態」は、現世と来世という二極の捉え方においても現れてきた[37]。世紀の転換期から1940年代ごろまでは、黒人教会の多くでは天国への希望がもっぱら語られていた。とりわけ南部では、厳しい人種差別に抵抗することは非現実的であり、天国での報いを語る牧師がほとんどだった。しかし、20世紀初頭にアメリカ北部で誕生した社会的福音の思想が北部のアフリカ系アメリカ人牧師のあいだに徐々に広まると、南部にもその思想に共鳴する者が現れ、公民権運動へとつながった。したがって、1940年代から70年代ごろまでは、説教において現世的な問題が取り扱われるようになっていった。しかし、公民権運動以降、黒人教会の教勢が中産階層を中心に増加したことにより、社会問題への関心は低下していった。また、中産階層にとって、信仰は個人の内面に関するものへと変化し、20世紀初頭のときとは異なる形で宗教的関心は天国へと向けられるようになっていった。

　こうした黒人教会の「弁証法的緊張状態」の推移は、教会の世俗音楽に対する立場の変化に重なる。そして、教会によって非難されてきたブルースのスタイルを取り入れてゴスペルが誕生したように、ヒップホップからゴスペル・ラップが生み出されたことにも重なる。しかし、この現象は、教会によって聖と俗を分断する境界線が引かれてきたことを示しているだけではない。むしろ、ラッパーや聴衆が、教会によって引かれた境界線を超えてきたことを示している。それは、教会の音楽に影響を与えた世俗音楽が生まれた背景も、この二重意識と教会という枠組みと深く関係しているからである。

　二重意識に起因する「弁証法的緊張状態」にある黒人教会は、アメリカとの関係の推移のなかで変化するアフリカ系アメリカ人の思いを反映させてきた。しかし、教会が増大する人種差別や経済格差の問題について明確な答えを提示することができないとき、あるいは、アフリカ系アメリカ人市民の思いを反映できないとき、「弁証法的緊張状態」は振り切られてしまう。そのような状況のなかから、NOIのようなブラック・ナショナリズムを基盤とした宗教が誕生し、既存の宗教とは異なる聖書解釈や新た

な教理に、アフリカ系アメリカ人の置かれた不条理な状況に対する答え
が求められたのである。アフリカ回帰を標榜するガーヴィーの運動への大
衆の支持や、ブラック・ナショナリズムを基調とする新興宗教の派生は、
下流中産階層と貧困層の現実を教会が受け止めきれなかったことを示し
ている。

　アフリカ系アメリカ人の社会運動の隆盛のなかで、聖俗二元論をもとに
した道徳戦略が教会を中心に展開されてきた。教義や礼拝スタイルの違
いはあれど、どの教派もこの世と教会の境を明確にし、一定の行動規範
を敷いていた[38]。それはアメリカ社会においてアフリカ系アメリカ人が市
民としてふさわしい道徳性をもち合わせていることを示す手段となったが、
一方では、その戦略のなかで教会によって規定された聖俗の境界線が、
貧困層、労働者、反社会的な若者たちを排除することとなってしまった。
その結果、聖俗の境界線によって排除された者たちのアメリカ社会への
怒りだけでなく、教会への失望が NOI のような宗教組織によって受け止
められてきた。

　しかし、教会の規定する聖俗二元論によって排除されてしまった人々
のなかには、アフリカ系アメリカ人社会に突きつけられる諸問題への叫び
を吐き出すチャンネルとして別の手段を用いた人々もいた。つまり、教会
に救いを見出せなかった人々は、教会の外で不条理や社会への失望、
あるいは、神に対する叫びを吐き出すチャンネルとして、ブルースやヒッ
プホップという世俗の音楽を選び、それらをとおして救いを見出そうとして
きたのである。

　ブルースは奴隷制廃止後の自由な社会への希望が裏切られた時代に
誕生し、ヒップホップは公民権法の成立による差別のない社会への希望
が打ち砕かれた時代に誕生した。どちらも希望が見えない時代の厳しい
現実の不条理のなかで、教会に救いを見出せなかった人々が自らの苦悩
や叫びを歌った音楽である。しかし、どちらの音楽も教会の規定する聖
俗の境界線を基準とした厳しい批判に晒されたにもかかわらず、アフリカ
系アメリカ人の世俗的な表現として定着するうちに、多くの教会に取り込

38 — Teresa L. Reed,
The Holy Profane, p. 8.

まれていった。

　世俗音楽が教会に取り込まれていったのは、伝道という課題があったからだと考えられる。先に述べたように、COGIC ではブルースを批判しながらも、早くからその旋律を取り入れてきた。しかし、その世俗音楽の様式の受容を可能にしてきた寛容さの背景にあったのは、アフリカ性を基盤に形成された南部の教会の伝統だといえるだろう。また、その教会の伝統のなかで、ブルース歌手や R&B 歌手の音楽的素養が養われてきた。アフリカ系アメリカ人のアフリカ性が聖俗の境界を超えた音楽の調和を可能にしたといえるだろう。

　アフリカ的背景から黒人教会は音楽的な面における寛容さを見せる一方で、世俗的な事柄を描く歌詞についてはいっさい拒絶してきた。生きる現実を正直に見つめるブルースやヒップホップの歌う事柄を教会の外の俗なるものとして、切り捨ててしまった。その姿勢の背景にあるのもまた、聖俗二元論に起因する教会と世俗という二元論である。そして、この二元論こそが、世俗の音楽における救いのメッセージや救いを渇望する声から教会を遠ざけ、また、教会で語られ、歌われる救いのメッセージを限定的なものとしているのである。

第
1
節　　聖俗の境界線とアフリカ系アメリカ人の二重意識

Chapter 4

Holy State of Mind

第2節

ヒップホップの
福音
<small>ゴスペル</small>

聖と俗の逆転
——トリックスターとしてのヒップホップ

　ブルースやヒップホップに見られる宗教的表現は、西洋的聖俗二元論
の枠組みにはまらないものであり、これまでに考察してきたことを踏まえる
なら、そもそも世俗音楽という呼び方自体が聖俗二元論にもとづくもので
ある。つまり、教会における音楽が聖なる音楽、宗教音楽とされ、それ
以外の音楽が世俗音楽とされるのは、教会とその外の世界という二元論
に立つ価値観が支配的であることを示している。そして、ブルースやヒッ
プホップに宗教的表現が見られること、アフリカ系アメリカ人の若者が救
いや実存について問う空間としての機能をそれらが有していることは、宗
教性を教会の内だけに限定して考えるべきでないことを表している。

　聖俗二元論にもとづく「世俗音楽」への批判が生じたのは、アフリカ系
アメリカ人のコンテキストに限って考えるならば、黒人教会のなかに西洋
的な価値観が取り入れられていったことに起因するといえる。奴隷制廃止
後、おもに北部のメインライン教会の国内宣教団体によって南部にいくつ
もの学校が創設され、アフリカ系アメリカ人聖職者の養成が行われていっ
た。その結果、奴隷制時代には維持されていた聖俗混在のアフリカ的世
界観が失われ、西洋的な聖俗二元論が黒人教会のなかに浸透していっ
た。こうしてブルースは、教会によって教会の外の「世俗音楽」として規
定されることとなった。しかし、そのブルースにこそ、教会において失わ
れたアフリカ的な聖俗混在の世界観が引き継がれていったのである。そし
て、それはヒップホップにも継承されている。

第4章
Holy State of Mind ——聖俗二元論を超えて

世俗音楽に継承されたアフリカ的な宗教観は、教会の宗教的権威への挑戦を可能にし、その権威からの解放をもたらす視座を与える。つまり、西洋的価値観による聖と俗の境界線が、社会における教会の権威を支えてきたのに対して、ヒップホップの宗教性はその境界線を克服する可能性をもっているということである。西洋的価値観による聖俗二元論は、教会を聖なるものとし、教会の外の世界を俗なるものとして切り離すことによって、神に由来する権威を教会に与え続けてきた。そして、ブルースやヒップホップにおいて神への言及がなされるにもかかわらず、教会はそれが世俗音楽であるというだけの理由でその宗教性を無視してきた。一方で、ブルースやヒップホップに見られる教会批判は、教会も人間によって運営されるものであるがゆえに欠点をもつことを明らかにしている。そして、神への言及は、神が聖俗の境界線を超えて自らの創造した世界に遍在することを示している。

　奴隷制廃止後の時代、教会がブルースを徹底的に批判したのは、ブルースが教会の権威に挑戦するものであり、教会がその宗教的な影響力を意識していたからである。ブルース以外にも、教会の外で発生した世俗の音楽が存在していたにもかかわらず、ブルースのように批判を受けたことはなかった。ブルースのみが厳しく批判されたのは、それが世俗音楽だったからだけではない。それまでの時代にはおもに宗教が救いについての共同体的表現の場としての役割を担っていたが、ブルース歌手やその表現作法がしばしばそれに取って代わるようになったからである[1]。とりわけ奴隷制廃止後に、聖俗混在の世界観をもっていたアフリカ系アメリカ人のあいだで聖俗の分離が進み、教会が宗教的意識における権威となり、男性聖職者の支配的な地位が当たり前となるなかで、女性のブルース歌手の存在は教会の権威を脅かすものとなった。

　教会によるブルースへのおもな批判のひとつは、その性的な内容の歌詞に向けられていた。しかし、ブルースにおいて性的な事柄が歌われるようになったのも、奴隷制廃止によって獲得された自由と大きく関係する。奴隷制というシステムにおいて、奴隷とされたアフリカ系アメリカ人は「商

1 ― Lawrence W. Levine, *Black Culture and Black Consciousness*, p. 237.

品」であり、女性は出産可能な年齢になると、奴隷所有者の選んだ屈強なアフリカ人男性との性交を強要され、「商品」として価値のある丈夫な子どもを生むための道具として搾取されてきた。また、奴隷所有者による女性奴隷への性的搾取も広く行われていた。そのような背景から、ブルースで女性が性的な事柄を歌うことは、淫らなことを意味するのではなく、経済や政治の領域における社会的自由への可能性と密接に関連するものであった。つまり、女性のブルース歌手による性的な歌は身体の解放の喜びを表すものだった。そして、その歌は、多くの女性たちからの霊的な反応を呼び起こしたために、教会はその影響力を恐れた[2]。この点において、俗なるものとされる性的な事柄から聖なるものにつながる感情を聴衆のあいだに引き起こす女性ブルース歌手は、トリックスターの伝統に位置づけられる。

2 — Angela Y. Davis, *Blues Legacies and Black Feminism*, p. 9.

　トリックスターは通常の社会規範からするならば悪者とされる行動によって自分より強い存在を翻弄し、両者の関係性を逆転させる。その姿は弱い立場に置かれた者からすれば痛快であり、厳しい現実を生き抜く知恵を与え、強者を出し抜く弱者の姿をとおして心理的な解放を実現するものであった。トリックスターは通常の社会規範から見るならば悪とされる行為を強者にしかけることで、不平等な力関係や弱者の置かれた立場を明らかにするからである。トリックスターは、善と悪や聖と俗といった二項対立で捉えられるもののあいだを自由に行き来しながら、その境界線を生み出す力関係を暴き出している。つまり、トリックスターとしての女性ブルース歌手は奴隷制から解放された女性の恋愛の自由に対する喜びを代弁し、その一方で、彼女らの性が支配され搾取されてきた現実を明らかにするがゆえに、霊的な感情を呼び起こすのである。そして、この女性ブルース歌手が果たした役割は現代の女性ラッパーに継承されている、とペリーは論じている[3]。女性ラッパーたちは、女性性と男性性のあいだを自由に行き来しながらジェンダー秩序の背景にある家父長的で不均衡な力関係を暴き出してきたからである。

3 — Imani Perry, *Prophets of the Hood*, p. 161.

　そして、同じことが、聖と俗のあいだを自由に行き来するラッパーにもい

える。二つの対立する世界を自由に行き来するトリックスターは、アフリカの宗教伝統や神話に登場する人間と神の仲保者としての霊的存在に由来する。つまり、トリックスターの存在があるからこそ、聖俗混在の宗教観は可能になる。そうしたトリックスターは第2章で紹介したように、奴隷制時代には民話に登場する猿や蜘蛛の姿を取り、奴隷制という厳しい現実を生き抜く知恵と解放の源泉となった。トリックスターは聖と俗といった対立する二項のあいだを行き来することで、その境界を曖昧にする両義的な存在として描かれている。秩序を破壊するのではなく、既存の価値観を転覆させて無秩序の状態に陥らせてその弱点を暴き、より高度な秩序を構築することによって、日常の緊張感からの一時的な解放と希望が生み出されるのである[4]。

　一方で、いたずら好きでときに残虐なことをするトリックスターがヒーローとなる物語は、白人が聞くと困惑するようなものであった。その結果、アフリカに赴いた宣教師たちはトリックスターの起源となった霊的存在は「悪魔」であるとした。つまり、対立する二項のあいだを行き来する存在であるトリックスターを、無理矢理西洋的な二元論の枠組みに押し込めようとした[5]。そして、同じように、奴隷制廃止以降、西洋的聖俗二元論による牧師養成によって、黒人教会からアフリカ的な宗教観が排除されていった。しかし、神と悪魔が共存するという聖俗混在の宗教観がアフリカ系アメリカ人から失われたわけではなかった。教会ではアフリカ的宗教観は排除されたが、教会の外において生き残ったのだ。

　そのトリックスターの姿はブルースに見出される。ブルースに歌われる"devil"（悪魔）の存在が、そのことを明確に示している。聖俗二元論の影響を強く受けた奴隷制廃止後の黒人教会の外にいた人々はアフリカ的宗教観を受け継ぎ、たとえ聖俗二元論によって「悪魔」と規定されたものであっても、それをトリックスターと捉えていた。さらに、ブルース歌手はトリックスターと自己同定し、社会における秩序に挑戦していった。ブルースにおける反社会的な「バッドマン」の姿は、奴隷制廃止後も白人の法による支配のなかでアフリカ系アメリカ人が不利な立場に置かれ続けたこと

4―ウェルズ恵子「笑いと回復のための語り――ゾラ・ニール・ハーストンの『騾馬と人間』を読む」『立命館言語文化研究』23巻1号、27頁。

5―山口昌男『アフリカの神話的世界』岩波書店、2002年、9-11頁。

を伝えている。つまり、奴隷制廃止後も続く厳しい環境を生き抜くために、トリックスターの物語をもとに既存の秩序を転換することで獲得した奴隷制時代の価値観が継承されたということである[6]。ずる賢く、気まぐれで、無法者で猥雑なバッドマン／トリックスターの性質や行為は、西洋的価値観からすれば悪魔的であり、無秩序や混乱を生み出すものである。しかし、それらの性質や行為は、アフリカ系アメリカ人の被る法的不平等を明らかにする一方で、既存の価値観に挑戦しながら社会的・心理的障壁を打ち破り、人間の可能性を豊かにし、閉鎖的な「行き止まり」を解放的な交差点へと転換するものと見ることもできる[7]。つまり、トリックスターは、社会秩序の背後にある支配構造を明らかにし、その偽善性を自身の言葉や行為によって暴くことで、支配的な秩序からの解放を実現する、あるいはその可能性を想起させるのである。

このことは、世俗的霊歌としてのヒップホップの機能にも通じる。反社会的な事柄をラップするラッパーが聖なる事柄に言及し、破滅的な生き方についてラップする者が救いを求めることは、既存の聖と俗の境界線に挑戦するものである。つまり、ラッパーは自らを反社会的な存在として描き出すことで、反社会的な行為を生み出し続ける社会の構造を明らかにすることができる。そして、そのような社会構造の犠牲となり、反社会的行為にいたる者への救いの言葉をラップすることで、聖書に描かれるイエスをとおした神の救いを想起させる。それはまた、社会における悪はヒップホップに起因すると主張する教会が、神の救いを自らの権威のために独占しようとする姿をも晒し出す。

聖俗の境界線を破壊し、新たな秩序を生み出そうとする行為は、まさに聖書に描かれるイエスの姿に重なり、聖俗二元論に固執する教会が放棄した視点を取り戻す。つまり、神は清くて正しい者と共にいるのではなく、善も悪も混在するこの社会に働かれるということである。それは、聖俗二元論にもとづく道徳的価値観を乗り越える。聖俗二元論的道徳観に立ってきた教会は未婚で妊娠したクローデット・コルヴィンを断罪してしまったが、ヨハネによる福音書8章1-11節に描かれる姦淫の女を罪に定めな

6 — John W. Roberts, *From Trickster to Badman: The Black Folk Hero in Slavery and Freedom* (Philadelphia, PA: University of Pennsylvania Press, 1989), p. 184.

7 — Jon Michael Spencer, *Blues and Evil* (Knoxville, TN: The University of Tennessee Press, 1993), p. 12; Imani Perry, *Prophets of the Hood*, p. 162.

いイエスの姿に照らすなら、クローデット・コルヴィンこそ教会が守らねばならない存在である。

　イエスの宣教は人間の生きている現場で行われていたのであり、シナゴーグでは宗教的権威に挑戦していた。自分たちの権威を維持するために宗教組織が引いた聖俗の境界線を破壊することで、イエスは神の救いを民衆に解放してきた。

　聖なる神と罪ある人間とのあいだに十字架によって和解がもたらされるという贖罪論は、イエス・キリストを聖俗二元論に押し込んだ概念である。しかし、イエス・キリストをトリックスター的な仲保者と見るならば、それは教会の権威主義のためにイエス・キリストを二元論に押し込める概念を克服する可能性をもつ。つまり、イエスをトリックスター的な仲保者として見るとき、聖なる存在である神の権威を自分たちのものとすることで自らを聖の側に規定する人々が、異質な人々を排除している現実が明らかにされ、聖と俗の境界線の正当性が問われることになるのである。

　トリックスター的な仲保者としてのイエスは、「聖」の対極に「俗」があるという概念を覆し、「聖」という概念を利用した教会の権威に挑戦する。西洋的価値観に立つ聖俗二元論から見るならば、ブルースやヒップホップは「俗」なる音楽であり、「悪魔」の音楽である。しかし、聖俗が併存してひとつの世界を構成しているという包括的な世界認識にもとづくアフリカ的な見方に立つならば、ブルースやヒップホップは、聖俗二元論に立つ教会によって見失われたイエス・キリストによる救いを取り戻すために必要な視点を与えるものである。

教会の
可能性

　ブルースやヒップホップはアフリカ系アメリカ人社会に浸透するなかで教会の音楽に影響を与え、その結果、ゴスペル音楽やゴスペル・ラップが誕生した。それらの音楽は教会のなかでは若者を意識したものであるが、その内容には限界があったと言わざるをえないだろう。第3章第3

節で考察したように、ゴスペル・ラップの背景にあるのは、反社会的な行為や出来事を悪とし、その悪と訣別してキリストを受け入れるのが唯一の救いであるという考え方である。それに対し、ヒップホップは俗なる世界における苦しみを生み出すものを共同体に問うことで救いについての議論を深めようとする試みである。

たとえば、Mobb Deep の *Back At You* のなかで、メンバーの Prodigy は "I can recall the days, juvenile crime pays / fourteen years old, shorty from round way / Brick-ass cold, still pump from night to day / But why did my life have to be this way?"（いまでも思い出すよ、少年犯罪はいい金儲けになったってことを／14歳のガキが地元でな／クソ寒い日に夜通しヤクを捌いてたぜ／でもなんでそんな生き方をしなきゃならなかったんだ）とラップしている[8]。Prodigy は、犯罪によって大金を得られたことを回顧しながら、なぜ10代の若者が罪を犯してまで生きなければならないのかと、厳しい現実のなかに生きることの意味を問うているのである。

ヒップホップではこのような問いかけがなされるのに対して、ゴスペル・ラッパーは、ただイエスに助けを求め、そして、悔い改めてイエスを救い主として受け入れることでしか救われないという教理的な答えしか示していない。Prodigy の歌詞は、反社会的な生き方をしなければいけない若者の現実を問うことで、その現実を生み出す社会のあり方に聴衆の目を向けさせるのである。それとは対照的に、なぜそのような現実があるのかを問うことをせず、ただイエスを救い主として受け入れることが救いであると歌うことは、救いの形を限定するものでしかなく、ヒップホップ世代の直面する課題に向き合うものではない。

ゴスペル・ラップは、教会がそれまで世俗音楽として、ひいては、カルヴィン・バッツ牧師が「救いようのない」反社会的な者たちによる音楽として批判してきたヒップホップを取り入れたという意味では、聖と俗の境界を超えている。しかし、その中身は、聖俗二元論的な救済論に終始した教理的なものでしかなく、アフリカ系アメリカ人のヒップホップ世代の現実

8 — Mobb Deep, *Back at You* in *Sunset Park: Original Motion Picture Soundtrack* (East/West, 1996).

に向き合ったものとはいえないだろう。つまり、ゴスペル・ラップは、形式的な側面において聖俗の境界線を超えただけであり、そこには限界があるといわざるをえない。

ゴスペル・ラップとは異なり、ヒップホップを通じて教会にイエス・キリストを取り戻す可能性は、ヒップホップ世代の牧師に見出される。彼らは、反社会的な事柄を歌うラッパーの歌詞をとおして、ヒップホップ世代の救いに言及しているからである。カルヴィン・バッツ牧師と同じモアハウス・カレッジ出身であるオーティス・モス三世をその好例として取り上げたい。

シカゴのトリニティー合同教会（Trinity United Church of Christ）のオーティス・モス三世は、イエスが2人の犯罪者と共に十字架に架けられた場面を描いたルカによる福音書23章32-43節をもとに、*Gangster's Paradise*（悪党の楽園）と題した説教を行っている。そして、この聖書箇所を「オーティス・モス三世私訳」として会衆に読み聞かせた際に、"criminal"（犯罪者）を "thug"（悪党）という言葉にあえて読み替えている。多くのラッパーが、"thug" という言葉を使って自分自身をストリートのならず者として描き出し、犯罪に溢れるゲットーでの生活の厳しさに直面するアフリカ系アメリカ人の問題を訴えており、この言葉とほぼ同じ意味をもつ Gangster（ギャングスタ＝ヤクザ者）という言葉を説教題に用いたところに、彼のヒップホップ世代に対する意識が伺える。

モスは、第3章でも紹介した 2Pac の *Thugz Mansion* の歌詞を引用することで、聖書箇所とアフリカ系アメリカ人の若者の意識をリンクさせている。モスは説教の冒頭で、"thug" は地上において神の働きの担い手とされた存在だと説く。旧約聖書に登場するアブラハム、ヤコブ、ダビデらは、決して清く正しかったわけではなく、むしろ神の意志に背いて反道徳的なことを行った "thug" だったというわけである[9]。しかし、そんな彼らが神の働きの担い手として選ばれたことをモスは聴衆に思い起こさせ、神はそれぞれの行いよりも、その内側にある現実や思いを見られる方だとしている。つまり、反道徳的な行動は厳しい現状によって生み出されることを知っている神は、彼らを行いで判断せずに、むしろ内側に秘めた自分

9 — https://www.youtube.com/watch?v=RO0WrF-t95A

を変えたいという思いを大切にされると説いている。

　また、モスは、説教の終盤において、"thug"を社会的に挫かれた存在として描き、当該の聖書箇所の最後にあるイエスと犯罪者の会話の解釈を行っている。犯罪者のひとりが貧困にあえぐ社会的弱者として仕方なく罪を犯してしまった自分のことを、天国で「思い出して（remember）ください」と述べたと聖書は記している。モスは、この remember という言葉の接頭辞 re と member を離すことで、社会的に疎外された犯罪者の救いへの強い願いを説明している [10]。つまり、社会から切り離された存在である自分を、再び（re）天国にいる人々の一員（member）として受け入れてほしいというものである。この願いは、前述の *Thugz Mansion* の歌詞の最後にある、"Dear God, what I'm asking, Remember me this face, save me a place, in thug's mansion"（なあ神様、俺が頼んでいるのは、俺のこの顔を覚えて、天国のヤクザ者の豪邸に俺の居場所を確保しといてくれってことなんだよ）という歌詞に通じる [11]。これは「わたしの父の家には住む所がたくさんある。もしなければ、あなたがたのために場所を用意しに行くと言ったであろうか」というヨハネによる福音書 14 章 2 節における天国についてのイエスの言葉にも通じるものである。

　犯罪者のその願いに対して、イエスは彼の背景については何も聞かずに、ただ「あなたは今日わたしと一緒に楽園にいる」と答えた。モスは、聖書に現れる人物や偉人と呼ばれる人々の名前をあげ、彼らが楽園にいるかはわからないが、社会的に傷つけられ痛めつけられてきた "thug" は必ず天国にいると力強く述べて説教を終えた [12]。モスは、反社会的なアフリカ系アメリカ人の若者を生み出す社会状況を明らかにしつつ、そのなかで苦しむヒップホップ世代にこそ神の救いが現れると語っている。彼の説教の背景にあるのは、解放の神学にもとづくヒップホップ理解であり、ヒップホップの歌詞を引用しながらその救済的機能を自身の語る言葉に反映させている。

　先述のカルヴィン・バッツ牧師はある説教において、「我々はラップにも、ラッパーたちにもなんの反感も抱いてはいない。しかし、我々は我々の地

10 ― https://www.youtube.com/watch?v=X-w3OgWEKLUA（2017年1月6日アクセス）

11 ― 2Pac, *Thugz Mansion* in *Better Dayz* (Interscope, 2002).

12 ― https://www.youtube.com/watch?v=X-w3OgWEKLUA

13 — https://www.
youtube.com/watch?t=
16&v=TzeEasC1wwE

域社会、女性たち、文化に泥を塗る、救いようのない『悪党』(thugs)に強く反対する」と語った[13]。しかし、モスは「救いようのない『悪党』」だからこそ神によって救われるのであり、「救いようのない『悪党』」を生み出す社会のあり方に目を向けるようにと語っている。モスの *Gangster's Paradise* の説教は、ヒップホップの歌詞に描かれるヒップホップ世代の現実と救いを求める声に誠実に応えようとする。そして、社会から排除されてきた者の声に聴くイエスの姿に倣うものである。

ラッパーの Nas は *God Love Us* のサビの部分において、まさにこのルカによる福音書23章に描かれる十字架の場面を引き合いに出して、"God love us hood niggas cause next to Jesus on the cross was the crook niggas, but he forgives"（神様は俺たちゲットーの奴らを愛してくれているんだ。十字架にかかったイエスの横にいたのは悪党だったからな。神様は俺らを赦してくれるんだ）とラップしている[14]。そして、歌詞の

14 — Nas, *God Love Us*
in *Nastradamus* (Jive,
1999).

3番ではゲットーでの生活の荒廃したさまざまな側面を描き出し、最後に "Our lives are the worst, on top of that, we broke. That's the main reason why God love us the most"（俺たちの人生は最悪だ。そのうえ、金もない。でも、それが、神様が俺たちをもっとも愛してくれる最大の理由だ）とラップしている[15]。この歌詞は、聖書の言葉をもとに貧困層の若

15 — Ibid.

者による反社会的な行動を正当化するものではない。むしろ、貧困層の若者の背景にある環境への不満や経済的格差の問題を明らかにし、反社会的な道に進んでしまった者に赦しをもって寄り添う神のあり方を示すものである。

Nas の歌詞の背景にあるのは、貧困層の若者、つまり、社会から疎外された者の視点から生み出された聖書解釈であり、モスが説教において引用した歌詞も同様である。そのような解釈を生み出すラッパーが教会や牧師を批判するのは、教会や牧師がヒップホップ世代の視点とは異なるところに立っていることを示している。形式的な典礼、お仕着せの教義は、若者の生きている厳しい現実への答えとしては不十分なのである。しかし、一方で、ヒップホップをとおして示される実存的な問いかけは、教

会の保持してきた固定的な教義の枠組みや思想を超克する可能性を秘めている。教会でなければ救いがないのか。教会の内と外という二元論を超えて、救いを語ることができるとき、教会は大きく変わることができるはずである。

ヒップホップの
共同体性

　ヒップホップにおける救いを求める声は、ラッパーたちによる反社会的な事柄をラップする歌詞と表裏一体である。反社会的な行為をする者が神の赦しのなかに置かれていると歌うことは、ある人にとっては矛盾を感じさせ、混乱を招くものかもしれない。しかし、反社会的な事柄を歌う者が神の赦しについて歌うことは、やはり同じような境遇にいる者が、教会からは批判され否定される現実のなかで神の赦しを求めているというジレンマを示している。そして、ヒップホップにおいてなぜ反社会的な事柄が執拗に歌われるのかを問うとき、人間社会や教会の矛盾とそれによって生み出される弱者が排除される構造が明らかにされる。

　ヒップホップでは "thug" や "gangsta" という言葉によって示される反社会的な存在の救済が語られる。それは、上述の Prodigy の歌詞のように、自分たちの生き方についての問いかけがあるからである。"Junior high school dropout, teachers never cared. They was paid just to show up and leave, no one succeed"（中学でドロップアウト。先生は全然構ってくれなかったからな。あいつらは学校に来て、帰るだけ。それで給料をもらうだけ。それじゃ、ここにいる奴らは誰も成功できない）という現実 [16]。"Old Earth shootin' dope in her veins"（お袋がヤクを注射してる）という現実 [17]。"Strip searching, touching my person, dropping my drawers. And to top it all off, I ain't got nothing at all. Assuming I'm wrong doing with false accusations. They discriminating cuz of my race"（警官に裸にされて不法所持してないか調べられる。俺の下着を脱がせて、陰部まで触ってきやがる。でも、実際、俺

16 — Nas, *2nd Childhood* in *Stillmatic* (Jive, 2002).

17 — Ghostface Killah, *Motherless Child* in *Ironman* (Epic, 1996).

18 — Ghostface Killah & Trife Da God, *Drugz* in *Put It On The Line* (Starks Enterprises, 2005).

19 — 2Pac, *Heavy in the Game* in *Me Against The World* (Interscope, 1995).

20 — Notorious B.I.G., *Suicidal Thought* in *Ready to Die* (Bad Boy, 1994).

21 — Killah Priest, *B.I.B.L.E. (Basic Instructions Before Leaving Earth)* in *Liquid Swords* by GZA (Geffen, 1995).

22 — Notorious B.I.G., *Juicy*, "Born sinner, the opposite of winner"; Nas, *Represent*, "Love committing sins, and my friends sell crack"（罪を犯して、悪事を働くのが大好きな俺の友達はクラックを売ってるぜ）、Mobb Deep, *Life is Mine*, "God forgive me for the sin I'm bout to commit"（神様、俺がいまから犯してしまう罪を赦してくれ）といった歌詞や J. Cole, *Born Sinner* というタイトルの曲もある。

は変な物は何ももってないんだ。俺が悪いことをしてるって勝手に思い込んで、濡れ衣を着せようとしやがる。これが人種差別だぜ）という現実 [18]。"I'm just a young black male, cursed since my birth, had to turn to crack sales. If worse come to worse, headed for them packed jails, or maybe it's a hearse"（俺はただの若い黒人の男で、生まれたときから呪われている。だから、薬物の売人になるしかなかった。最悪の場合、すし詰めの刑務所行きか、霊柩車であの世行きだ）という現実 [19]。"I swear to God I want to just slit my wrists and end this bullshit"（本気で手首を切って、この現実を終わらせたい）という現実 [20]。ラッパーたちは、ヒップホップ世代の直面する厳しい現実を連綿と正直に描き出しているのである。

　同時に、そのような現実のなかに生きる者が抱える教会との距離がヒップホップには描かれている。"I love doing right but I was trapped in hell. I searched for the truth since my youth and went to church since birth, but it wasn't worth the loot I was paying, plus the praying that the preacher had souped up with lies"（正しいことをしたいけれど、俺は［貧困という］地獄に閉じ込められていた。若いころから真実を探求していたし、生まれたときから教会にも行っていた。でも、それは金を出す価値も、祈る価値もなかった。牧師は嘘で塗り固められていたから）[21]。目の前の現状についての答えを求めて聖書を読んで、教会に行っても、牧師はお題目の言葉しか語らない。教会は、ゴスペル・ラップに見られるように、キリストを受け入れて神に従うことでしか救われないという固定された観念を示すことしかできないからである。そして、それはヒップホップ世代を罪人と規定して批判するものとしかならず、彼らは教会の語る救いに希望を見出せなくなるのである。

　一方で、ヒップホップにおいては、キリスト教的、一神教的な「罪」について語られ、「生まれつきの罪人」（born sinner）という表現が多く見られる [22]。あるいは、"Even though what we do is wrong"（俺らのやってることは悪いことだとわかっているけれど）と自分たちの行為が悪であるこ

とを認識しながらも、その行為は、そうしなければ生きていけず、家族を養うための苦渋の選択であるという現実が歌われる[23]。つまり、社会から排除されるなかで反社会的な領域に足を踏み入れた自らの生き方への「罪」の自覚が、明確に示されているのである。しかし、それは教会からの批判をそのまま受け止めているわけではなく、むしろ、罪が生み出される構造とその罪のなかで苦しむ現実を、当事者としての意識から正直に吐露していると読み取れるだろう。あるいは、そのような状況にある若者たちの心情を代弁しているともいえる。そして、この「罪」の告白においてヒップホップが教会と異なるのは、その言説空間では救いについての議論があり、厳しい現実を生き抜くために反社会的な手段に頼る者への赦しと救いが宣言されるということにある。それは、教会によって「救いようのない」と批判される者への赦しを歌うという点において、権威化した教会への挑戦でもある。

　アフリカ系アメリカ人の歴史において、教会が人種差別や貧困などの諸問題について明確な答えを示せないときに、NOIのような教会以外の宗教組織が誕生し、人々はそこで語られる新しい聖書解釈に救いを見出してきた。ヒップホップで神や救いについて語られるのも、同様の背景によるものと考えられる。一方で、ヒップホップが組織化された宗教と異なるのは、言説空間としてのあり方である。NOIのような宗教組織は、キリスト教の教会以上に厳しい道徳的・倫理的規範を設けて、信徒にその遵守を求めていた。しかし、ヒップホップでは、若者の現実がありのままに語られる。つまり、決して清く正しくない人間の現実を正直に描き出すなかで、「生」の意味を見出そうとするのである。それは、共同体として生きることの意味を問い続ける試みといえるだろう。

　教会の宗教的権威によって救いを否定された者が、それでも自分の罪を自覚しながら厳しい現実のなかを生きていることの意味、存在の意味を求める。そして、教会に否定された者に神の赦しが宣言されることに、ヒップホップの福音がある。その赦しの宣言は「生」の現実を徹底的に見つめながら対話を重ねる空間であるヒップホップにおいてこそ可能なことであ

23 ― Freeway, *What We Do* in *Philadelphia Freeway* (Roc-A-Fella, 2003).

り、教会そのものが変わらない限り、ゴスペル・ラップでは不可能なことである。

　紋切り型のキリスト教の教義や救済論は若者の現実からかけ離れたものであり、説教じみたものでしかない。また、"curse word"や"four letter word"と称されるヒップホップの歌詞でよく聞かれる「汚い」「下品」な言葉は、「聖」を標榜する教会においてはタブー視される。しかし、それは若者たちの厳しい現実への不満や怒りゆえに発せられる言葉である。そのことを理解しないままに、暴力的、下品といった表面的な部分でしかヒップホップを捉えることができなかった教会の批判が、ヒップホップ世代との分断を広げてきたといえるだろう。

　ゴスペル・ラップも同様である。更生した元ギャングのゴスペル・ラッパーは厳しい現実のなかにいる若者たちを否定せず、反社会的な生き方をしてしまうことへの理解を示すものの、そこで歌われるのはイエスを救い主として受け入れることと、生活をあらためるといった固定化された救済論である。しかし、それは厳しい現実について「なぜ」と尋ねるヒップホップ世代の若者にとっては、現状を説明するものでも現状から抜け出すための答えとなるものでもない。つまり、教会の示す固定化された救済論は教理問答の押しつけでしかない。そして、固定化された信仰のあり方しか示されないのは、神の救済を教会に限定することによって教会の権威を維持しようとするものでしかない。そのような教会は固定化された信仰論を信ずる者のみで形成され、それを信じることができない者とのあいだに分断をもたらしてきた。

　しかし、ヒップホップは神の救済を権威主義的な教会から解放することによって、新しい共同体の可能性を示す。公民権運動以降、教会の信仰が私事化するなかで、また、世代間の分断が進むなかで、アフリカ系アメリカ人の共同体意識が薄れていった。さらに、メガ・チャーチの台頭、とりわけ個人の利益の追求と救済が結びつけられる「繁栄の神学」の登場は、教会を中心とした地域共同体を希薄なものへと変化させてしまった。しかし、いまやヒップホップがその共同体性を担っている。ヒップホッ

203

第
2
節　　　　　　　　ヒップホップの福音

プはブルースと同様に、徹底して「個」の経験を歌う。しかし、公民権運動以降、アフリカ系アメリカ人の信仰が私的領域のものとして私事化されていった時代において、「個」の経験を歌うヒップホップは重要な役割を果たし、大きな可能性をもつ。つまり、世代間の分断や信仰の個人化によって、アメリカ社会だけでなくアフリカ系アメリカ人社会からも疎外されていったヒップホップ世代にとって、ヒップホップは共同体としての全体性を回復する機能をもっているということである。

　その共同体のなかで、ラッパーやリスナーがアフリカ系アメリカ人の多様な現実を正直に見つめながら、神の救いについての対話を重ねるという作業が行われている。この点はブルースと異なるといえるだろう。奴隷制廃止後の自由という新たな経験のなかから誕生したブルースはすぐれて「個」について歌うものであるが、それとは対照的に、ヒップホップはヒップホップ世代のさまざまな「個」の現実を描き出すことによって、聴衆のあいだに対話を生み出していることにおいて共同体的である。また、多くのラッパーは楽曲の制作を重ねるなかで自身の人生におけるさまざまな経験にもとづく成熟を見せている。そして、同様に年齢を重ねてさまざまな経験を得ていくリスナーがその成熟を自らに照らすなかで、ヒップホップ共同体のなかでの対話は深められていくのである。

　その共同体としての対話は、アフリカ系アメリカ人の厳しい社会的現実や救いに関することだけでなく、生についての実際的な問題にもおよんでいる。たとえば、KRS-One の *Beef*（*Edutainment*, Jive, 1990）や Dead Prez の *Be Healthy*（*Let's Get Free*, Loud, 2000）のようにアフリカ系アメリカ人の食生活を問題視して、健康に対する意識向上を呼びかける曲がある。さらに、糖尿病や鎌状赤血球貧血といったアフリカ系アメリカ人特有の健康問題について取り扱った曲がある [24]。また、ヒップホップではアフリカ系アメリカ人の自殺の問題が取り上げられている。これらの曲をとおして、ヒップホップは健康の問題やメンタルヘルスについての関心を喚起し、共同体において対話を促してきた。ヒップホップはアフリカ系アメリカ人の社会病理を客観的に描写しているのではなく、「個」の経験からの叫

24 ── 2016 年に亡くなった A Tribe Called Quest のメンバーだった Phife Dawg は長年にわたって糖尿病を患っていた。そして、グループの名曲 *Oh My God*（in *Midnight Marauders*, Jive, 1993）では、自ら "funky diabetic"（イカれた糖尿病患者）と称している。また、Ghostface Killah は *Trials of Life*（in *Wallabee Champ*, Def Jam, 2010）で以下のようにラップしている。"In '96, When my chain was thick/my body went through a change quick/not the same kid/lost 30 pounds rapidly/my neck got skinny. …Then I found that I was diabetic/but my conscience was telling me 'Ghost, baby boy, not to sweat it,' /so I built my confidence back up/work out, eat right/stay strong so I can continue to eat these mics"（1996 年、俺のつけてる首飾りのチェーンはぶっとかった／そのとき、俺の身体が急激に変化していった／前と同じヤツじゃないみたいだ／30 ポンドも体重が落ちてしまった／首がどんどん痩せ細っていった……そのとき、糖尿病だってわかったんだ／そのとき、俺の心がこう言った「おいゴースト、焦るんじゃない」／それで、俺は自信を取り戻した／しっかり運動して、正しい食事をとって／身体を丈夫に保てたから、何本ものマイクを喰らい倒してくれたんだ）。アメリカ糖尿病協会（American Diabetes Association）によると、ア

フリカ系アメリカ人の糖尿病患者は13.2％で、白人の7.6％と比べるとその影響の大きさが見える（http://www.diabetes.org/in-my-community/awareness-programs/african-american-programs/black-history-month.html 2018年7月17日アクセス）。さらに、同曲にフィーチャリングされているProdigyは"I was born with sickle cell disease"（俺は生まれながらに鎌状赤血球貧血を患ってる）とラップしている。そして、*You Can Never Feel My Pain*（in *H.N.I.C.*, Loud, 2000）では、鎌状赤血球貧血の当事者としての痛みについてラップしている。また、当事者ではないものの、AZもアルバム *Doe or Die*（EMI, 1995）収録の *Rather Unique* にて鎌状赤血球貧血という言葉を用いている。

25 ― トリーシャ・ローズ『ブラック・ノイズ』、286-287頁。

Dead Prez, *Let's Get Free*
（Loud, 2000）

26 ― 同上、287頁。

びである。そして、その「個」の経験に他のラッパーやリスナーが呼応する形で、アフリカ系アメリカ人社会における諸問題についての対話が生み出されていくのである。

　それは、性をめぐる問題についても同じである。上述したように、女性ラッパーたちはジェンダー秩序の境界線を軽々と超えるトリックスターの役割を果たしながら、性差別の問題を可視化してきた。しかし、そうした女性ラッパーのあり方は、男性ラッパーを性差別主義者とみなして対抗するものとして捉えられるべきではない。なぜなら、彼女たちは男性への対抗勢力として位置づけられるのを拒絶してきたからである[25]。女性ラッパーたちは、彼女たち自身、あるいは、周囲の女性たちの「個」としての経験や思いをラップしている。女性ラッパーのなかには、MC Lyte（エムシー・ライト）や Roxanne Shante（ロクサーヌ・シャンテ）のように男性ラッパーからの挑発やバトルにも動じない勝気なスタイルの者もいれば、Queen Latifah（クイーン・ラティーファ）や Sister Souljah（シスター・ソルジャー）のように社会問題や性差別について正面から切り込む者もいる。さらには、Lil' Kim（リル・キム）や Foxy Brown（フォクシー・ブラウン）のように性的なイメージを前面に押し出してラップする者もいる。彼女たちはそれぞれの方法で自らの生についてラップすることをとおして、女性として生きることの喜びや不安、そして、自らの性のあり方（セクシュアリティ）を表現してきた。

　それらはおもに男性との関係をとおして描写される。女性は男性によって性的に支配される存在ではないことを女性ラッパーたちは訴える一方で、男性との関係における悦びをラップする。あるいは、自らの性的願望や男性の性的能力への不満をあえて露骨に表現することをとおして、社会の規範的な男女関係の背後にある力学を明らかにし、ジェンダー秩序を転倒させてきた。そんな彼女たちのラップは、男性ラッパーとの真っ向からの対決姿勢をむき出しにするのではなく、「様々に矛盾する方法で、男性ラッパーの性的言説を支持し、同時に批判もしてきた[26]」。また、男性と女性という二項対立的な図式に押し込むことは、彼女たちの生の

経験を無視して一元化するものにすぎない。それゆえに、彼女たちは「個」の経験を交差させながら、共同体における生の確立のために対話を重ねることを重視しているのである。

　「個」の経験をとおしてこれらのさまざまな問題が取り扱われる一方で、近年のヒップホップではただ楽しむことだけを前面に押し出した曲が隆盛し、それらの楽曲において歌詞が単純化してきていることが指摘されている。こうした流れをどのように評価すればいいのかは、もう少し時間をかけなければわからない部分もある。しかし、これらの現象が示しているのは、ブラック・ライヴズ・マターのような運動が広がっているにもかかわらずまったく改善されない現状における正統派の抵抗運動への疲弊感なのかもしれない。また、一方では、楽しまなければやっていられないという現実を映し出しているともいえるだろう。しかし、それは同時に、厳しい現実のなかにあって、生を喜び楽しむこと自体が抵抗となるということでもある。つまり、自分の生のあり方を決めるのは自分自身であり、何者によっても支配されないという意志表示となる。

　ヒップホップではパーティーを楽しむことが歌われ、また、健康や食事といったライフスタイルに関わるものから日常の「生」の現実が描かれる。それによって、「死」が身近な問題としてつねにあること、逼迫した現実のなかでの生きづらさについての「個」の叫びがヒップホップ世代で共有されてきた。そして、その「個」の叫びを受け止めたリスナーのあいだで対話が生み出されてきた。「個」の直面する課題がヒップホップをとおして共有されたことによって生み出された対話こそが、私事化した信仰の時代におけるアフリカ系アメリカ人ヒップホップ世代をひとつの共同体としてつなぎとめてきたのである。

MC Lyte, *Lyte As A Rock*
（First Priority, 1988）

Queen Latifah, *Nature Of A Sista*
（Tommy Boy, 1991）

Chapter 4
Holy State of Mind

第3節

ヒップホップと
救済の諸相

社会正義と
解放

　公民権運動以降に大きく変化したアフリカ系アメリカ人社会において、ヒップホップは若い世代の直面する現実を「個」の経験や視点をとおしてありのままに伝えるなかで、神の救いについての対話を重ねる空間となってきた。そこで語られる救いとは、貧困や差別に起因する苦難に対する社会正義の実現といった一枚岩的なものでは決してない。むしろ、ヒップホップをとおして語られてきた救いのあり方は多様性に富んでいる。ヒップホップ世代の若者たちが重ねてきた対話は、固定化された救済論によって教会から否定され、排除されてきたことへの応答である。つまり、教会がイエスを救い主として告白しなければ救われないという教えを提示しても、そこにはリアリティがないのである。それに対して、ヒップホップは天国やイエスをインナーシティの現実に即して解釈しなおしてきた。ヒップホップに描かれる救済のあり方の多様性は、教会の権威のための教義的に固定化された救済論を超克するものであり、神の救いの多様性への視座を与えるという点において神学的な問いかけである。それはヒップホップ世代の若者にとって、自分たちの苦難や絶望に応えてこなかった黒人教会の宗教的権威への挑戦といえるだろう[1]。

1 ― Ralph C. Watkins, "Rap, Religion, and New Realities," p.186.

　トリーシャ・ローズが「ラッパーは、支配的な言説の断片を取り上げ、それを代替的で拮抗するヘゲモニーを備えた言説の中へと絶えず投げ込むことで、対抗的な解釈を合法化しようと図［り］、［…］外部の支配的言説と闘ってきた」と述べるように、ヒップホップ世代は黒人社会における教

会の権威による支配的言説に対抗し、新たな救済の形について論じ続けてきた[2]。それは、聖書の言葉やキリスト教的伝統に自らの経験を重ねることをとおして新たな見地を生み出す行為である。そして、解放の神学における聖書理解、また、聖書のブラック・ナショナリスト的解釈にイスラームというアイデンティティを結びつけた NOI に見られる、アフリカ系アメリカ人の救済解釈の伝統にも通じるものである。

第 3 章では Styles P を中心に歌詞を紹介したが、そこで語られるのは荒廃するアメリカ都市部の現実において貧困層の若者が苦難のなかで求める救いである。経済的な問題や人種差別に起因する雇用などの問題、警官からの偏見にもとづく暴力や司法におけるアフリカ系アメリカ人への不公平な量刑、蔓延する薬物や暴力、それに起因する近親者の死、希望の見えないなかで自殺を選ぶ若者の多さなど、ヒップホップをとおして描き出されるさまざまな現実は絶望的である。しかし、そのような絶望的な現実を徹底的に正直に語るなかで、ヒップホップは同時にそこからの救いをさまざまな形で大胆かつ自由に描き出すのである。

神への視点はヒップホップの初期から見られる。都市計画によって荒廃したインナーシティの情景を描いた Grandmaster Flash & the Furious Five の *The Message*（1982）のように、貧困層の厳しい現実はヒップホップが商業化された初期から歌われてきた。*The Message* は社会問題を取り上げた最初のヒップホップの曲として知られているが、7 分にもおよぶ曲の最後の節において神に言及している。メンバーの Melle Mel（メリー・メル）は、"God is smiling on you, but he's frowning too / Because only God knows what you'll go through"（神様はお前らに微笑みかけているけど、眉をひそめてもいる／なぜなら、神様だけがお前らが経験しないといけない苦しみを知ってくれているからな）とラップしている[3]。困窮する都市部の若者の現実のなかに神が共にいるというメッセージは、ヒップホップ世代の直面する社会問題と神の救いを結びつける視点がヒップホップの初期からあったことを示している。

しかも、ヒップホップに描かれる神の救済は社会正義の実現に限定さ

2 ― トリーシャ・ローズ『ブラック・ノイズ』、197 頁。

3 ― Grandmaster Flash & the Furious Five, *The Message* in *the Message* (Sugar Hill, 1982).

4 ― Kurtis Blow, *If I Ruled The World* in *America* (Mercury, 1985). プリティ・ボーイ・フロイドとは、大恐慌時代の有名な銀行強盗。

5 ― http://www.complex.com/music/2016/07/nas-the-making-of-it-was-written (2017年2月7日アクセス). インタビューで"Being a *Krush Groove* fan, Kurtis Blow was my favorite rapper when I was a kid. He sang 'If I Ruled the World' and I thought that was a huge chorus. When I saw *Krush Groove*, I loved what he was singing and rapping about." (俺がガキのころ、映画『クラッシュ・グルーブ』のファンで、Kurtis Blowが一番のお気に入りのラッパーだった。彼が「俺がもしこの世界を支配できたら」ってコーラスで歌っているのを聞いて、それはすごく大きなことに聞こえたよ。『クラッシュ・グルーブ』を観たとき、彼が歌ったりラップしたりする内容が響いたんだ)と答えている。

6 ― Nas, *If I Ruled The World* in *It Was Written* (Jive, 1996). コレッタ・スコット・キングはキング牧師の妻。

れるものではない。この点において突出している曲のひとつとして、Nas の *If I Ruled The World* があげられる。この曲は1985年にリリースされた Kurtis Blow の同タイトルの曲に影響を受けたものである。ヒップホップのラッパーとして初めてメジャー契約を交わした Kurtis Blow は *If I Ruled The World* において、"we gotta stop war and use unity to fight crime and hunger and poverty / […] / 20 million people are unemployed. While the rich man try to play Pretty Boy Floyd, while the working class just struggles hard, try to make ends meet against all odds"(無駄な戦争は止めて、犯罪、飢えや貧困と戦うために結束しないといけない／［…］／2000万人が失業してる。金持ちがプリティー・ボーイ・フロイドみたいにたくさんの人から掠め取っている。労働者階層はそんな困難のなかでも、必死に生き抜いているんだ)とラップし、貧困層の生きる厳しい現実に立ち向かうために連帯を呼びかけている**4**。つまり、社会正義の実現と同様に、経済問題の克服が救済と結びつけられているのである。

「もしこの世界を支配できるならば、平和と平等のために戦う」と社会正義や経済問題を救済と結びつける Kurtis Blow の視点は、当時少年だった Nas に深い感銘を与えた**5**。それから11年後、Nas が *Imagine That* という副題をつけた同タイトルの曲は、自身の2枚目のアルバム *It Was Written* (1996) に収録され、アルバムからの先行シングルとして発表された。Nas は Kurtis Blow 同様に正義が実現された社会を想像して、人種的偏見にもとづく警察からの不当な嫌がらせのない自由な世界についてラップしている。しかし、2節の最後にある "I make Coretta Scott-King mayor the cities and reverse fiends to Willie / I'd open every cells in Attica, send'em to Africa"(コレッタ・スコット・キングを市長にして、ドラッグ中毒者をいっちょ前の男に更生させてやるんだ／そして、アッティカ刑務所の監房を全部解放して、囚人をみんなアフリカに送りこむぜ)という歌詞において、そこには社会正義だけでない救いについての視座が表現されている**6**。

209

第3節　　ヒップホップと救済の諸相

この2節の最後の歌詞とそれに続くサビの部分で"If I ruled the world, I'd free all my sons"（私がこの世界を支配するなら、私のすべての息子を解放するだろう）と客演のLauryn Hill（ローリン・ヒル）が歌うとき、この曲は産獄複合体と呼ばれる、私企業が受刑者を安価な労働力として使役するアメリカの巨大な刑務所の構造に挑戦するものとなる。そして、「アフリカに送り込む」という言葉は、アメリカの刑務所システムの犠牲となるアフリカ系アメリカ人の若者の解放と彼らの起源であるアフリカを結びつける。自分たちを拘束し隷属させるアメリカのシステムから解放されて故郷への帰還をめざすというテーマは、奴隷制時代の人々が出エジプトの出来事に自らを同定したことに通じるものであり、解放の神学の伝統に立っている。また、映画化された1971年のアッティカ刑務所での大規模な暴動が起こった歴史を鑑みるならば、救済とアフリカへの帰還を結びつけて考えさせるこの歌詞は、その内容のさまざまな解釈を可能にし、解放についての対話を促すものである[7]。

　さらに、この2節の歌詞の後のフックに続くブリッジの部分で、Lauryn Hill は "And then we'll walk right up to the sun / Hand in hand / We'll walk right up to the sun / We won't land"（そして、私たちは太陽にむかって歩き出すの／手と手を取り合って／太陽にむかって歩き出す／もう二度と地上に戻ってくることはないわ）と歌っている[8]。この歌詞は1960年代後半から70年代前半にかけて活躍したR&BグループDelfonics（デルフォニックス）の *Walk Right Up To The Sun* の歌詞から借用したものであるが、終末論的な様相を帯びている。アメリカが生み出したインナーシティの現実に囚われる若者が解放される出来事が、天を象徴する「太陽」へと引き上げられるという表現によって、ヨハネの黙示録12章5節に「子は神のもとへ、その玉座へ引き上げられた」と記されるような終末論的イメージで描かれている。

ブラック・ジーザス

　また、アフリカ系アメリカ人のルーツであるアフリカと救済や解放を結び

[7] — James Braxton Peterson, "It's Yours," pp. 91-92.

[8] — Nas, *If I Ruled The World*.

Lauryn Hill, *The Miseducation of Lauryn Hill* (Columbia, 1998)

9 ― 2Pac、Schoolly D（ス
クーリー・ディー）、Ghost-
face Killah、The Game
（ザ・ゲーム）、Camp Lo
（キャンプ・ロー）、Yasiin
Bey（ヤスィーン・ベイ、ラッ
パーの Mos Def は 2011
年に本名を法的に改名し、
現在はこの名前で活動して
いる）など、多くのラッパー
が Black Jesus、または、
Black Jesuz と題された曲
を制作している。その他にも、
多くのラッパーが曲中におい
て Jesus に言及している。

10 ― J.H. コーン『イエス
と黒人革命』新教出版社、
1971 年、126-127 頁。

11 ― Daniel White
Hodge, Hip Hop's
Hostile Gospel: A Post-
Soul Theological Ex-
ploration (Boston, MA:
Brill, 2016), p. 165.

12 ― Rob Marriot,
interview with Tupac
Shakur, "Last Testa-
ment," Vibe, Novem-
ber 1996, T7.

つける視点は、多くのラッパーによる Black Jesus（黒人イエス）への言
及に通底するものであり、それは黒人教会のひとつの伝統でもある [9]。ア
フリカ系アメリカ人が神を黒人のイメージで見てきた歴史は 100 年以上
前に遡る。AME 教会の第 12 代監督であり、ブラック・ナショナリズム
やアフリカ回帰の思想家でもあったヘンリー・マクニール・ターナーは「神
は黒人である」（"God is Negro"）と説教のなかで繰り返し述べた。また、
20 世紀初頭に大規模なブラック・ナショナリズムの運動を率いたマーカ
ス・ガーヴィーは、自分たちの姿をもとに神を想像することの重要性を説
いた。さらに 1950 年代には、イエスを "Black Messiah"（黒人の救世主）
と呼んですべての抑圧からの解放者とする神学思想に立つシュライン・オ
ブ・ブラック・マドンナという黒人教会の教派が誕生した。こうした神観や
それにもとづくキリスト論は解放の神学にも継承され、抑圧された者と共
にいる存在としての神という神学的立場が示されている [10]。

　ヒップホップにおける Black Jesus は、ヨーロッパ的で白人中心主義の
神学によって構築されてきたイエス像とはまったく異質のものである。それ
は、人種間の緊張関係のなかでアフリカ系アメリカ人を抑圧する力に対
抗するという点において、解放の神学の思想の系譜に位置づけられる。
一方で、それは黒人教会の解放の神学の伝統における黒人イエス像に
ヒップホップ世代の解釈を加えることで、イエスを「キリスト教」の枠組み
に閉じ込める教義から解放する [11]。

　とりわけ、黒人イエスのイメージに言及し続けてきた 2Pac の理解がそ
のことを示している。2Pac は銃撃によって殺される 2 週間前に行われた
インタビューにおいて、黒人イエスは「悪党（thug）のための聖人なんだ。
俺が言う悪党っていうのは、もたざる者っていう意味だ」と述べている [12]。
つまり、社会から「悪党」とされる生き方を選ぶことで、ヒップホップ世代
の置かれた厳しい現実を生き抜こうとした者への理解を示す存在として
黒人イエスが想像されるのである。これについて、2Pac は未発表音源と
して発売されたアルバム Still I Rise 収録の Black Jesuz で "He's like a
saint that we can trust to help to carry us through Black Jesuz"（Black

Jesuz は俺たちが信頼できて、最後までやり抜くのを助けてくれる聖人みたいなもんだ）とラップしている [13]。また、このタイトルでは、本来 Jesus となる綴りが Jesuz とされ、最後の s が z となっている。これは、濁る発音の s をわざと z と綴るヒップホップ・ヴァナキュラーともいえるヒップホップ的な表現によるものだが、Jesus を Jesuz と綴ることはイエス・キリストをアフリカ系アメリカ人ヒップホップ世代の現実に文脈化する行為であり、差別や貧困が生み出す厳しい現実のなかで虐げられ傷つけられた者と歩みを共にするイエスを意味するものとなる [14]。

　さらに、2Pac は同じインタビューのなかで「［黒人イエス］は、俺たちが祈りを献げる聖人だし、尊敬もしてるんだ。たとえば、ヤクの売人は罪を犯してるだろ。でも、そいつらは、億万長者になれるんだ。それに、俺は 5 発も銃弾をくらった。でも、聖人だけが、黒人イエスだけが、俺がどんな環境で生まれ育ったかを知ってるヤツだけが、『いいか、こいつは最後には必ず何か素晴らしいことを成し遂げるぞ』って言ってくれるんだ」と答えている [15]。2Pac がインタビューのなかでイエスを「ヤツ」（"nigga"）と呼ぶことは、黒人神学におけるキリスト論のヒップホップへの継承を象徴する。もともとはアフリカ系アメリカ人への差別用語であった "nigger" という言葉は、アフリカ系アメリカ人同士での使用においては親交の情を示す言葉となった。そして、ヒップホップはその綴りの最後の er を a に換えることで、その意味合いを深化させてきた。つまり、その言葉の意味合いは、それを日常的に使用するアフリカ系アメリカ人ヒップホップ世代の生の経験に根ざすのである [16]。

　2Pac がイエスを "nigga" とアフリカ系アメリカ人の、とりわけヒップホップ世代の民衆的経験の刻印された言葉で呼ぶことは、「インマヌエル」（神は我らと共にいる）の事実への信頼を示し、ヒップホップ世代の生の現実への同伴者としてのイエスを示している [17]。また、イエスを「ヤツ」というイメージで描き出すことは、同時に教会への挑戦ともなる。イエスを仲間として描き出すことは、ヒップホップ世代への理解を示すことなく一方的に断罪してきた教会の姿勢を問うからである。そして、イエスを「ヤツ」

13 — 2Pac + Outlawz, *Black Jesuz* in *Still I Rise* (Interscope, 1999).

14 — Daniel White Hodge, *The Soul of Hip Hop*, pp. 127-131.

15 — Rob Marriot, interview with Tupac Shakur, "Last Testament," T7.

16 — Daniel White Hodge, *The Soul of Hip Hop*, pp. 10-11.

17 — 末吉高明『黒人文化と黒人イエス』新教出版社、1986 年、213-214 頁。

という生の経験への同伴者とすることは、イエスを「平和で心地のよい郊外の教会にはおられなくて、教会好きな白人の人種差別と戦っているゲットーにおられる」とする解放の神学の新たな展開である[18]。ヒップホップにおいて、イエス・キリストは犠牲や殉教のシンボルとなり、ストリートでの死を遂げた者はそのイエスのイメージに重ねられ、インナーシティの殉教者や聖人となり「ゲットー・ヘブン」に上げられる[19]。つまり、人々から見捨てられ十字架で処刑されたイエスを、社会から見捨てられたインナーシティの現実のなかで犠牲となっていった数々の若者に重ねることは、人種差別との闘いだけでなく、神の救いを教会の内側にのみ限定する宗教的権威からの解放となるのである。

18 ― J.H. コーン『イエスと黒人革命』、122 頁。

19 ― Ralph C. Watkins, "Rap, Religion, and New Realities," pp.188-189.

生への徹底した
眼差し

　ヒップホップにおいては、ヒップホップ世代の死の身近さの問題ゆえに、家族や親友の死を取り上げて哀悼を表す曲が数多く制作されてきた。それらの数多くの楽曲は死の身近さという現実をヒップホップ世代のなかで共有するものであり、音楽をとおして家族や親友の死を悼む行為そのものに救済を見出している。それは、社会から排除されたインナーシティの現実のなかで犠牲となった無名の存在を歴史に刻む行為であり、無名の存在の死にこそ神が共にいると宣言する。多くのラッパーが自身の曲のなかでその家族や親友の死を悼むことは、ヒップホップ世代の厳しい生の現実への徹底した眼差しに立つものであり、アメリカの構造が生み出す犠牲者への共同体としての弔いである。そして、ラッパーが名もなき家族や親友の名前をあげて死を悼むことに、リスナーは死を遂げた自分の家族や親友の姿を重ねることができる。

　さらに、死が身近にある現実のなかで、第 3 章で紹介した 2Pac の *Thugz Mansion* や Bone Thugs-n-Harmony の *Crossroad* を は じ め、多くのラッパーが天国における救いを描き出してきた。それは、天国における救いについての対話である。そして、そこには Bone Thugz-n-Harmony の *Crossroad* のように、生ける者と死ねる者を結びつける視点が見られる。それは、Styles P が死んだ弟をテーマにした *My Brother* での、"I could smile cause I know he right next to Allah"（お前が神様の隣にいるって知ってるから、俺は笑顔でいられる）というサビの部分や、2節での "The Spirit is here but the visual is gone"（お前の霊はここにある、目には見えなくなったってだけだ）、"You might be gone but your soul is still here and is blessing the streets"（お前はここからいなくなったかもしれないけれど、お前の魂はまだここにいて、ストリートを祝福してる）というラップに通底するものである [20]。あるいは、Noreaga（ノリエガ）の *Sometimes* に客演する Maze（メイズ）は、"I cock and pop three in the air for my niggas not here / Locked in with me, your legacy lives on with me continuously / [...] / You still breathe / Your face show through your seeds"（もうここにはいない俺のツレのために、空にむかって弾を3発ぶっ放す／俺のなかでお前の遺していったものは生き続ける／[...]／いまでもお前は息をしてる／お前の子どもをとおしてお前の顔が浮かび上がってくる）とラップしている [21]。

　生ける者と死ねる者とを結びつける視点は、インナーシティの現実における生を生き抜こうとするなかに神の救済を見出す。インナーシティの現実のなかで生き残るために反社会的とされる生き方を選ぶしかなかった者は、彼らを諸悪の根源とみなす教会の価値観からすれば決して神に受け入れられない。しかし、インナーシティにおいて死を迎えた者の名をあげて悼み、神をとおしてインナーシティの現実のなかで生死を超えていまも互いに結びついていることを示すのは、神が共にいることへの確信にもとづくものであり、同時に、教会の権威を否定するものである。そして、神が共にいることに真実なる救いを見出しているのである。

　インナーシティを取り巻く現実はヒップホップ世代の神や天国についての対話のなかで構築されてきた行動様式やエートスと結びつくことで、深い価値や意味をもち、宗教的な機能を果たすようになっていった [22]。それを生み出したのは、ヒップホップの共同体性において可能となった対話

20 — Styles P, *My Brother* in *A Gangster and a Gentleman* (Ruff Ryders, 2002).

21 — Noreaga, *Sometimes* in *Melvin Flynt - Da Hustler* (Penalty, 1999)。その他にも、たとえは O.C.（オー・シー）が *Word...Life* (Wild Pitch, 1994) 収録の *Born 2 Live* で、死んでしまった友人のマイクについて "Now he found a spot in my heart/Mike, know you're trapped inside of me"（いまは、あいつは俺の心のなかに居場所を見つけたぜ／マイク、お前は俺のなかに捕えられてるぜ）とラップしている。

22 — Ralph C. Watkins, "Rap, Religion, and New Realities," p.191.

である。罪を悔い改めようとしても、ヒップホップというフィルターをとおして批判する教会には救いを見出せない状況のなかで、自分たちの救いはどこにあるのかという対話が「個」の現実を描くラップをとおして重ねられてきた。それゆえに、ヒップホップが示す救いは幅をもっているのである。社会正義の実現、アイデンティティの回復、生と死、終末論などを救済や天国、神やイエスと結びつける視点は、まさに神学的探究である。

　ヒップホップにおける救済観の諸相は、"Can I live?" というヒップホップ世代独特の言い回しに集約されるだろう。これは目の前にある状況に対する不満や他者からさまざまな要求をたたみかけられることへの苛立ちを示す表現であり、「自分のやりたいようにやらせてくれ」といった意味合いがある。ヒップホップには Can I live と題された曲がいくつか存在するが、ヒップホップ世代の置かれた社会的状況に鑑みるなら、この表現は自らの生を抑えつけようとするインナーシティの現実に対して、生きる (live) ことを高らかに宣言するものである。Black Rob（ブラック・ロブ）は Can I Live のサビで "Can I live? No one man can stop me / Can I live? I gotta bring it to these kids / Can I live? If I don' live, nobody live"（俺のやりたいようにやらせてくれ。誰も俺を止められねえ／俺のやりたいようにやらせてくれ。この子どもたちにも教えてやらないといけないんだ／俺のやりたいようにやらせてくれ。俺が生ききらないと、誰も生きられなくなってしまう）とラップしている[23]。Black Rob は自身の生において何事にも屈しないことを宣言するだけでなく、他者への視点を示している。つまり、自身の生を自分として生きることを諦めることは、他者がその生を生きる道をも閉ざしてしまうという認識である。

　また、Fabolous（ファボラス）の Can I Live に客演する Ransom（ランサム）は "I spell evil backwards / I gotta live"（俺は「悪」を逆から綴る／生きなきゃならないからな）とラップしている[24]。これは、ストリートが生み出す悪夢のような現実、そして、その現実をつくり出す社会の構造のなかで、自分の生を生きることの宣言である。薬物売買の縄張り争いやギャング団同士の抗争の当事者やそこに巻き込まれた者の死。差別や偏見に

23 ― Black Rob, *Can I Live* in *Life Story* (Bad Boy, 2000).

24 ― Fabolous, *Can I Live* in *Loso's Way: Rise To Power* (Desert Storm, 2006).

よる尊厳の否定や社会からの排除のなかで自ら死を選ぶ者。そのように、ヒップホップは、死へとむかわせる力が大きく働くインナーシティの現実をそれでも生きようとするなかに救済を見出す。そして、その現実のなかに神との出会いが備えられていて、死んだ兄弟や親友の魂が共にいるとの確信によって、ストリートの現実に天国を見出す。ヒップホップはそのように死への徹底的な眼差しをとおして、死を遂げた者の復活を自らの生のなかに見るのである。それはヒップホップ的現在終末論とも呼べるものだろう。Rakim が "It ain't where you from / It's where you at"（どこから来たかじゃなくて／いまお前がどこにいるかが重要なんだ）とラップするように、「いま」という時において、「ここ」という場所を生きようとするなかに救済を見出すのである[25]。

　以上に記したヒップホップにおける救済の諸相は、ヒップホップ世代の抱える現実についてのそこに生きる者たちの対話によって生み出されてきた。それは教会による批判や排除のなかにあっても、聖俗混在のアフリカ的宇宙観がアフリカ系アメリカ人の世俗音楽において受け継がれてきたことによって可能になった。それは一方で、奴隷制や差別のなかで、自由な空間を生み出してきたアフリカ系アメリカ人の歴史的闘いの継承でもある。アフリカ系アメリカ人が生み出してきた文化的制度や様式は、人間としての尊厳を維持しながら不条理な世界で生き残るために必要な抵抗手段だっただけでなく、自由を生み出すもの、自由となれる場、自由とは何かについて議論できる空間、自由を体現する手段だったといえるだろう。それが、人種間の分断だけでなく、アフリカ系アメリカ人社会内部における世代間の断絶や教会との亀裂から、ヒップホップという形で表れたのである。

　自由を生み出す闘いのなかから生まれたヒップホップは、教会の伝統的な教義によって救済を限定してきた境界線を克服するものとなった。つまり、教会という宗教組織だけの特権とされてきた救済や天国についての議論を民衆に取り戻したのである。そして、公民権運動以降、アフリカ系アメリカ人の信仰が私事化し、教会がアフリカ系アメリカ人社会の

25 — Eric B & Rakim, *In the Ghetto* in *Let the Rhythm Hit' Em* (MCA, 1990).

中心としての機能を失っていくなかで、ヒップホップは決して一枚岩では
ないアフリカ系アメリカ人の「個」の経験が共有される対話空間となって
いった。「個」の叫びをとおして神や救いについての対話が重ねられるなか
でヒップホップ世代の声となってきたヒップホップは、「個」と共同体をつ
なぎとめて全体性を回復する絆としてその宗教的機能を果たしている。

結論

Outro

世俗音楽であるヒップホップに、なぜ宗教的な表現が見られるのか。
反社会的な事柄をその楽曲において誇張するラッパーが、なぜ神や天国
に言及するのか。そして、それらの宗教的表現は、ヒップホップ世代と呼
ばれるアフリカ系アメリカ人の年代グループに対してどのような機能を果
たしているのか。本書はこれらの問いを端緒として、アフリカ系アメリカ人
の宗教史の展開における教会と世俗音楽の関係に注目し、また、ブルー
スとの比較を交えながら、ヒップホップが宗教的機能をもつようになった
過程、ヒップホップ世代に対して果たす役割、聖俗二元論を超えた救済
のあり方について検討してきた。これらの議論を振り返りながら、本書の
問いに答えるべく結論をまとめたい。

　第1章では、ヒップホップにおいて宗教的表現が見られるようになった
要因を公民権運動以降の社会的背景と教会の関係から考察した。公民
権運動以降、黒人教会では信徒の獲得した社会的地位を守るための保
守化と信仰の私事化が起きた。また、公民権運動以降の経済的な変化
によって、空洞化した都市部における貧困問題に起因する薬物の蔓延や
銃犯罪、死の身近さなどの問題は、インナーシティに住むアフリカ系アメ
リカ人の若者たちにとって実存的な問いかけとなった。しかし、ヒップホッ
プ世代の直面したそれらの社会問題について、黒人教会は明確な姿勢
を打ち出すことができなくなっていた。また、顕在化するインナーシティの
問題と結びつけられたヒップホップに対して、教会から大きな批判が起こ
るようになっていった。インナーシティの社会病理が露骨に表現されるヒッ
プホップはアフリカ系アメリカ人社会全体の向上を妨害するものと映った
からである。その結果、ヒップホップ世代は実存的な諸問題を真正面か
ら取り扱い、生きることの意味を見出すために、教会に代わる議論の場を
ヒップホップの言説空間のなかに築いていったのである。

　第2章では、ヒップホップをアフリカ系アメリカ人の宗教史に位置づけ
るために、その歴史的展開を概観した。ヒップホップの宗教的側面は教
会への反発だけを要因として発生したわけではなく、アフリカからアメリカ
大陸に連れてこられた人々の宗教性に遡ると考えられるからである。奴隷

制時代の南北の違いは、アフリカ系アメリカ人のアイデンティティやアメリカ社会に対する姿勢という現在にいたる問題を示している。人種隔離の徹底された南部ではアフリカ的な宗教表現とキリスト教が結びついたが、自由州という状況のなかで自由をめざす運動が展開された北部ではアフリカ的なものは野蛮だとされた。また、奴隷制廃止後に北部の宣教団によって建てられた神学教育で、聖俗混在といったアフリカ的世界観は排除されていった。そして、20世紀初頭の南部から北部へのアフリカ系アメリカ人の大移動においても、南部からの移住者の信仰への偏見が生じた。つまり、アフリカ的なものとアメリカ的なものとの緊張関係のなかで、黒人教会の信仰は揺れ動いてきたのである。

　また、黒人教会の一部は人種差別や経済格差といった社会問題に取り組む姿勢を見せたが、多くの教会はその緊張関係のなかでアメリカとの同化をめざし、社会問題からは距離を置くようになった。その結果、社会の不条理に対して神学的な答えを明確に示そうとしない教会に意義や救いを見出せなかった人々の受け皿として、NOIのようなセクトが20世紀前半に誕生することとなった。つまり、アフリカ系のアイデンティティとアメリカ社会のあいだの緊張関係のなかで揺れ動くとき、黒人教会は諸問題への答えを示すことができず、NOIのようなセクトが教会のオルタナティブとしてアフリカ系アメリカ人の声を代弁するのである。ヒップホップはそのようなオルタナティブな流れのなかから、宗教的な機能を果たすようになったと考えられる。

　第3章では、ブルースやゴスペル・ラップとの比較をとおして、ヒップホップの宗教的機能について検証した。奴隷制時代に誕生した黒人霊歌は単なる宗教歌であるだけでなく、困難にあるアフリカ人たちの現実を映し出すというアフリカ音楽に由来する機能を担っていた。聖俗のあいだに境界線を引く西洋的な聖俗二元論とは異なり、アフリカの宗教的世界観において聖なるものはそうでないものと切り離すことはできないからである。しかし、奴隷制廃止後、北部からの宣教師たちの神学教育によって、神と悪魔の共生というアフリカ的世界観が神と悪魔を対極に位置づける聖

俗二元論に取って代わられることとなった。その結果、アフリカ系アメリカ人の音楽に聖俗の線引きがなされ、宗教的な歌は教会といった制度化された宗教的空間に限定されるようになった。しかしアフリカ的な聖と俗の混在した宗教的世界観はブルースにおいて継承されていった。それゆえに、ブルースも宗教的機能を果たしえたのである。霊歌は天国への希望を歌うことをとおして自由と解放の源泉となったのに対して、ブルースは現実への徹底した眼差しによってそれを生きる人間の本質的価値に希望を置いた点で「世俗的霊歌」としての機能を果たした。

　ヒップホップには、聖書やキリスト教的イメージの再解釈、天国についての神学的議論、ヒップホップ世代の苦難についての神義論、生の葛藤への徹底した眼差しといった多彩な宗教的表現が見られる。ヒップホップは、生への徹底した正直によって現実を描き出しながら神と対話している点において、ブルースのような世俗的霊歌としてだけでなく、霊歌そのものとしての機能を果たしている。ヒップホップにおける聖と俗の混在によって、聖俗二元論という二項対立的な図式による救いの限界を超えることが可能となったのである。一方で、ゴスペル・ラップはキリスト教の教理を反映するものでしかなく、多様な価値観を反映するヒップホップとは対照的に固定化された答えしか示せないため、そこで語られる救いは限定的なものにしかならないといえる。

　第4章では、第3章の議論から浮かび上がってきた音楽と聖俗の問題を取り上げた。アフリカ系アメリカ人の音楽では、聖と俗の緊張関係のなかで宗教的なものと世俗的なものが互いに影響し合ってきた。それは、聖俗の境界線とアフリカ系アメリカ人のアイデンティティの二重意識が結びつき、その境界線の狭間でアフリカ系アメリカ人の音楽が揺れ動いてきたことを示している。一方で、聖俗二元論の限界の超克を可能としたのは、アフリカの宗教的世界観の象徴ともいえる神と人間のあいだに介在するトリックスターである。トリックスターは聖俗二元論では悪魔と規定されたが、ブルースや物語といった民俗文化において生き残った。トリックスターのいたずら行為は聖俗二元論では悪とされるが、聖俗という対立す

るもののあいだを自由に行き来することでその境界線を曖昧にし、既成の価値観を転覆させてより高度な秩序を新たに生み出すものである。

　この点において、ヒップホップは宗教的な側面をもっているだけでなく、反社会的な事柄を歌うラッパーが聖なる事柄に言及することで既成の価値観に挑戦する。つまり、ヒップホップは反社会的な事柄と宗教的な事柄を取り上げることによって聖俗の境界線を歪め、救いの権威としての教会の正当性を問うのである。教会が固定化した教理によって救いについての答えをひとつに限定してきたのとは異なり、ヒップホップは徹底した「個」の経験を表現することによってヒップホップ世代のさまざまな現実を映し出し、リスナーのあいだに対話を生み出してきた。また、その対話のなかで、一枚岩ではない多様な救済論を展開してきた。公民権運動以降の信仰の私事化した時代において、ヒップホップは救済の境界線を超克したその対話によってアフリカ系アメリカ人の共同体をつなぎとめてきたのである。

　以上の議論から、ヒップホップにおける宗教的表現はアフリカ系アメリカ人の宗教史の歴史的展開に位置づけることができるだろう。ヒップホップは聖俗二元論による音楽の境界線の正当性に挑戦しながら、神の救いから一方的に排除されたヒップホップ世代のアフリカ系アメリカ人の救いについてラップしてきた。しかし、それは教会から排除された者が自分たちを救済するという自己満足的なものとして理解されるべきではない。ヒップホップにおける救済の諸相は、アフリカ系アメリカ人の宗教史の展開のなかで生み出されてきた対立や分断に対する積極的な応答であると筆者は考える。

　黒人教会はその歴史上必ずしも完全に一致できていたわけではなかった。それは、一枚岩ではないアフリカ系アメリカ人社会の多様性を黒人教会が反映してきたことによる。つまり、教会を構成する社会階層やその政治的立場の違いが、弁証法的緊張関係を生み出してきたのである。それはアフリカ系アメリカ人社会において、社会階層や政治的姿勢の違いによる対立や分裂のため一致が困難であることを意味する。一方で、そ

のような多様な立場を抱える黒人教会は、アメリカにおけるアフリカ系アメリカ人への差別との闘いで、道徳的優位性を示す戦略を採用してきた。つまり、黒人教会が共同体の中心であった時代において、キリスト教信仰にもとづいた高い道徳性を有した市民になることを重要視したのである。それは、教会を神の救いに与る聖なる共同体とする固定化された教理にもとづくイメージ戦略ともいえる。

　こうした黒人教会における弁証法的緊張や道徳戦略の問題は、アフリカ系アメリカ人の救済の問題にも直結する。つまり、貧困や差別からの救いを求めても、それが黒人教会全体に共通する課題とならなければ、社会階層や世代間の違いを超えて地域共同体をつなぎとめる役割を果たせない。また、教会を中心にした道徳性の高さが解放運動や公民権運動の戦略となったがゆえに、それに見合わない人々が排除されてしまうこととなった。そうして、黒人教会がアフリカ系アメリカ人の直面する問題について一致できないとき、あるいは、教会の価値観になじめない者にとって、NOIのような組織がアフリカ系アメリカ人社会の代弁者となりうるのである。

　ヒップホップは、NOIのような黒人教会のオルタナティブとして位置づけることができる。しかし、ヒップホップはNOIのような宗教団体とは異なり、特定の教義も組織ももたない。ヒップホップ世代は、ヒップホップをとおしてさまざまな「個」の現実を描き出し、それらを共有してきた。ヒップホップにおいて「徹底した正直」によって多様な現実が描き出されるなかで、アフリカ系アメリカ人の共同体に関わる実存的な諸問題についての対話が可能となったのである。

　そして、その対話は貧困や差別といった不条理についてだけでなく、神による救済にもおよんだ。貧困を生き抜くために反社会的な手段しか選べなかった者が、黒人教会の道徳戦略に対立する「救いようのない者」と教会から厳しく批判され、神の救いから排除されてきた。ヒップホップ世代と公民権運動世代との断絶や信仰の私事化が起きた時代において、ヒップホップ世代の生きる現実と教会の語る救いは切り離されてしまっ

224

結論

た。その結果、ヒップホップ世代の若者たちは、自分たちの直面する現実に十分に応えられない既存の救済論に代わるものとして、ヒップホップをとおして神や救いを読み直してきた。そこから、"Ghetto Heaven"や"Black Jesuz"といったヒップホップの神学的概念が生み出された。

　ヒップホップ世代にとって、教会による神の救いからの排除そのものが実存に関わる問題である。それゆえに、ラッパーたちは「預言者」「祭司」「トリックスター」として、神の救いが教会の内側に限定されることを問うた。それは聖俗二元論への挑戦であり、奴隷制廃止後に民俗文化において受け継がれてきたアフリカ的聖俗混在の世界観がそれを可能とした。教会の内が聖であり、教会の外が俗である。イエス・キリストを救い主と告白する者が聖であり、教会において救いに与ろうとしない者が俗である。霊歌、ゴスペルは聖であり、ブルース、ヒップホップは俗な「悪魔の音楽」である。そのような聖俗二元論に対して、ヒップホップは俗悪とされる厳しい環境での生のありようを「徹底的した正直」によって描き出し、その現実を生き抜こうとすることを聖なるもの、神が共におられる場所としたのである。

　ヒップホップにおいて示される救済の諸相は聖俗の境界を超え、聖俗二元論やそれにもとづく教会の権威といった既存の秩序に挑戦してきた。それはまさに聖俗の狭間を自由に行き来しながら、社会規範の不完全さを暴き出して新しい秩序を生み出すトリックスター的なものだといえる。アフリカ系アメリカ人の現実やアイデンティティは重層的なものであるにもかかわらず、黒人教会が示す道徳戦略においてはその価値観を受け入れることができる者しか救われない。奴隷制時代から公民権運動において、道徳戦略は一定の役割を果たしたといえるだろう。しかし、ヒップホップはトリックスターとして既存の聖俗の基準を歪めながら、ときに排他性を帯びてしまう道徳戦略の限界を暴き出し、教会の固定化された限定的な救済に代わるヒップホップ世代のための包括的な救済論を生み出してきた。ヒップホップはこのトリックスター的な働きをとおして、聖俗二元論に由来する宗教的権威の特権とされてきた救済や天国の議論を「世俗」の

現実を生きる者たちの側へと解放したのである。

　教会が自らを「聖なるもの」として位置づけてきたのは、聖書における「聖」が分離を意味し、「聖なるもの」は「俗なるもの」から完全に分けられると考えるからである。一方で、本書では教会を聖なるものとする聖俗二元論を超克するヒップホップの宗教性について論じてきた。しかし、このヒップホップの宗教性は、聖書の示す聖俗二元論を否定するものではなく、むしろ「聖なるもの」は神のみであるという視点を補完する。ヒップホップはその宗教性をとおして、「聖なるもの」の権威を自らのために利用する教会や聖職者、牧師の聖俗二元論を超克することによって、失われた「聖なるもの」を取り戻そうとするのである。

　教会においてキリスト教の教理が固定化されるときにその救済が限定的なものとなってしまうのとは対照的に、「徹底した正直」によって語られる「個」の経験を共有する対話の空間としてのヒップホップからは、固定化された答えは出てこない。ヒップホップは多様な現実を反映することで、変化し続ける現実に対する救済は、神が共にいるそれぞれの生のなかに見出されることを示してきた。そして、その「徹底した正直」による対話こそが、多様化した現実のなかで誰も排除することのない救済の形の探求を可能としてきたのである。ヒップホップはその探求をとおして、社会階層の二極化や信仰の私事化、世代間の価値観の違いによる断絶の時代のなかで、アフリカ系アメリカ人のヒップホップ世代をひとつの共同体としてつなぎとめている。

ヒップホップという言語

Bonus Track

本書には多くのヒップホップの歌詞を引用しているが、そのなかには「標準」の英語として学校で教えられるものとは異なる特殊な表現が見られることがある。言語学の立場からヒップホップを研究した H. サミー・アリムの言葉を借りるなら、それはヒップホップ言語 (Hip Hop Linguistics) であり[1]、アフリカ系アメリカ人の生のさまざまな側面から生み出されたヴァナキュラー (vernacular) である。ヴァナキュラーとは、「ある土地や集団に固有の」という意味であり、アフリカ系アメリカ人のヴァナキュラーには霊歌、民謡、民話、ブルースや、黒人教会における牧師たちの独特の説教のスタイルも含まれる。

アフリカ系アメリカ人の文化におけるヴァナキュラーは芸術的な刺激をもたらすだけでなく、アフリカ系アメリカ人の価値観を表現する手段でもあった。つまりは、白人の価値観や世界観に同化してアメリカの主流社会に「ふさわしい」者とみなされることへの巧みな抵抗の手段であり、自らのアイデンティティを形成するものだった。ヒップホップも同様であり、ヒップホップ言語にはヒップホップ世代の価値観が示されている。

1 ― H. Samy Alim, *Roc the Mic Right: The Language of Hip Hop Culture* (New York, NY: Routledge, 2006).

Talib Kweli が DJ Hi-Tek（ディージェイ・ハイテック）とコンビを組んだ Reflection Eternal（リフレクション・エターナル）のファースト・シングルに収録された *2000 Seasons* で "Intellectuals get embarrassed because we discussing in ebonics"（俺たちがエボニックスで議論してるのを見て、知識人たちは恥をかく）とラップするように[2]、ヴァナキュラーは言語のポリティクスともいえるだろう。ebonics（エボニックス）とは ebony（漆黒）と phonics（音声学）をつなげた造語で、いわゆる「黒人英語」のことである。以下にも記すが、そこには「正しい英語」における時制や人称とは異なる文法が存在する。それゆえに、エボニックスは「正しい英語」を話すことのできないアフリカ系アメリカ人の知性の低さを示すものとされてきた。映画やドラマにおいても、黒人英語を誇張して語るキャラクターをとおして、「低能なアフリカ系アメリカ人」というイメージが描かれてきた。

アメリカの白人主流社会のそうした価値観に対する言語のポリティクスが、Nas の *These Are Our Heroes* に見られる。Nas は "Whitey always tell him, 'Ooh, he speak so well' / Are you the one we look to, the decent Negro? / The acceptable Negro —hell nah"（白人野郎どもは「彼はとても上品にお話しできますね」と言いやがる／そんなやつらを礼儀正しい・好ましい「ニグロ」として目指さないといけないっていうのか／そんなのはごめんだ）とラップしてい

2 — **Reflection Eternal, *2000 Seasons* in Fortified Live / 2000 Seasons (Rawkus, 1997).**

3 — **Nas, *These Are Our Heroes* in Street's Disciple (Columbia, 2004).**

4 — **negro は序章の用語法のなかで記した nigger 同様に、「白人に迎合する情けない黒人」のような意味で使われる。**

5 — **H.Samy Alim, *Roc the Mic Right*, p.14.**

6 — **Rakim, *How to Emcee* in Seventh Seal (SMC Entertainment, 2009)。その他にも、O.C., *Dangerous* in Jewelz (PayDay, 1997) や Ghostface Killah, *The Sun* in Put It On The Line (Stark Enterprise, 2005)、Fabolous, *For the Summer* in Summertime Shootout (Def Jam, 2015) などで new slang という言葉が聞かれる。**

る[3]。この歌詞の背景にあるのは、本文でも論じた二重意識の問題である。上述のように、奴隷制時代から現代にいたるまでの白人主流社会のなかで、低能、怠惰、野蛮といったアフリカ系アメリカ人のステレオタイプが生み出されてきた。それに対してアフリカ系アメリカ人エリート層のあいだでは、偏見を解消し、一級市民としてアメリカ社会に受容されるためには、「正しい・上品な」英語を話し、品格ある振る舞いをすることが必要だという考えが広がっていた。そして、Nas が「好ましいニグロ」(acceptable Negro) とラップするように[4]、白人主流社会のほうでも、黒人は「正しい英語」を話し「上品な振る舞い」ができるようになればアメリカ社会に受け入れられるとしてきた。正しい英語がアメリカ人としてのふさわしさ、つまり、市民権を付与するに値する知性や品格に結びつけられ、一方で、アフリカ的な背景と結びついたエボニックスが反知性を示すものとされるということだ。しかし、Talib や Nas の歌詞はそうした考えを拒絶し、アフリカン・アメリカン・ヴァナキュラーの豊かさを映し出している。

上述のアリムは「正しい英語」には「正しさ」の境界線が定められるがゆえに限界があると述べる[5]。一方で、「正しくない」とされたエボニックス、黒人英語は限界がなく、それゆえに、「ストリートで新しいスラング (new slang) が常に生み出される」のである[6]。そして、そのスラングが白人主流文化のなかで使われるようになると、それを使うことはダサいこととなるし、新しいスラングを生み出そう

とするときには、それがダサいのかイケてるのかという判断が仲間内でなされるのだ。つまり、スラングには黒人の／黒人としての美的価値観（black aesthetics）が反映されているといえるだろう。

　ヒップホップのスラングは、奴隷制や人種差別のなかで黒人が生きることを可能にしてきたアフリカ的なもの、またアフリカ系アメリカ人の創造性を表すものだ。さらに、それはアフリカ系アメリカ人の生の置かれた状況の地域差をも反映している。前置きが長くなったが、ここではそうしたスラングの創造に影響を与えていると考えられるものについていくつか記してみたい。

be

　ヒップホップという言語、エボニックスに見られるアフリカ的なもののなかでも特徴的なのは、be動詞の独特の使い方である。学校で習う現在形・過去形・未来形・完了形といった「正しい英語の文法」とは異なり、時制や人称にかかわらずbeが使われる。たとえば、A$AP Rocky（エイサップ・ロッキー）のPesoの冒頭には "I be that Pretty motherfucker!"という歌詞がある[7]。「正しい英語の文法」に基づくなら、下線部のbeはamにならないといけない。

　この時制を無視しているように思える表現は、アフリカ系アメリカ人が「正しい文法」を使えないからではなく、アフリカ的な時間観念によるものだと考えられる。ムビティによると、アフリカに共通する時間観念は、遠い過

去と現在の二つに分けられ、未来という概念は存在しない[8]。未来は、未だに起こっていない事柄なので、認識の対象にはならないからだ。つまり、アフリカ人にとって時間は数字ではなく、ある事柄や行為との関わりのなかで意味をもつのである。したがって、数ヵ月の内に確実に起こることや自然界のリズムに付随する事柄も「現在」の延長として認識され、一方で、それよりも先の考えることが不可能なものは存在しないも同然となる。「現在」は約半年後くらいの未来から昨日までの過去を含み、「過去」はそれよりも前の時間を指す。そのようなアフリカ的な時間の概念では、「現在」が「過去」に向かって進む、後ろを向きながら歩いていくという感覚なのかもしれない。

　ムビティは過去・現在・未来という区切りでアフリカ的な時間概念を説明するのは困難であるとして、ササとザマニというスワヒリ語の言葉を用いて以下のように説明する[9]。ササはまだ記憶が鮮明な事柄やこれから経験しようとする事柄であり、一律の単位で計ることのできるものではない。つまり、個人や社会によってその長さが変わり、年長者ほどそれは長く、地域社会単位となるとさらに長くなる。ササとは、人間が存在を認識する時間領域である。一方で、ザマニはササと重なり合っているために、両者のあいだに明確な境界線を引くことはできない。しかし、ササにおいて現実化されなければ、どんなこともザマニに入ることはない。これは時間認識としては当然のことであるが、アフリカの宗教

7 — A$AP Rocky, *Peso* in *Live. Love. A$AP* (RCA, 2011).

8 — ジョン・S・ムビティ『アフリカの宗教と哲学』法政大学出版局、1970年、18-20頁。

9 — 同上、23-24頁。

の神話的時間においては重要なことを意味する。アフリカの神々は時間を超越した存在であり、それらの登場する神話とはザマニの奥深くに蓄積されたなかから忘れられてしまった制度や慣習の起源をササの領域に取り戻そうとする試みなのだ[10]。ザマニはササの「基盤あるいは保障を与える神話の時間」であるがゆえに[11]、いま経験したこと、目の前で起こっていること、起ころうとしていることもすでに神話的時間のなかの出来事なのである。

こうした時間観念も、アフリカの宗教観に由来し、生を徹底して肯定するものであり、過去・現在・未来を区切る西洋の時間観念との出会いのなかで、奴隷制や人種差別を切り抜けるために有効だったはずだ。時間を過去・現在・未来に区切る境界線を自由に飛び越える時間観念によって相手を翻弄することができたのではないだろうか。A$AP Rocky が "I be that Pretty motherfucker!" とラップするとき、それには「俺がイカした野郎だ」というよりも、「何があろうと、俺はイカした野郎だ」というニュアンスの違いがあるように感じる。時制によって時間が区切られることへの抵抗なのかもしれない。

綴り

アフリカ系アメリカ人文学の歴史においては、アフリカ系アメリカ人の話し言葉をどのように表現するのかという課題があった。読み書きを教えることを厳しく制限されていた奴隷制時代に培われた豊かな口承文化をどの

ように文学表現へと転換していくかということだ。そして、そこには「時制」の箇所でも記したような葛藤があった。アフリカ系アメリカ人の発音や文法といったヴァナキュラーをそのまま文字化することは、その登場人物の知性の低さを表すものとして理解される可能性があるからだ。黒人のヴァナキュラーは恥ずべきものではなく、むしろ生の豊かさを示すものであることをいかに表現するのかという課題のなかで、アフリカ系アメリカ人作家たちは口承文化がもつエネルギーを文学へと昇華させてきたのである。

一方で、ヒップホップに見られる "black Jesuz" や "gangsta" のようなヴァナキュラー的な綴りは "I don't give a fuck!"（そんなもん気にするか！）といったヒップホップのアティチュードを示すものではないだろうか。つまり、「標準的な・正しい」英語をしゃべれば認めてやるという言語のポリティクスにおける支配的な力に、中指を立てて挑戦するものである。規範的ではない文字の綴りや言葉の発音というヴァナキュラーから、抑圧された者が自らの生を肯定し、解放する手段として言語を用いていることが見えてくる。

地域差

一方で、スラングにも地域差があるのはいうまでもない。東海岸ニューヨークやニュージャージー、西海岸のカリフォルニア、深南部のアトランタ、ミシシッピ、ルイジアナなど、それぞれの地域の言葉には違いがある。また、東海岸でもそれぞれの地域で異なる

10 —同上、89頁。

11 —同上、24頁。

スラングが語られる。たとえば、The Roots や Beanie Sigel の曲やスキットを聞いていると、フィラデルフィア独特のスラングである"jawn"(ジョーン)や"boul"(ボゥ)という言葉を耳にする。"jawn"は便利な言葉で、物や人や場所を指して代名詞的に使われる。フィラデルフィア出身の Bolderaw(ボールドロウ)は Jawn という曲で、"I'm from Philly where everything is jawn"(俺はフィラデルフィア出身だ。地元では、なんでもジョーンといえば説明がつく)とラップしている[12]。"boul"は"bol"と綴られることもあるが、おそらく boy がボゥという発音に訛ったもので、"that youngboul"(あいつ)のようなニュアンスで使われる。

"What up, ○○?"(調子はどう?)のような目の前の相手に対する二人称的な呼びかけも各地で異なる。○○の部分には、東海岸では"son"(サン)や"B"(ビー)、西海岸では"cuz"(カーズ)、そして、南部では"shawty"(シャオティ)がよく使われる。西海岸の"cuz"はギャング集団のクリップスが仲間内で使い始め、それが都市部の若者たちのあいだに広まったといわれているように、それぞれの言葉に由来があるのだろう。一方でニューヨークでは"son"という呼びかけの代わりに、Mobb Deep が使い始めた"dunn"(ダン)という言葉が使われることがある。Mobb Deep の地元であるクイーンズ・ブリッジの幼馴染みに発話障がいを抱える友人がいて、son と発音しようとしても"dunn"という発音になってしまうのだが、それがイケてると思って仲間内で真似するようになった。そして、それがいつの間にかクイーンズ・ブリッジ中に広まり、ダン・ラングエッジ(dunn language)として認知されるようになったのである。これは、スラングの誕生がローカルな生と密着していることを示す物語である。

刑務所文化・警察との緊張関係

第1章で触れたように、刑務所はアフリカ系アメリカ人の若者たちの現実に暗い影を落としている。本文で引用した Nas, If I Ruled The World に出てくる Attica(アッティカ)をはじめ、Rikers Island(ライカーズ島)、Sing Sing(シンシン)、San Quentin(サン・クエンティン)といった刑務所(Correctional Facility)の名前は多くの曲の歌詞に出てくる[13]。また、Nas の One Love は刑務所にいる友人に宛てた手紙という体裁だし[14]、Capone-N-Noreaga の Phone Time は刑務所にいる友人との電話でのやり取りをラップしている[15]。

ラップの歌詞にも反映されるそうした現実のなかで、Nas が "speak with criminal slang"(犯罪者のスラングでしゃべる)とラップするように、刑務所文化や警察との緊張関係から生み出されたスラングがいくつもある[16]。たとえば、Mobb Deep の Up North Trip にある "up north"(ここから北)とは刑務所を指すスラングである[17]。Attica、Sing Sing、Fishkill(フィッシュキル)、Green Haven(グリーン・ヘイブン)、Great Meadow(グレート・メドウ)など、ニューヨ

12 ― Bolderaw, Jawn (2016. https://www.youtube.com/watch?v=iSGPkIX32_Q)

13 ―たとえば、以下の曲にこれらの刑務所の名前が出てくる。Kool G Rap & DJ Polo(クール・ジー・ラップ・アンド・ディージェイ・ポロ)の Rikers Island in Wanted: Dead or Alive (Cold Chillin', 1990)、Wu-Tang Clan の Triumph in Wu-Tang Forever (Loud, 1997)、Capone-n-Noreaga の Stick You in War Report (Penalty, 1997)、Nas の Doo Rags in The Lost Tapes (Columbia, 2002)、Raekwon の Verbal Intercourse in Only Built 4 Cuban Linx (Loud, 1995)、2Pac の It Ain't Easy in Me Against The World (Interscope, 1995)。

14 ― Nas, One Love in Illmatic (Columbia, 1994).

15 ― Capone-n-Noreaga, Phonetime in Reunion (Tommy Boy, 2000).

16 ― Nas, It Ain't Hard To Tell in Illmatic (Columbia, 1994).

17 ― Mobb Deep, Up North Trip in The Infamous (Loud, 1995).

ーク州の刑務所の多くはニューヨーク市よりも北に位置するために "up north" は刑務所を意味するようになった。

また、スラングは隠語とも訳されるように、警察官による逮捕を避けるために生み出されたという側面もある。アフリカ系アメリカ人の若者の収監率の高さには警察官による不当な逮捕が関係しているからだ。それゆえに、警察や法律などにまつわるスラングも多くある。警察を表すスラングだけでも、"po-po"(ポゥ・ポゥ)、"one time"(ワン・タイム)、"five-o"(ファイブ・オー)、"jake"(ジェイク)などさまざまである。また、銃を表すスラングも銃の名前に付けられた口径を示す数字を取ったもの、たとえばコルト 45 を指す「45」、38 キャリバーを指す「38」などがある。あるいは、銃を一般的に指すものとして "heat"(ヒート)、"gats"(ギャッツ)、"burner"(バーナー)、"biscuit"(ビスケット)などが使われる。

ファイブ・パーセンターズ／NOI の影響を受けたもの

第 1 章で紹介したように、ヒップホップは NOI やファイブ・パーセンターズとの親和性があり、そのレトリックがヒップホップによく見られる。200 頁で引用した Ghostface Killah の歌詞で母親やオフクロさんを意味する "old earth"、214 頁で引用した Maze の歌詞で子どもを意味する "seeds" は、ファイブ・パーセンターズの教義を背景にしたものである。

ファイブ・パーセンターズの教義では、黒人男性は高度な文明を生み出した神々(Gods)であり、彼らが種 (seeds) を蒔いて文明を育んだ大地 (earth) が女性であるとしている。この考えがファイブ・パーセンターズの正式名ネイション・オブ・ゴッズ・アンド・アースズ (Nation of Gods and Earths) の由来となっている。この教義から "old earth"(オフクロ)や "seeds"(子ども)という表現が生まれた。また、ニューヨークやニュージャージーなど、ファイブ・パーセンターズの色濃い影響を受けた地域では、"God" が「地域差」の項で述べたような二人称的な呼びかけとして用いられる。

その他にも、フリースタイルセッションを意味する "cipher"(サイファー)、あいさつの言葉として使われる "Peace"(ピース)、「俺の言ってることは嘘じゃない、マジだ」のような意味で使われる "Word is bond"(ワード・イズ・ボンド)など、ファイブ・パーセンターズの教義やレトリックに由来するスラングはファイブ・パーセンターズの信奉者以外の人々の日常の言葉のなかにも定着している。

参考文献・資料

書籍

アンジェラ・デイヴィス『監獄ビジネス——グローバリズムと産獄複合体』岩波書店、2008 年。

井上順孝編『世界宗教百科事典』丸善出版、2012 年。

ウィリアム・J・ウィルソン『アメリカのアンダークラス——本当に不利な立場に置かれた人々』明石書店、1999 年。

ウェルズ恵子「笑いと回復のための語り——ゾラ・ニール・ハーストンの『騾馬と人間』を読む」『立命館言語文化研究』23 巻 1 号、15-29 頁。

大和田俊之『アメリカ音楽史——ミンストレル・ショウ、ブルースからヒップホップまで』講談社、2011 年。

黒崎真『アメリカ黒人とキリスト教——葛藤の歴史とスピリチュアリティの諸相』神田外語大学出版局、2015 年。

コーネル・ウェスト『人種の問題——アメリカ民主主義の危機と再生』新教出版社、2008 年。

小林雅明『ミックステープ文化論』シンコーミュージック・エンターテイメント、2018 年。

ジェイムズ・コーン『黒人霊歌とブルース』新教出版社、1998 年。

ジェフ・チャン『ヒップホップ・ジェネレーション——「スタイル」で世界を変えた若者たち』リットーミュージック、2007 年。

ジョン・S・ムビティ『アフリカの宗教と哲学』法政大学出版局、1970 年。

末吉高明『黒人文化と黒人イエス』日本キリスト教団出版局、1986 年。

出井康博『黒人に最も愛され、FBI に最も恐れられた日本人』新潮社、2008 年。

トリーシャ・ローズ『ブラック・ノイズ』、みすず書房、2009 年。

ネルソン・ジョージ『リズム & ブルースの死』早川書房、1990 年。

————『ヒップホップ・アメリカ』ロッキングオン、2002 年。

ヘンリー・ルイス・ゲイツ・ジュニア『シグニファイング・モンキー——もの騙る猿／アフロ・アメリカン文学批評論』南雲堂フェニックス、2009 年。

ポール・ギルロイ『ブラック・アトランティック——近代性と二重意識』月

曜社、2006 年。

マーク・コステロ、ディヴィッド・フォスター・ウォーレス『ラップという現象』
　白水社、1998 年。

山口昌夫『アフリカの神話的世界』岩波書店、2002 年。

ロビン・ケリー 『ゲットーを捏造する──アメリカにおける都市危機の表
　象』彩流社、2007 年。

ワイヤット・T・ウォーカー 『だれかが私の名を呼んでいる──黒人宗教
　音楽の社会史』新教出版社、1991 年。

A・M・ルギラ『アフリカの宗教』青土社、2004 年。

E・F・フレイジァ 『ブラック・ブルジョアジー』未来社、1977 年。

J・H・コーン『イエスと黒人革命』新教出版社、1971 年。

M・L・キング『自由への大いなる歩み』岩波書店、1965 年。

S・クレイグ・ワトキンス『ヒップホップはアメリカを変えたか?──もうひと
　つのカルチュラル・スタディーズ』フィルム・アート社、2008 年。

S.H. フェルナンド Jr.『ヒップホップ・ビーツ』ブルースインターアクション
　ズ、1996 年。

W.E.B. デュボイス『黒人の魂』岩波書店、1992 年。

Alim, H. Samy. *Roc the Mic Right: The Language of Hip Hop Culture.*
New York, NY: Routledge, 2006.

Baker-Fletcher, Garth Kasimu. "African American Christian Rap:
Facing 'Truth' and Resisting It." In *Noise and Spirit: The Religious
and Spiritual Sensibilities of Rap Music*, ed. by Anthony B. Pinn.
New York, NY: New York University Press, 2003, pp. 29-48.

Banks, William L. *The Black Church in the U.S.: Its Origin, Growth,
Contribution, and Outlook.* Chicago, IL: Moody Press, 1972.

Barnes, Sandra L. "Religion and Rap Music: An Analysis of Black
Church Usage." In *Review of Religious Research*, vol. 49, No. 3,
Mar., 2008, pp. 319-338.

Billboard Newspaper, Oct 2, 1982.

Bobbito the Barber. "Street Disciple: Representing Queensbridge,
New and the Future of Hip-Hop, Nas is in His Own State of
Mind." In *Born to Use Mics: Reading Nas's Illmatic*, ed. Michael
Eric Dyson and Sohail Daulatzai. New York: Basic Civitas Books,
2010, pp. 225-236.

Campbell, Horace. *Rasta and Resistance: From Marcus Garvey to
Walter Rodney.* Trenton, NJ: Africa World Press, Inc., 1987.

Clark, Joe. "Thomas Dorsey." In *Encyclopedia of American Gospel
Music*, ed W. K. McNeil. New York, NY: Routledge, 2010, pp. 105-
107.

Daniel, Vattel Elbert. "Ritual and Stratification in Chicago Negro

Churches." In *The Black Churh in America*, ed. by Hart M. Nelsen, Raytha L. Yokley, and Anne K. Nelsen. New York, NY: Basic Books, Inc., Publishers, 1971, pp. 119-130.

Daniel, William A. *The Education of Negro Ministers*. New York, NY: George H. Doran Company, 1925.

Dannin, Robert. *Black Pilgrimage to Islam*. New York, NY: Oxford Press, 2002.

Davis, Angela Y. *Blues Legacies and Black Feminism: Gertrude "Ma" Rainey, Bessie Smith, and Billie Holiday*. New York, NY: Vintage Books, 1999.

Essien-Udom, E.U. *Black Nationalism: A Search for an Identity in America. Chicago*, IL: The University of Chicago Press, 1962.

Floyd-Thomas, Juan M. "A Jihad of Words: The Evolution of African American Islam and Contemporary Hip-Hop." In *Noise and Spirit: The Religious and Spiritual Sensibilities of Rap Music*, ed. by Anthony B. Pinn. New York, NY: New York University Press, 2003, pp. 49-70.

Frazier, E. Franklin. *The Negro Church in America*. New York: Schocken Books, 1978 [Liverpool: Liverpool University Press, 1964].

Gaults, Erika. "My Soul Knows How to Flow: A Critical Analysis of the History of Urban Black Christian-Themed Rap." In *Urban God Talk: Constructing a Hip Hop Spirituality*, ed. by Andre E. Johnson. Lanham, MD: Lexington Books, 2013, pp. 171-188.

Gomez, Michael A. *Black Crescent: The Experience and Legacy of African Muslims in the Americas*. New York, NY: Cambridge University Press, 2005.

Harding, Vincent. "Religion and Resistance Among Antebellum Slaves." In *African-American Religion: Interpretive Essays in History and Culture*, ed. Timothy Fulop and Albert J. Raboteau. New York, NY: Routledge, 1997, pp. 107-130.

Harris, Michael W. *The Rise of Gospel Blues: The Music of Thomas Dorsey in the Urban Church*. New York: Oxford University Press, 1992.

Hodge, Daniel White. *The Soul of Hip Hop: Rims, Timbs and a Cultural Theology*. Downers Grove, IL: IVP Books, 2010.

——— *Hip Hop's Hostile Gospel: A Post-Soul Theological Exploration*. Boston, MA: Brill, 2016.

Howard, Jay and John Streck. *Apostles of Rock: The Splintered World of Contemporary Christian Music*. Lexington, KY: University of

Kentucky Press, 1999.

Jones, LeRoi. *Blues People: Negro Music in White America*. New York, NY: Harper Perenial, 1963.

Kitwana, Bakari. *Hip Hop Generation: Young Blacks and the Crisis in African-American Culture*. New York: Basic Civitas Books, 2002.

Lee, Martha F. *The Nation of Islam: An American Millenarian Movement*. Syracuse, NY: Syracuse University Press, 1996.

Levine, Lawrence. *Black Culture and Black Consicousness: Afro-American Folk Thought from Slavery to Freedom*. Oxford: Oxford University Press, 2007 [1977].

Lincoln, C. Eric. "The Development of Black Religion in America." In *African American Religious Studies: An Interdisciplinary Anthology*, ed. by Gayraud S. Wilmore. Durham, NC: Duke University Press 1989, pp. 5-21.

Lincoln, C. Eric and Lawrence H. Mamiya. *The Black Church in the African American Experience*. Durham, NC: Duke University Press, 1990.

MacRobert, Iain. "The Black Roots of Pentecostalism." In *African-American Religion: Interpretive Essays in History and Culture*, ed. Timothy Fulop and Albert J. Raboteau. New York, NY: Routledge, 1997, pp. 295-309.

Marriot, Rob. Interview with Tupac Shakur, "Last Testament." In *Vibe*, November 1996, T7.

Mays, Benjamin Elijah and Joseph William Nicholson. *The Negro's Church*. New York: Arno Press & The New York Times, 1969 [Institute of Social and Religious Research, 1933].

Miller, Monica R. *Religion and Hip Hop*. New York, NY: Routledge, 2013.

Mitchell, Henry H. *Black Church Beginnings: The Long-Hidden Realities of the First Years*. Grand Rapids, Michigan: William B. Eerdmans Publishing Co., 2004.

New York Times, July 31, 1966.

———— November 6, 2005.

Nixon, Ron. "Farrakhan, Hip-Hop Generation, and the Failure of Black American Leadership." In *The Farrakhan Factor: African-American Writers on Leadership, Nationhood, and Minister Louis Farrakhan*, ed. Amy Alexander. New York, NY: Grove Press, 1998, pp. 184-193.

Perry, Imani. *Prophets of the Hood: Politics and Poetics in Hip Hop*. Durham, NC: Duke University Press, 2004.

Peterson, James Braxton. "It's Yours: Hip-Hop Worldviews in the Lyrics of Nas." In *Born to Use Mics: Reading Nas's Illmatic*, ed. Michael Eric Dyson and Sohail Daulatzai. New York: Basic Civitas Books, 2010, pp. 75-96.

Pinn, Anthony B. *The Black Church in the Post-Civil Rights Era*. New York: Orbis Books, 2002.

—— *The African American Religious Experience in America*. Westport, Connecticut: Greenwood Press, 2006.

Raboteau, Albert. *Slave Religion: The "Invisible Institution" in the Antebellum South*. New York, NY: Oxford University Press, 1978.

—— "The Black Experience in American Evangelism." In *African-American Religion: Interpretive Essays in History and Culture*, ed. Timothy Fulop and Albert J. Raboteau. New York, NY: Routledge, 1997, pp. 89-106.

Reed, Teresa L. *The Holy Profane: Religion in Black Popular Music*. Lexington, Kentucky: The University of Kentucky Press, 2003.

Roberts, John W. *From Trickster to Badman: The Black Folk Hero in Slavery and Freedom*. Philadelphia, PA: University of Pennsylvania Press, 1989.

The Sentencing Project. *The Color of Justice: Racial and Ethnic Disparity in State Prisons*. 2016.

Smith, Jeanne Rosier. *Writing Tricksters: Mythic Gambols in American Ethnic Literature*. Berkeley, CA: University of California Press, 1997.

Smith, R. Drew. "Assessing the Public Policy Practices of African American Churches." In *Long March Ahead: African American Churches and Public Policy in Post-Civil Rights America*, ed. by R. Drew Smith. Durham, NC: Duke University Press, 2004, pp. 9-27.

Spencer, Jon M. ed. "Sacred Music of the Secular City: From Blues to Rap," *Black Sacred Music: A Journal of Theomusicology*, vol.6. Durham, NC: Duke University Press, 1992.

—— *Blues and Evil*. Knoxville, TN: The University of Tennessee Press, 1993.

Young, Alan. *Woke Me Up This Morning: Black Gospel Singers and the Gospel Life*. Jackson, MS: University Press of Mississippi, 1997.

Watkins, Ralph C. "Rap, Religion, and New Realities: The Emergence of a Religious Discourse in Rap Music." In *Noise and Spirit: The Religious and Spiritual Sensibiliteis of Rap Music*, ed. by Anthony B. Pinn. New York, NY: New York University Press, 2003, pp. 184-192.

——— "A Charge to Keep I Have: Institutional Barriers to Reaching the Hip Hop Generation." In *Gospel Remix: Reaching the Hip Hop Generation* ed. by Ralph C. Watkins. Valley Forge, PA: Judson Press, 2007, pp. 40-60.

Wiley, Dennis W. "Black Theology, the Black Church, and the African-American Community." In *Black Theology: A Documentary History*, Volume 2: 1980-1992, ed. James H. Cone and Gayraud S. Wilmore. New York: Orbis Books, 1993, pp. 127-138.

Wilmore, Gayraud. *Black Religion and Black Radicalism: An Interpretation of the Religious History of Afro-American People (Second Edition)*. Maryknoll, NY: Orbis Books, 1983.

Zanfagna, Christina. "Under the Blasphemous (W)Rap: Locating the 'Spirit' in Hip-Hop." In *Pacific Review of Ethnomusicology* vol.12 Fall, 2006, pp. 1-12.

"Ex-Rap Star Mase Starts Ministry in Atlanta." In *Jet*, December 11, 2000, p. 56.

インターネット

Black Demographics.com. *African American Income.*
(http://blackdemographics.com/households/african-american-income/ 2014 年 11 月 10 日アクセス)
——— *Poverty in Black America.*
(http://blackdemographics.com/households/poverty/ 2014 年 11 月 10 日アクセス)
Bureau of the Census. *Statistical Brief: Blacks in America - 1992.*
(http://www.census.gov/prod/1/statbrief/sb94_12.pdf 2017 年 1 月 25 日アクセス)
The Christian Post. *The 15 Largest Protestant Denominations in the United States.*
(http://www.christianpost.com/news/the-15-largest-protestant-denominations-in-the-united-states-92731/ 2015 年 9 月 4 日アクセス)
Dougherty, Steve. "*Rap Finds God – The Group DC Talk Uses 'Devil's Music' to Spread the Lord's Message.*"
(http://www.people.com/people/archive/article/0,,20107361,00.html 2015 年 7 月 9 日アクセス)
Kettler, Sara. *Black History Unsung Heroes: Claudette Colvin.*
(http://www.biography.com/news/black-history-unsung-heroes-claudette-colvin 2015 年 12 月 4 日アクセス)
Kenner, Rob and Insanul Ahmed. *The Making of Nas' 'It Was Writ-*

ten.' Complex .com.

〈http://www.complex.com/music/2016/07/nas-the-making-of-it-was-written　2017 年 2 月 7 日アクセス〉

Levy, Clifford J. Harlem Protest of Rap Lyrics Draws Debate and Steamroller.

〈http://www.nytimes.com/1993/06/06/nyregion/harlem-protest-of-rap-lyrics-draws-debate-and-steamroller.html　2015 年 10 月 13 日アクセス〉

Population Reference Bureau. *U.S. Has World's Highest Incarceration Rate.*

〈http://www.prb.org/Publications/Articles/2012/us-incarceration.aspx　2017 年 2 月 21 日アクセス〉

Smith, Efrem. *Holy Hip Hop and Calvinism: An Odd Marriage indeed.*

〈http://www.efremsmith.com/category/blog/2011/05/holy-hip-hop-and-calvinism-an-odd-marriage-indeed/　2015 年 7 月 29 日アクセス〉

C. Delores Tucker Dies at 78: Rights and Anti-Rap Activist.

〈http://www.washingtonpost.com/wp-dyn/content/article/2005/10/13/AR2005101300024.html　2016 年 8 月 5 日アクセス〉

Christian rap - Music of the New Calvinists.

〈http://www.newcalvinist.com/christian-rap-music-of-the-new-calvinists/　2016 年 7 月 21 日アクセス〉

Centers for Disease Control and Prevention. *Death, Percent of Total Deaths, and Death Rates for the 15 Leading Causes of Death in 10-year Age Groups, by Race and Sex: United States, 1999-2014.*

〈http://www.cdc.gov/nchs/nvss/mortality/lcwk2.htm　2014 年 11 月 10 日アクセス〉

Gospel Gangstaz Bio.

〈http://www.christianmusic.com/gospel_gangstaz/gospel_gangstaz.htm　2016 年 7 月 21 日アクセス〉

Hip-Hop Fridays: Minister Farrakhan's Address At The Hip-Hop Summit.

〈http://www.blackelectorate.com/articles.asp?ID=354　2017 年 2 月 13 日アクセス〉

Interview with the Gospel Gangstaz: Return of the Gangstaz.

〈http://www.gospelflava.com/articles/gangstaz.html　2016 年 7 月 21 日アクセス〉

P9 of 14 - Gangster Paradise - Rev. Otis Moss III.

〈https://www.youtube.com/watch?v=RO0WrF-t95A　2017 年 1 月 6

日アクセス）

P12 of 14 - Gangster Paradise - Rev. Otis Moss III.
(https://www.youtube.com/watch?v=Xw3OgWEKLUA　2017 年 1
月 6 日アクセス）

Pastor Mason Betha (7 Principles to Seed Time and Harvest pt1).
（https://www.youtube.com/watch?v=z7AQ6tSf8w4&index-
=14&list=PL44BF0177C4E4C3ED　2016 年 7 月 21 日アクセス）

Report on Gangsta Rap.
(https://www.youtube.com/watch?t=16&v=TzeEasC1wwE　2015 年
11 月 16 日アクセス）

音楽

2Pac. *Heavy in the Game* in *Me Against The World*. Interscope Re-
cords, 1995.

—— *It Ain't Easy* in *Me Against The World*. Interscope Records,
1995.

—— *Thugz Mansion* in *Better Dayz*. Interscope Records, 2002.

2Pac + Outlawz. *Black Jesuz* in *Still I Rise*. Interscope Records, 1999.

A$AP Rocky. *Peso* in *Live. Love. A$AP*. RCA Records, 2011.

A Tribe Called Quest. *Oh My God* in *Midnight Marauders*. Jive Re-
cords. 1993.

—— *Peace, Prosperity & Paper* in *High School High Original
Soundtrack*. Atlantic Records, 1996.

B. B. Jay. *Po' No Mo* in *Universal Concussion*. Jive Records,
2000.

—— *Don't Be Mad* in *Universal Concussion*. Jive Records, 2000.

Beanie Sigel. *Lord Have Mercy* in *B. The Coming*. Roc-A-Fella Re-
cords, 2005.

Black Rob. *Can I Live* in *Life Story*. Bad Boy Records, 2000.

Bolderaw. *Jawn*. 2016. (https://www.youtube.com/watch?v=iSGP-
klX32_Q)

Bone Thugs-n-Harmony. *Crossroad* in *E. 1999 Eternal*. Ruthless Re-
cords, 1996.

—— *Crossroad (Original Mix)* in *The Collection Volume One*.
Ruthless Records, 1998.

Boogiemonsters. *Beginning of the End* in *God Sound*. Capitol Re-
cords, 1997.

Brother D with Collective Effort. *How We Gonna Make the Black
Nation Rise*. Clappers Records, 1980.

Capone-N-Noreaga. *Stick You* in *War Report*. Penalty Records, 1997.

———— *Phone Time* in *The Reunion*. Tommy Boy Records, 2000.

D.C. Talk. *Gah Tah Be* in *D.C. Talk*. ForeFront Records, 1989.

DMX. *Prayer* in *It's Dark And Hell Is Hot*. Ruff Ryders, 1998.

Eric B & Rakim. *Move The Crowd* in *Paid in Full*. 4th B'way Records, 1987.

———— *No Competition* in *Follow The Leader*. 4th B'way Records, 1988.

———— *In the Ghetto* in *Let the Rhythm Hit'Em*. MCA Records, 1990.

Fabolous. *Can I Live* in *Loso's Way: Rise To Power*. Desert Storm Records, 2006.

———— *For the Summer* in *Summertime Shootout*. Def Jam Records, 2015.

Freeway. *What We Do* in *Philadelphia Freeway*. Roc-A-Fella Records, 2003.

Geto Boys. *Mind Playing Tricks on Me* in *We Can't Be Stopped*. Rap-A-Lot Records, 1991.

Ghostface Killah. *Motherless Child* in *Ironman*. Epic Records, 1996.

———— *Wu Banga 101* in *Supreme Clientele*. Epic Records, 2000.

———— *Trials of Life* in *Wallabee Champ*. Def Jam Records, 2010.

Ghostface Killah & Trife Da God. *Drugz* in *Put It On The Line*. Starks Enterprises, 2005.

———— *The Sun* in *Put It On The Line*. Stark Enterprise, 2005.

Goodie Mob. *The Day After* in *Soul Food*. Arista Records, 1995.

Gospel Gangstaz. *Before Redemption* in *Gang Affiliated*. Frontline Records, 1994.

Grandmaster Flash and the Furious Five. *The Message* in *The Message*. Sugar Hill Records, 1982.

Ja Rule. *Only Begotten Son* in *Venni Vetti Vecci*. Def Jam Records, 1994.

Killah Priest. *B.I.B.L.E. (Basic Instructions Before Leaving Earth)* in *Liquid Swords* by GZA. Geffen Records, 1995.

———— *Blessed Are Those* in *Heavy Mental*. Geffen Records, 1998.

Kool G Rap & DJ Polo. *Rikers Island* in *Wanted: Dead or Alive*. Cold Chillin' Records, 1990.

KRS-One. *Hip Hop Vs. Rap* in *D.I.G.I.T.A.L.* Cleopatra Records, 2003.

Kurtis Blow. *If I Ruled The World* in *America*. Mercury Records, 1985.

Lecrae. *Church Clothes* in *Church Clothes*. Reach Records, 2012.

Lost Boyz. *Renee* in *Legal Drug Money*. Uptown, 1996.

The LOX. *Living The Life* in *Money, Power, Respect*. Bad Boy Records, 1998.

—— *We'll Always Love Big Poppa* in *Money, Power, Respect*. Bad Boy Records, 1998

—— *Recognize* in *We Are the Street*. Ruff Ryders, 2000.

M.O.P., *Blood, Sweat, and Tears* in *First Family 4 Life*. Relativity Records, 1998.

Main Source. *Live at the BBQ* in *Breaking Atoms*. Wild Pitch Records, 1991.

Master P. *I Miss My Homies* in *Ghetto D*. No Limit, 1996.

Mobb Deep. *Up North Trip* in *The Infamous*. Loud Records, 1995.

—— *Back at You* in *Sunset Park: Original Motion Picture Soundtrack*. East/West Records, 1996.

—— *Life Is Mine* in *Murda Muzik*. Loud Records, 1999.

N.W.A. *Fuck Tha Police* in *Straight Outta Compton*. Ruthless Records, 1988.

Nas. *One Love* in *Illmatic*. Columbia Records, 1994.

—— *Represent* in *Illmatic*. Columbia Records, 1994.

—— *It Ain't Hard To Tell* in *Illmatic*. Columbia Records, 1994.

—— *If I Ruled The World* in *It Was Written*. Columbia Records, 1996.

—— *God Love Us* in *Nastradamus*. Columbia Records, 1999.

—— *2nd Childhood* in *Stillmatic*. Columbia Records, 2002.

—— *Doo Rags* in *The Lost Tapes*. Columbia Records, 2002.

—— *Thugz Mansion* in *God's Son*. Columbia Records, 2003.

—— *These Are Our Heroes* in *Street's Disciple*. Columbia Records, 2004.

—— *Déjà vu* in *Original Demo Tape – The Album*. Ill Will Records, 2008.

Noreaga. *Sometimes* in *Melvin Flynt - Da Hustler*. Penalty Records, 1999.

Notorious B.I.G. *Suicidal Thought* in *Ready to Die*. Bad Boy Records, 1994.

—— *Juicy* in *Ready to Die*. Bad Boy Records, 1994.

O.C. *Born 2 Live* in *Word...Life*. Wild Pith Records, 1994.

—— *Dangerous* in *Jewelz*. PayDay Records, 1997.

Ol' Dirty Bastard. *Low Hide* in *Return To The 36 Chambers: The Dirty Version*. Elektra Records, 1995.

Pete Rock & C.L. Smooth. *It's On You* in *The Main Ingredient*. Elektra Records, 1994.

Pharoahe Monch. *Truth* in *Internal Affairs*. Rawkus Records, 1999.

Prodigy. *You Can Never Feel My Pain* in *H.N.I.C.*. Loud Records, 2000.

——— *Legends* in *Return of the Mac*. Koch Entertainment, 2007.

Public Enemy. *Bring The Noise* in *It Takes A Nation of Millions to Hold Us Back*. Def Jam Records, 1988.

Raekwon. *Heaven or Hell* in *Only Built 4 Cuban Linx*. Loud Records, 1995.

——— *Knowledge God* in *Only Built 4 Cuban Linx*. Loud Records, 1995.

——— *Verbal Intercourse* in *Only Built 4 Cuban Linx*. Loud Records, 1995.

Rakim. *How to Emcee* in *Seventh Sea*. SMC Entertainment, 2009.

Reflection Eternal. *2000 Seasons*. Rawkus Records, 1997.

Styles P. *A Gangster and a Gentleman* in *A Gangster and a Gentleman*. Ruff Ryders, 2002.

——— *My Brother* in *A Gangster and a Gentleman*. Ruff Ryders, 2002.

——— *Black Magic* in *A Gangsta and a Gentleman*. Ruff Ryders, 2002.

——— *Listen* in *A Gangsta and a Gentleman*. Ruff Ryders, 2002.

T. I. *Prayin' for Help* in *Urban Legend*. Grand Hustle Records, 2004.

Tragedy Khadafi. *Illuminati* in *Iron Shieks EP*. 25 to Life Entertainment, 1997.

Wu-Tang Clan. *Triumph* in *Wu-Tang Forever*. Loud Records, 1997.

あとがき

　本書は、私が2017年に同志社大学神学研究科に提出し2018年に（公財）国際宗教研究所賞奨励賞を受賞した博士学位論文「ヒップホップの宗教的機能——アフリカ系アメリカ人ヒップホップ世代の救済観」にいくつかの修正を加えたものである。

　思い返せば本書のアイデアは、文中で依拠したジェイムズ・コーン『黒人霊歌とブルース』を牧師である父から手渡されて読んだ、モアハウス・カレッジでの学生時代にまで遡る。その一方で、本書のテーマは私自身の変遷のなかで、信仰に関わる問題となっていった。

　私は家族ぐるみでの親交のあったダイアナさんというアフリカ系アメリカ人女性の死をきっかけに、高校時代のモンゴメリー留学中にホストファミリーが出席していた教会で洗礼を受けた。しかし、その後、モアハウスでのアフリカン・アメリカン研究の学びや学友との出会いをとおして、アフリカ侵略の手先となり、アフリカ人をより従順にするために用いられたキリスト教に嫌悪感を抱き、教会から離れていくこととなった。その後、日本に帰国してアフリカ系アメリカ人の宗教史と社会運動の関係を研究すべく同志社大学大学院神学研究科の修士課程に入学すると、そこで牧会者を目指す者と出会ったり、黒人教会史をあらためて学んだりするなかで、再び教会へと通うようになった。

　それでも、土曜日になると、地元京都の夜の街に繰り出し、ヒップホップが爆音でかかるクラブで朝まで遊ぶという生活が一方ではあったわけである。夜遊びをして家に帰り、3時間ほど寝てから教会に向かう。牧師の語る説教にうたた寝し、礼拝が終わると教会で出される昼食を大盛り

でいただいて、そこから再び教会で昼寝をしてレコード屋に足を運ぶ。そんな週末を繰り返していた。当時通っていた教会では、周りの教会員にヒップホップについてあまり話したことはなかった。高齢者が大半の教会で、そんな話をしてもヒップホップ自体を知らない人のほうがほとんどだからである。一方で、アメリカの教会だったら、あるいは、日本の教会であっても、世俗的なことにいっけん寛容な教会だったらどうなるのだろうか。ヒップホップは、若者受けするノリのいい音楽として、宣教のツールとして取り入れる形で容認されるかもしれない。だが、反社会的なことをラップするギャングスタ・ラップが好きだと公言すれば、ひいては、「汚い言葉」を含む歌詞に宗教的な面があると言えば、どのように受け止められるのか。社会の現実を徹底的に正直にラップするヒップホップのように現実を語ることは、不信仰なこととして非難されるのか。そのような問いのなかで、キリスト教や教会に対して、キリスト者としてどのようにヒップホップを弁証できるのか。そんな私自身の信仰に深く関わってくる問いが、本書の根底に横たわっている。

　また、ヒップホップとそれに対する辛辣な非難の急先鋒に立ってきた教会のあいだで生きるとはいったいどういうことなのか。そのことを突きつけられることがあった。牧師になってから、夜の街から少し遠ざかっていたが、ある日DJをしている先輩に誘われて一緒に遊びに行ったときのことだ。「お前、なんで牧師になったん」という突然の問いに、「いや、そろそろ真面目に生きようかなと思って」と冗談ぽく答えた。すると、先輩に「なんやねん、それ。俺らも真面目に生きてるわ」と言われてしまった。その瞬間、自分自身が教会を聖なるもの、世俗と切り離された清くて正しいものとして捉える聖俗二元論に染まっていることに気づかされたのだ。つまり、ヒップホップを批判する教会のあり方に反感を覚えていたのに、自分自身が同じような価値観をもってしまっていたということである。その一言こそが、私自身の信仰とヒップホップに関わる大きな問いに対する答えを明確に示すものであり、論文の中心の軸になっていった。そして、その軸をもとにヒップホップの歌詞と再び向き合い始めたときに、救いの権威を独占しようと

する教会によって見放されてきた人々の生のなかにこそ神が共にいるということが信仰的確信となっていったのである。そのような意味で、本書は私の信仰の証しともいえるのかもしれない。

　本書を執筆するにあたって多くの方々からのお支えをいただいた。そして、これまでに出会った人々が、執筆においての支えやインスピレーションとなった。そのひとりひとりに、ヒップホップ・マナーに則ってシャウトアウトしたい。

　本書のもととなった学位論文を執筆するにあたって、主指導教授として論文指導してくださった同志社大学神学研究科の小原克博先生へ。ゼミや授業で宗教という枠組みを越えたテーマを取り上げながら、「神学する」ことの楽しさを教えていただいた。また、ゼミではヒップホップの提示する諸問題から初代教会や十字架の神学などの問題に触れられ、その慧眼にいつも驚かされた。そうした視点を与えられ、自分の研究も神学研究として的外れなものではないと確信することができた。

　そして、最初の主指導教授だった森孝一先生へ。同志社大学神学研究科を退任して神戸女学院の院長になってからも、副指導教授としてお忙しいなかで折を見てアドバイスをくださった。『宗教からよむ「アメリカ」』（講談社選書メチエ、1996）は、アメリカ社会をひとつにつなぎとめる宗教的なものを読み解く書であり、その視点はヒップホップの宗教性を論じる本書にも通底するものだと思う。

　神学研究科の水谷誠先生、富田健一先生にも、ご指導と励ましをいただき感謝を申し上げる。そして、グローバル・スタディーズ研究科のファノン・ウィルキンス先生との出会いにも感謝したい。彼自身、モアハウス・カレッジのアフリカン・アメリカン研究科の卒業生であり、私がモアハウス在学時に何度か出会っていたが、私が同志社に入学する半年前の2006年秋に、彼が同志社のアメリカ研究科（当時）に赴任してきたのを知ったときには驚いた。ヒップホップについて語り、一緒にクラブで遊べる教授は最高だ。

モンゴメリーの町、モアハウス・カレッジ、AUC、ウェスト・エンドで出会い、アフリカ系アメリカ人の生の豊かさを教えてくれたすべての人、そのなかでも特に何人かにシャウトアウトを。まず、高校生時代に留学したモンゴメリーでお世話になったベネット一家へ。ベネット一家には黒人家庭のお世話になりたいと申し出た日本からの留学生を快く迎え入れ、家族の一員として一年を過ごす機会を与えてくれたことに心から感謝を。そして、同じように受け入れてくれた、ベネット一家が通っていたニューハーベスト・チャーチ・オブ・クライストにも。

　モアハウスの先生たちにもシャウトアウトを。アフリカン・アメリカン研究科長だったバークスデール教授へ。アフリカン・アメリカン研究を専攻するか迷っていたときに相談しに行った初対面のときに、なかば強引にアフリカン・アメリカン研究科への専攻を決めさせられた。でも、その強引さに背中を押されていなかったら、いまの自分も本書もなかったはずだ。

　社会学の教授でブルース研究をしていたクラーク・ホワイト教授 aka Deacon Bluz へ。幼馴染みの俳優サミュエル・L・ジャクソンと一緒にモアハウス革命を起こした話、そして、その本人をサプライズで授業に呼んだり、ブルースのライブハウスに連れていってくれたりしたことはいい思い出である。ブルース歌手として生きながらそれを学術的に研究したホワイト教授の姿が本書を執筆するうえでのインスピレーションになったことは言うまでもない。

　キャンパス・ミニストリーで寮長もしていた Rev. ことウィル・ロジャース牧師へ。いつも穏やかな表情でユーモアたっぷりに学生と接して親身に世話をしていた姿は、信仰とは人生を神に与えられたものとして喜ぶことだと教えてくれる。その信仰のあり方は、形骸化した教会の外で、神を見つめながらラップする人々の姿を神学的に受け止めることを助けてくれた。

　そして、モアハウスの先生ではないが、モアハウスに莫大な寄付をしてくれたオプラ・ウィンフリー氏にも感謝を。彼女の名を冠したオプラ奨学金によって、2回生の秋学期から卒業までの学費の半分が免除され、モ

アハウスでの学びが支えられたことに感謝したい。

　そして、モアハウスの兄弟（ブラザー）たち、AUC の仲間たちへもシャウトアウトを。ワッツ出身で 4 回生のときのルームメイトだったトーマス aka Tann Macc へ。アフリカン・アメリカン研究の学外演習で、アトランタ刑務所に収容されていたムトゥル・シャクール（2Pac の義理の父）との取り組みや西海岸のヒップホップについていろいろ教えてくれたことに感謝している。ボストンのロックスベリー地区出身の勝ち気な青年から、いろんな局面をへてムスリムになったアミールへ。アミールが Mobb Deep や Cormega（コーメガ）に合わせてラップする姿は、ヒップホップがいかにインナーシティの若者の葛藤を代弁していたかを教えてくれた。LA のアンダーグラウンド・ヒップホップを地で行っていたフィーリックスへ。ラップすることを心から楽しんでいたフィーリックスのフリースタイルは、いつもどんな言葉が飛び出してくるのか読めなかった。それはまさに何が起こるかわからない人生そのものに重なるし、だからこそヒップホップは生の喜びを表現していることを教えてくれた。

　ニュージャージー州ニューアーク出身のセマドへ。「永遠」を意味するアラビア語の名前は、両親がブラック・パンサー党の活動をへてアフリカというルーツやイスラームの考え方に導かれた経験のなかでつけられたと教えてくれた。その名前は、黒人社会におけるオルタナティブな宗教の歴史に重なるものだ。そして、夏休みに東海岸を北上したとき立ち寄った実家がエイヴォン・アヴェニューに面していて、これが Redman（レッドマン）の曲やスキットに出てくる場所だと自慢気に教えてくれたことは、ヒップホップのローカルさをリアルなものとして受け止めさせてくれた。スペルマン大学の親友ニコールとダニエルへ。アフリカ系アメリカ人女性として美しくたくましく、しなやかに生きる姿は、ウーマニズム／フェミニズムは机上のものでもなければ男性と真っ向から対決するものでもなく、人をひとりの人間として愛するものであることを教えてくれた。

　そして、アトランタでの最後の 1 年半をルームメイトとして過ごしたジュウルズへ。1 回生のときの出会い以来、自分にとってヒップホップのいろ

んなことを一番教えてくれたのはジュウルズだ。どのアーティストがどうこうというレベルだけでなく、ジュウルズが示してくれたヒップホップという生き方、アティチュードみたいなものは私の生き方や思考のひとつの軸になっている。

ここに名前をあげられなかったが、ヒップホップをアフリカ系アメリカ人の生をとおして受け止めさせてくれたひとりひとりにも心から感謝する。あなたたちがいなければ、この本は書けなかった。

出版にあたってご尽力くださった新教出版社の堀真悟さんにシャウトアウトしたい。適切なアドバイスと提案をいただき、また、乱文、遅筆にもかかわらず、辛抱強く励ましてくださり、校正から編集にわたっていろいろとお世話になった。同じキリスト者として、そして、同じヒップホップ・ヘッズとして、関心を共有できる方に出会えたことに感謝を申し上げる。

最後に、原稿の完成を誰よりも喜んでくれた妻と、毎日の成長をとおして生きることの美しさを教えてくれる娘に心から「ありがとう」を贈りたい。そして、いまは天国にいるダイアナさんへ。あなたがいなければモアハウスに行くこともなく、この本が生まれることもなかった。いま、ここにもあなたが共にいることを信じて。

山下壮起

索引

全アーティスト／
レーベル名

Index 1

A

A$AP Rocky（エイサップ・ロッキー）…229, 230

AZ（エーズィー）…………………… 51, 205

B

Bad Boy Records
（バッド・ボーイ・レコーズ）127, 128, 155

Badu, Erykah（エリカ・バドゥ）…………… 98

B.B.Jay（ビー・ビー・ジェイ）……… 150, 151, 153, 155

Beatles, The（ビートルズ）………………… 145

Beatnuts, The（ザ・ビートナッツ）160, 161

Black Rob（ブラック・ロブ）……………… 215

Bone Thugs-n-Harmony（ボーン・サグス・アンド・ハーモニー）……… 131, 153, 213

Boogie Down Production
（ブギー・ダウン・プロダクション）……… 46

Boogiemonsters（ブギーモンスターズ）106

Brainstorm Artists International
（ブレインストーム・アーティスツ・インターナショナル）………………………… 147

Brand New Heavies
（ブランニュー・ヘヴィーズ）……………… 91

Brand Nubian（ブランド・ヌビアン）……… 51

Brentwood Records
（ブレントウッド・レコーズ）……… 144, 147

Brother D with Collective Effort
（ブラザー・ディー・ウィズ・コレクティブ・エ
フォート）………………………………… 43

Blow, Kurtis（カーティス・ブロウ）……… 144,
146, 209

Brown, Foxy（フォクシー・ブラウン）…… 205

Brown, Hi Henry
（ハイ・ヘンリー・ブラウン）……… 116

Brown, James（ジェイムズ・ブラウン）…179,
181

Busta Rhymes（バスタ・ライムス）……… 51

C

Capital Steez（キャピタル・スティーズ）… 27

Capitol Records（キャピトル・レコーズ）145

Capone-N-Noreaga
（カポーン・アンド・ノリエガ）…40, 51, 231

Cee-Lo（シーロー）…………………… 107

Charles, Ray（レイ・チャールズ）……… 181

Chuck D（チャック・ディー）……………… 45

Collins, Lyn（リン・コリンズ）…………… 180

Common（コモン）……………… 39, 41, 98

Cooke, Sam（サム・クック）…………… 130

Cormega（コーメガ）…………………… 248

Crouch, Andraé（アンドレ・クラウチ）… 174

D

D.C.Talk（ディー・シー・トーク）………144,
148, 149, 158

D-Nice（ディー・ナイス）………………… 46

D'angelo（ディアンジェロ）……………… 98

Dead Prez（デッド・プレズ）………97, 98, 204

Deep Cotton（ディープ・コットン）……… 91

Def Jam Recordings
（デフ・ジャム・レコーディングス）……… 41

Delfonics（デルフォニックス）…………… 210

DJ Drama（ディージェイ・ドラマ）……… 162

DJ Hi-Tek（ディージェイ・ハイテック）… 228

DJ Kool Herc
（ディージェイ・クール・ハーク）…………… 15

DMX（ディー・エム・エックス）……122, 123,
133

Dogg Pound, Tha（ザ・ドッグ・パウンド）40

Dorsey, Thomas（トーマス・ドーシー）／
Georgia Tom（ジョージア・トム）……174,
176, 177, 178, 181

Dranes, Arizona（アリゾナ・ドレインズ）177

Duckworth, Carl（カール・ダックワース）94

E

Easop（イソップ）…………………… 153

Eazy E（イージー・イー）……………… 131

Eric B & Rakim（エリック・ビー＆ラキム）
……………………………………… 50, 216

F

Fabolous（ファボラス）……………… 215, 228

Fatback Band（ファットバック・バンド）… 22

ForeFront Records
（フォアフロント・レコーズ）………… 144, 147

Franklin, Kirk（カーク・フランクリン）… 174

Freeway（フリーウェイ）………………51, 92

G

Gangstarr（ギャングスター）……… 91

Gaye, Marvin（マーヴィン・ゲイ） 130, 180

Geto Boys（ゲト・ボーイズ）……… 27

Ghostface Killah（ゴーストフェイス・キラー）
　…… 51, 104, 200, 201, 204, 211, 228, 232

Ghostface, Killah & Trife da God
　（ゴーストフェイス・キラー＆トライフ・
　ダ・ゴッド）…………………………… 201

Goodie Mob（グッディ・モブ）……… 107

Gospel Gangstaz
　（ゴスペル・ギャングスタズ）……… 150, 153

Grandmaster Flash
　（グランドマスター・フラッシュ）……… 15

Grandmaster Flash & the Furious Five
　（グランドマスター・フラッシュ & ザ・
　フューリアス・ファイブ）……… 25, 44, 208

Guru（グールー）………………………… 91

H

Havoc（ハボック）…………………… 27

Hill, Lauryn（ローリン・ヒル）……… 210

I

Ice Cube（アイス・キューブ）…… 28, 39, 41

Isley Brothers（アイズレー・ブラザーズ） 179

J

Jackson, Mahalia（マヘリア・ジャクソン） 178

Jadakiss（ジェイダキス）………… 163, 164

Jay-Z（ジェイ・ズィー）……………… 160

Juvenile（ジュビナイル）……………… 160

K

Killah Black（キラー・ブラック）……… 27

Killer Mike（キラー・マイク）……… 91

Killah Priest（キラー・プリースト） 106, 107

Kool G Rap & DJ Polo（クール・ジー・
　ラップ・アンド・ディージェイ・ポロ）…… 231

KRS-One（ケーアールエス・ワン）……… 13,
　45, 46, 47, 204

Kweli, Talib（タリブ・クウェリ）……… 98, 228

L

Lamar, Kendrick（ケンドリック・ラマー） 94

Lecrae（ルクレイ）……………… 143, 156, 157

Lection Records（レクション・レコーズ）
　……………………………………… 144, 146

Lil' Kim（リル・キム）………………… 205

Lightning, Chuck（チャック・ライトニング）
　………………………………………… 91

Lil' Troy（リル・トロイ）……………… 161

Little Richard（リトル・リチャード）…… 179

Lost Boyz（ロスト・ボーイズ）……… 26

LOX, The（ザ・ロックス）…… 127, 128, 129

Lupe Fiasco（ルーペ・フィアスコ）……… 51

Lynn, Cheryl（シェリル・リン）……… 43

M

Main Source（メイン・ソース）……… 53

Maroon 5（マルーン・ファイブ）……… 91

Mase（メイス）………………… 155, 156

Master P（マスター・ピー）……… 132

Max, Kevin（ケヴィン・マックス）……… 148

Maze（メイズ）……………… 214, 232

MC Sweet（エムシー・スウィート）144, 146

MC Lyte（エムシー・ライト）……………… 205

McKeehan, Toby（トビー・マッキーハン）

…………………………………………… 148

Melle Mel（メリー・メル）……………… 208

Method Man（メソッド・マン）…………… 48

Michael Peace（マイケル・ピース）……… 144

Mobb Deep（モブ・ディープ）…… 27, 133,
196, 201, 231, 248

Mos Def（モス・デフ）…… 51, 160, 161, 211

Mr. Solo（ミスター・ソロ）……… 150, 153

Muhammad, Ali Shaheed

（アリ・シャヒード・モハメッド）…………… 51

Myrrh Records（ミルラ・レコーズ）…… 146

N

N.W.A.（エヌ・ダブリュー・エー）27, 28, 39

Nas（ナズ）…… 32, 50, 51, 53, 124, 135, 160,
199, 200, 201, 209, 228, 231

N' Dea Danvenport

（エンディア・ダヴェンポート）…………… 91

Nipsey Hussle（ニプシー・ハッスル）…… 15

Noreaga（ノリエガ）…………………… 214

Norman, Larry（ラリー・ノーマン）……… 146

Notorious B.I.G.

（ノートリアス・ビーアイジー）… 15, 26, 40,
107, 128, 153, 201

O

O.C.（オー・シー）………………… 214, 228

Ol' Dirty Bastard

（オール・ダーティー・バスタード）……… 48

P

People!（ピープル！）………………… 146

Pete Rock（ピート・ロック）……………… 15

Pete Rock & C.L. Smooth

（ピート・ロック＆シー・エル・スムース）105

Phife Dawg（ファイフ・ドーグ）……… 51, 204

P.I.D.（ピー・アイ・ディー）……………… 144

PJ Morton（ピージェイ・モートン）………… 91

Polygram（ポリグラム）………………… 144

Poor Righteous Teachers

（プア・ライチャス・ティーチャーズ）… 50

Pro Era（プロ・エラ）…………………… 27

Prodigy（プロディジー）133, 141, 196, 200,
205

Professor Griff（プロフェッサー・グリフ）95

Public Enemy（パブリック・エネミー）… 45,
47, 97

Q

Q-Tip（キュー・ティップ）……………… 51

Queen, Latifah（クイーン・ラティーファ）205

R

Raekwon（レイクウォン）………… 49, 51, 132,
133, 141, 231

Rakim（ラキム）………………… 50, 228

Ransom（ランサム）…………………… 215

Rappin' Reverend（ラッピン・レヴァランド）

…………………………………………… 144

Rawkus Records（ロウカス・レコーズ） 161

Redman（レッドマン） ················ 248

Refleciton Eternal
（リフレクション・エターナル） ··········· 228

Reunion Records（リユニオン・レコーズ）
·· 144, 147

Roc-A-Fella Records
（ロッカフェラ・レコーズ） ·················· 92

Roots, The（ザ・ルーツ） ·········· 91, 231

Rule, Ja（ジャ・ルール） ·········· 124, 125

S

Scarface（スカーフェイス） ··············· 27

Schoolly D（スクーリー・ディー） ·········· 211

Scott La Rock（スコット・ラ・ロック） ······· 46

Shabazz, Lakim（ラキム・シャバズ） ····· 50

Shante, Roxanne（ロクサーヌ・シャンテ）
·· 205

Sigel, Beanie（ビーニー・シーゲル） ····· 51,
92, 164, 231

Sister Souljah（シスター・ソルジャー） ··· 205

Smith, Mamie（メイミー・スミス） ······· 176

Sparrow Records（スパロウ・レコーズ） 146

Star Song Records
（スター・ソング・レコーズ） ··············· 144

Stokes, Frank（フランク・ストークス） ····· 116

Styles P（スタイルズ・ピー） ·········· 15,
25, 26, 127, 128, 129, 134, 135, 136, 137,
138, 140, 141, 152, 155, 208, 214

Sugarhill Gangs（シュガーヒル・ギャング）
·· 22, 144, 146

T

Tait, Michael（マイケル・テイト） ··· 148, 149

Tharpe, Rosetta（ロゼッタ・サープ） ······177,
182, 186

Tragedy Khadafi（トラジディ・カダフィ） 51,
106, 107

Tribe Called Quest, A
（ア・トライブ・コールド・クエスト） 51, 204

Turner, Ike（アイク・ターナー） ············ 181

Turner, Tina（ティナ・ターナー） ··· 179, 181

W

Wale（ワーレイ） ························· 15

Ward, Clara（クララ・ウォード） ··········· 177

Wiley, Stephen（スティーブン・ワイリー）
·· 144, 146

Williams, Saul（ソウル・ウィリアムズ） ····· 91

Wish Bone（ウィッシュ・ボーン） ·········· 131

Wonder, Nate（ネイト・ワンダー）········· 91

Word Entertainment
（ワード・エンターテイメント） ·············· 147

Word Records（ワード・レコーズ） ······· 146

Wu-Tang Clan（ウータン・クラン） ······ 47,
48, 51, 231

数字

2 Live Crew（トゥー・ライヴ・クルー） ····· 38

2Pac(トゥパック)／Tupac Shakur(トゥパック・
シャクール)／Makaveli（マキャベリ）
·················40, 124, 130, 135, 153, 197,
201, 211, 212, 213, 231, 248

索引

主要人名
（五十音順）

Index 2

ア行

アラミーン，イマーム・ジャミール／
　ブラウン，H・ラップ ·················· 92
アレン，リチャード ····················· 184
ウェスト，コーネル ··············· 33, 34, 42
ウォレス，デイヴィッド・フォスター ····· 5
ウッドフィン，ランドール ················ 91
オバマ，バラク ······················· 84, 95

カ行

カーマイケル，ストークリー ········· 66, 83
ガーヴィー，マーカス 43, 75, 76, 188, 211
ガーネット，ヘンリー・ハイランド ··· 184
キトワナ，バカリ ······················ 15, 16
ギルロイ，ポール ··························· 5
キング，マーティン・ルーサー，ジュニア
　················ 10, 31, 46, 76, 77, 78, 79,
　80, 82, 84, 86, 93, 157, 171, 172, 173, 209
グラハム，ビリー ····················· 146, 155
クラレンス 13X ··················· 47, 49, 52
クリージ，アルバート ···················· 86
ゲイツ，ヘンリー・ルイス，ジュニア ····· 5
コーン，ジェイムズ ·········· 2, 3, 10, 11,
　85, 88, 102, 108, 109, 110, 111, 112, 113,
　115, 117, 157, 170

コステロ，マーク ……………………… 5
コルヴィン，クローデット … 171, 194, 195

サ行

シーモア，ウィリアム ………………… 74
ジェイクス，T.D. …………………… 154
ジェイコ，ワサル・ムハンマド／
　Lupe Fiasco …………………………… 51
シモンズ，ラッセル …………………… 41
シャープトン，アル …………………… 156
シャクール，アフェニ ………………… 135
シャクール，ムトゥル ………………… 248
ジャクソン，サミュエル・L ……… 91, 247
ジャクソン，ジェシー …… 52, 83, 88, 156
ジャクソン，メイナード ……………… 91
ジョージ，ネルソン …………………… 5, 26
ジョーンズ，アン ……………………… 135
ジョーンズ，チャールズ ……………… 73
スミス，エフレム …………………… 157, 159
スミス，チャック ……………………… 145

タ行

ターナー，ヘンリー・マクニール …… 211
タッカー，シンシア・デロレス ……… 37, 38
ダニエル，ヴァッテル・エルバート … 184
ダラー，クレフロ ……………………… 154
チャン，ジェフ ………………………… 15
デュボイス，W.E.B. ………… 8, 11, 71, 183

ナ行

中根中 …………………………………… 96
ナン，ビル ……………………………… 91

ハ行

パークス，ローザ ……………………… 171
バーンズ，サンドラ ………………… 147, 153
バッツ，カルヴィン，三世………… 37, 42,
　173, 196, 197, 198
ヒリアード，エイサ …………………… 95
ファラカン，ルイス ………39, 40, 41, 42, 45,
　52, 54, 83, 88, 96
ファリード，カモール・イブン・ジョン／
　Q-Tip …………………………………… 51
ファルウェル，ジェリー ……………… 148
フェルナンド，S.H. …………………… 6
ブース，ウィリアム …………………… 177
フリスビー，ロニー …………………… 145
フロイド＝トーマス …………………… 47
ブーン，ジョセフ ……………………… 95
ベネット，ウィリアム ………………… 37
ホッジ，ダニエル・ホワイト ………… 7
ボンド，ジュリアン …………………… 91

マ行

マルコム X ……… 45, 46, 47, 52, 54, 76, 84,
　97, 165
マルティネス，ボブ …………………… 38
ミラー，モニカ ………………………… 7
メイソン，チャールズ・ハリソン … 73, 74,
　177, 185, 186
モス，オーティス，三世 ……………… 197
モハメッド，イライジャ ………… 43, 44, 45,
　46, 47, 49, 52, 76, 77, 78, 88, 96
モハメッド，W.D. ファラッド …… 44, 76,

77, 78

モハメッド，ワリス・ディーン　46, 52, 54

ラ行

ライト，ジェレマイア ……………………… 95

ラウェンブッシュ，ウォルター ……… 77

リー，スパイク …………………………… 45, 91

リトル，アール …………………………… 45

リード，テレサ …………………………… 174

ローズ，トリーシャ …………………… 6, 207

ロング，エディー ………………………… 154

ワ行

ワトキンス，ラルフ・C …………… 7, 154, 159

主要団体名索引
（五十音順）

アビシニアン・バプテスト教会
（Abyssinian Baptist Church) 36, 78, 173

アビシニアン開発
（Abyssinian Development Corporation)
……………………………………………… 173

アフリカン・ジェリ文化センター
（Afrikan Djeli Cultural Center) ……… 97

アフリカン・ヒーブルー・イズラエライ
ト・オブ・エルサレム
（African Hebrew Israelites of Jerusalem)
……………………………………………… 94

アフリカン・メソジスト監督教会
（African Methodist Episcopal Church、
AME 教会) …… 14, 61, 66, 67, 70, 86, 92,

184, 211

アフリカン・メソジスト監督ザイオン教会
（African Methodist Episcopal Zion
Church、AME ザイオン教会) …… 66, 70

アフロ・アメリカン統一機構
（Organization for Afro-American
Unity) …………………………………… 46

アメリカ家族協会
（American Family Association) ……… 38

アメリカ・バプテスト宣教協議会
（American Baptist Missionary
Convention) ……………………………… 65

アメリカ糖尿病協会
（American Diabetes Association) … 204

アメリカン・ムスリム・ミッション
（American Muslim Mission) ………… 88

学生非暴力調整委員会
（Student Non-violent Coordinating
Committee, SNCC) …………… 83, 85, 93

クー・クラックス・クラン
（Ku Klux Klan) …………………… 45, 70

ゴスペル音楽協会
（Gospel Music Association) ……… 144

疾病予防センター
（Centers for Disease Control and
Prevention) ……………………………… 26

シュライン・オブ・ブラック・マドンナ
（Shrine of Black Madonna) … 86, 94, 95,
97, 98, 165, 211

世界黒人向上協会
（Universal Negro Improvement
Association and African Communities

League) ···················· 75

センテンシング・プロジェクト
（Sentencing Project）··············· 28

全米黒人地位向上協会
（National Association for the
Advancement of the Colored People,
NAACP）················· 71, 75, 77, 78, 81

チャーチ・オブ・ゴッド・イン・クライスト
（Church of God in Christ, COGIC） 73,
74, 75, 92, 174, 177, 185, 186, 189

チャーチ・オブ・クライスト
（Church of Christ）··············· 74

トリニティー合同教会
（Trinity United Church of Christ）··· 95,
197

ナショナル・カンファレンス・オブ・ブ
ラック・チャーチマン
（National Conference of Black
Churchman, NCBC）···············85, 86

南部キリスト者指導者会議
（Southern Christian Leadership
Conference, SCLC）················ 81, 84, 86

ネイション・オブ・イスラーム
（Nation of Islam, NOI）··················· 32,
39, 40, 41, 43, 44, 45, 46, 47, 48, 49, 50,
52, 53, 76, 77, 78, 83, 84, 88, 92, 96, 125,
187, 188, 202, 208, 221, 224, 232

ファイブ・パーセンターズ（Five Percenters）
／ネイション・オブ・ゴッズ・アンド・
アースズ（Nation of Gods and Earths）
43, 47, 48, 49, 50, 51, 52, 53, 54, 104, 232

ブラック・パンサー党

（Black Panther Party for Self Defense）
··················· 93, 248

ブラック・ヒーブルー・イズラエライト
（Black Hebrew Israelites）····· 93, 94, 97

ブラック・ライヴズ・マター
（Black Lives Matter）····················9, 206

ポピュレーション・レファレンス・ビューロ
（Population Reference Bureau）········ 28

ムーア人科学寺院
（Moorish Science Temple）···········45, 76

ムスリム学生の会
（Muslim Student Association）··········· 92

メソジスト監督教会
（Methodist Episcopal Church）··········· 61

モラル・マジョリティ（Moral Majority）
·················· 148

ワールド・コミュニティ・オブ・アル＝イ
スラーム・イン・ザ・ウェスト
（World Community of al-Islam in the
West）················· 52

ヒップホップ・レザレクション
ラップ・ミュージックとキリスト教

Hip Hop
Resurrection
Rap Music and Christianity

2019 年 7 月 31 日　第 1 版第 1 刷発行
2020 年 8 月 31 日　第 2 版第 1 刷発行

著者　　　　　　　　　　　　　　　**山下壮起**

発行者　　　　　　　　　　　　　　**小林 望**

発行所　　　　　　　　　　　　　　**株式会社新教出版社**
〒 162-0814 東京都新宿区新小川町 9-1
電話（代表）03(3260)6148
振替　00180-1-9991

装釘　　　　　　　　　　　　　　　**宗利淳一**

地図　　　　　　　　　　　　　　　**長尾 優**

印刷・製本　　　　　　　　　　　　**モリモト印刷株式会社**

ISBN 978-4-400-31090-7 C1073
Soki Yamashita 2019 © printed in Japan

新教出版社の本

黒人霊歌とブルース

J・コーン著／梶原　寿訳

黒人たちが奴隷制を生き延びるために作り出した黒人霊歌と、
奴隷解放後も呻吟するなかで生み出したブルースに流れる福音を聴く。

四六判➡2400円

人種の問題
──アメリカ民主主義の危機と再生

C・ウェスト著／山下慶親訳

とめどなく深まる人種主義をアメリカ民主主義の最大の危機と捉え、
その再生の方途として「回心の政治学」を宣言する。

四六判➡2000円

私には夢がある
── M・L・キング講演・説教集

M・L・キング著／ C・カーソン他編／梶原　寿監訳

非暴力抵抗運動の渦中に39歳で凶弾に倒れたキング牧師。
その11編の歴史的な説教・講演を収録し、鮮やかに蘇らせる。

四六判➡2400円

統べるもの／叛くもの
──統治とキリスト教の異同をめぐって

新教出版社出版部編／
佐々木裕子、堀江有里、要友紀子、
栗原康、白石嘉治、五井健太郎著

統治の原型としてのキリスト教を徹底批判しつつ、そこに眠る叛逆の力能を抉出する。
クィア、アナーキーをめぐり6名の気鋭の論者が結集。

四六判➡2200円